Mit den besten Wünschen für
den Ruhestand
von den Mitarbeitern der
Koordinierungsstelle des
Straßen- u. Brückenbauamtes Ffm.

K. Gillhardt
H. Seidel
E. [illegible]
K. Haaß
A. Schreiber
K. Hardtmann
H.-J. [illegible]

August 1983

Adolf Stoltze im Alter von 67 Jahren.

LYDIA LERNER-STOLTZE

Ein Dichterleben für Frankfurt

Bearbeitet und ergänzt
durch
Luise Bodensohn

Herausgegeben
von der Vereinigung der Freunde
und Förderer des Stoltze-Museums e.V.
Frankfurt am Main

Im Verlag Waldemar Kramer, Frankfurt am Main

ISBN 3-7829-0266-1
Umschlagbild: Nach einem Ölgemälde von
Ottilie Roederstein im Historischen Museum Frankfurt
Fotosatz: sg Satzservice, Frankfurt am Main
Druck und Einband: W. Kramer & Co. Druckerei-GmbH
in Frankfurt am Main

Inhalt

Vorwort

Die Memoiren meines Großvaters Adolf Stoltze hat meine Mutter Lydia Lerner geb. Stoltze zusammengestellt, teils aus eigenen Erinnerungen oder aus Erzählungen ihrer Eltern, teils aus Zeitungsartikeln, Tagebuchaufzeichnungen und Berichten meines Großvaters, die er in seine Werke aufgenommen hat. Bevor sie aber alles noch einmal überarbeiten konnte, starb sie achtzigjährig am 10. Juli 1954.

Mir ist nun von der Vereinigung der Freunde und Förderer des Stoltze-Museums e. V. die Aufgabe übertragen worden, anläßlich des fünfzigsten Todestages Adolf Stoltzes die Lebenserinnerungen zu überarbeiten und zu vervollständigen.

In unserem Familienbesitz habe ich noch viele Briefe, Gedichte, Notizen und Zeitungsbesprechungen gefunden, die ich hierzu verwenden konnte, und erinnere mich auch selbst noch genau an meinen Großvater, sehe ihn deutlich vor mir und höre den Klang seiner Stimme.

All dies habe ich nun in das vorhandene Manuskript eingefügt, aber nicht so, daß außer meinem Großvater und meiner Mutter ich noch als dritter Erzähler in Erscheinung trete; das würde zu sehr verwirren. Meine Mutter bleibt die Erzählerin, wenn sie auch gelegentlich von sich in der dritten Person spricht.

Um das Buch für die Frankfurter, für die es ja in erster Linie gedacht ist, lebendiger zu gestalten, ist es in unserer Umgangssprache, die man als gehobene Mundart bezeichnen könnte, verfaßt. Ganz einheitlich ist dieser Dialekt allerdings nicht. Jeder Frankfurter, der sich oder seine Mitmenschen genauer beobachtet, weiß, daß man je nach Gemütsverfassung oder Bedeutsamkeit des Erzählten mehr oder weniger in Dialekt verfällt, sich manchmal aber auch bis zum reinsten Hochdeutsch versteigt. So ist es auch in dem hier Erzählten, das in der Sprache durchaus nicht einheitlich ist.

Man könnte das Frankfurterische als eine »faule« Mundart bezeichnen. Man spricht so, wie es am bequemsten ist: Kinner (Kinder), awwer (aber), morje oder morche (morgen), Babier (Papier), net (nicht), merr (mir oder wir), aber mer (man) . . .

Auf die Unterscheidung von merr und mer im Schriftbild hat mein Großvater immer Wert gelegt, weil es sonst Verwechslungen gegen könnte. Was seinen gesammelten Werken wörtlich entnommen ist – z. B. »Erinnerungen aus meiner Kindheit« oder »Lehrjahrn« – wurde in Ausdruck und Schreibweise nicht verändert, nur daß unterschiedliche Schreibung desselben Wortes vereinheitlicht und ää wie in Mää und Fräa jetzt in Maa und Fraa umgeändert wurde. Ebenso ist das früher gebräuchliche h in Thor, Thür, thun jetzt weggelassen.

Die Frankfurter Mundart lautgerecht zu schreiben ist ganz unmöglich, schon wegen der vielen Nasallaute oder der Zwischenlaute, die in der Mitte von i und e oder ü und i liegen. Im allgemeinen wurde Wert darauf gelegt, daß das Wort in seinem Schriftbild noch zu erkennen ist, damit auch »Eigeplackte« das Gelesene verstehen. Auf die Einheimischen braucht man in dieser Hinsicht keine besondere Rücksicht zu nehmen, denn die »wisse ja sowieso, wie se ze babbele hawwe«.

Luise Bodensohn

Ein halbes Waisenbübchen

Wie oft schon haww ich mein Vatter gefuchst, doch endlich emal sei Memoirn zu schreiwe, awwer immer un immer widder hat er sich davor gedrückt, bis mir's dann doch gelunge is, im Jahr 1926, wo ich bei emm war, wie er sich von erre schwere Bronchitis erhole mußt, enn dazu zu bewege.
»Baba«, haww ich zu emm gesagt, »sei doch vernünftig; guck emal, wenn de dod bist, weiß doch kein Mensch was von dir.«
»No also, Quälgeist«, hat er jetzt drauf erwiddert, dann hol derr halt emal een Bleistift un schreib, was ich der diktier.«

Am 10. Juni 1842 bin ich als Sohn Friedrich Stoltzes in Mainz am Fischtor auf die Welt komme. Sei Verhältnis zu meiner Mutter, der Maria Christina Retting, hat etwa sechs Jahr gedauert. Sie un ihr Schwester Justine warn die einzige Kinner vom Buchbinnermeister un Babierhändler Retting auf dem Kleine Kornmarkt. Retting war e streng-konservativer Mann, der dem Schwarmgeist Friedrich Stoltze niemals sei Dochter gewwe hätt, da er ja auch mit fünfunzwanzig Jahr net in der Lag gewese wär, e Frau zu ernährn.
Was net ausbleiwe konnt, geschah. Im dritte Monat, da mei Mutter durch so viele Aufregunge krank geworde is, hat se der Arzt nach Neustadt in der Pfalz zu Verwandte geschickt, un niemand außer ihrer Schwester hat gewußt, warum. Nach meiner Geburt is se dann nach Frankfurt zurückgekehrt un hat mich nach Enkheim in Pfleg gewwe. Erst im August 1843 hat se auf ihrm Sterwebett ihrm Vatter gestanne, daß se enn Sohn geborn hätt.
Dief erschüttert von dem furchtbare Erlebnis hat mich jetzt mei Vatter mit Lieb überschütt, ich war sei ganzes Glück. – Siehst de, so gehn mei Erinnerunge zurück bis auf die Zeit, wo ich noch kaum zwei Jahr alt war. Doch was soll ich da weiter erzähle, des haww ich ja schon alles in meine »Erinnerunge aus meiner Kindheit« nidder-

geschriwwe. Hol doch emal den Humoreskeband un les merr vor, was ich dadriwwer gesagt hab.« Den Gefalle haww ich emm dann auch getan un emm folgendes vorgelese:

»Aus derselwe Quell, aus der mei Vatter sei Frankforterisch geschöpft hat, haww aach ich getrunke. Un dieselb Lehrerin, die emm die ehrschte Laute beigebracht hat, nemlich sei Mutter, die geborn Rottmann aus der goldne Spitz in der Mausgass, hat aach mich in die Geheimnisse unserer Muttersprach, die for mich e Großmuttersprach war, eigeweiht.

Da mei Mutter bald nach meiner Geburt gestorwe war, fiele die Sorje um mei Erziehung meiner Großmutter zu, die mich mit der ganze Zärtlichkeit un Innigkeit, deren e edel Frauenherz fähig is, gehegt un gepflegt, geliebt un verhätschelt hat.

Ums Jahr finfunverzig hat mei Vatter widder bei seiner Mutter uff der Schefergass, im Diergaarte, der damals bis uff die Fribberjergass dorchgange is, gewohnt; un ich erinner mich noch recht gut der Zeit, wo er mich uff sei Schulter gesetzt un mit merr in der Stubb erumgedanzt is un »Muhna, Muhna, Hopphopphopp« gesunge hat.

Noch war ich kaa vier Jahr alt, hat er merr schon des ehrschte Bobbethejater beschert, dessen Dekoratione er selbst kolleriert, uffgeklebt un ausgeschnitte hat.

Bis spet in die Nacht hat er dagesesse un gebosselt un dabei den Text zu erre Oper, die der Heinrich Neeb komponiert un die »Der wilde Jäger« gehaaße hat, geschriwwe. Still haww ich in meim Bettche gelege un habb gedaa, als wann ich schlafe deet, awwer dabei kaan Blick von dem Disch, an dem mei Vatter bei erre trieb brennende Lamp gesesse hat, verwendt. Wie er mich odder emal dabei verwischt hat, wie ich emm zugeguckt, hat er merr e spanisch Wand vors Bett gestellt un gesagt, er wär dem Christkindche sein Gesell un derft net leide, daß emm aans des Handwerk abgucke deet.

Unser Wohnung lag im ehrschte Stock im Hof un hat aus zwaa Stuwwe un erre Kich bestanne. So klaa des Logis war, is es merr

Der Vater Friedrich Stoltze (1816-1891).
Nach einem Gemälde von Heinrich Hasselhorst aus dem Jahre 1886.

doch wie e verzauwert Schloß vorkomme, dann mei Vatter hat merr net nor Märcher verzehlt, die sich uff die Ortlichkeit bezoge hawwe, sonnern er hat mich aach in persenliche Verkehr mit Fee un Riese un sonstige iwwererdische Wese gebracht. Awends zwischen licht un dunkel hat's in der Regel von auße widder die Fen-

sterscheiwe gekloppt, un der Riese Ginggamm, e hochaagesehe Persenlichkeit in meiner Phantasie, hat sich vom Hof her mit erre ferchterlich rauhe un diefe Stimm erkundigt, ob ich mei Supp gesse un mich net verschnuddelt hätt.
Nachdem des zu seiner Zufriedenheit von meiner Großmutter bejaht is warn, is des Fenster von selbst uffgange, un der Ries mit emme kerwisgehle [kürbisgelb] Gesicht, e paar rote feurige Aage un enn ferchterliche Mund is erschiene un hat merr huldvoll zugenickt.
Ich war so mit dem Umgang von Geister vertraut, daß mich die Erscheinung net nor net erschreckt, sonnern sogar erfreut hat, un gern wär ich uff enn zugeeilt un hätt emm e Hand gewwe, wann mich mei Großmutter net vom Fenster ferngehalte hätt.
»Der Herr Riese Ginggam hat ja kaa Nas«, haww ich verwunnert gesagt.
»Der brauch aach kaa«, hat merr mei Großmutter erklärt, »der schnuppt ja net.«
Der Ries odder hat e Gespräch mit merr aagefange un hat sich erkundigt, wie merr's ging un merr versproche, mich emal mit in sei Rieseborg zu nemme, die hoch owwe uff emm Berg inmitte vom e ungeheure See liche deet, der noch greßer wie der Rechneigrawe wär. Dort awwer derft ich mit siwwe gefangene Prinzessinne mit goldne Krone uff dem Kopp Grasegrasegriene spiele.
Awwer net nor Riese, sonnern aach Fee sin zu merr in Diergaarte komme, Fee mit große runde Strohhüt uff dem Kopp un Schleier vorm Gesicht, un hawwe merr am Fenster Gewehr un Trommel versproche un gesagt, ich sollt se aaführn, wann se in Krieg gege die Kobold ziehe deete.
Aamal odder, wie grad widder so e Kenigin aus dem Märchereich bei merr vorgesproche hat, is mei Großmutter dorch die Fraa Seidel, die uns gegeniwwer im Hof gewohnt hat, abgerufe warn.
Schon lengst hatt ich mich danach gesehnt, mei gute Freund näher kenne zu lerne, un so bin ich dann ans Fenster gelaafe un uff die Schawell gekrawwelt und habb enausgeguckt. Jetzt odder is mei ganzer Märchehimmel eigesterzt un hat den Glauwe an Riese un

Zwerg, Fee un Elfe, verzauwerte Prinzessinne un unbesiegbare Ritter for immer begrawe.
Uff erre Schweizerkeeskist, die uff emme Gieterwage gelege hat, hat mei Vatter gestanne un hat uff erre Stang enn verschleierte helzerne Hauwekopp, der inwennig hohl war, hie- un herbewegt.
Alle Versuche von Vatter un Großmutter, merr die verlorn Welt widderzuerowern, sin an meiner »Uffklärung« gescheitert, un sogar des Christkinnche un der Osterhas sin merr als verdächtig vorkomme.
Mei scheenst Unnerhaltung war jetzt, außer de Spiele im Hof mit gleichalterliche Geselle, daß ich bis spet awends newer mein Vatter sitze un mitdichte dorft – nadierlich nor negadiv – er hat die Versch gemacht, un wann se ihm net gefalle hawwe, haww ich se verrisse un als winzige Schnippselcher zum Fenster enausgeworfe.

Es brennt!

Widder emal haww ich spet awends, nor noch mit emme Hemdche bekleidt, so newerm gesesse un habb druff gewaart, bis er sich »verdichte« deet. Awwer er hat geschriwwe un geschriwwe, un ich bin net in Aktion getrete.
Ewe wollt ich, da's nix zu verreiße gab, mei Bettche uffsuche, wie im Hof e wunnerbar Erscheinung mei ganz Interesse in Aaspruch nahm. »Baba, die Stern falle vom Himmel!« haww ich erstaunt gerufe.
In demselwe Aageblick awwer hat's »Feuer! Feuer!« gekrische.
Mei Vatter hat des Fenster uffgerisse, un dichter un immer dichter sin knisternd die Funke vor uns niddergefalle.
»Wo brennt's?«
»Uff der Fribberjer Gass, newer der Reichskron in erre Wattefawerik«, hat jemand eruffgerufe.
»Du liewer Gott, des is ja ganz in unserer Neh«, hat mei Großmutter lamentiert, »da kimmt's am End aach zu uns!«

»Feuer! Feuer!«
Jetzt hat awwer mei Vatter eilig sein Hut uffgesetzt un is fortgesterzt, gucke! Mei Großmutter odder hat schnell des Fenster zugemacht, mich ins Bettche gelegt un gesagt:
»Da bleibst de ruhig liche, ich geh nor enunner un frag, ob merr räume misse.«
Kaum war se odder drauß, bin ich widder aus meim Bettche gestiche un habb dorch die Fensterscheiwe geguckt. Wie bei me Platzrege die Troppe sin jetzt Funke in unsern Hof gestremt, der Himmel hat diefrot geflammt, un die dunkle Rauchwolke hawwe gegliht, als wann se alles versenge wollte, was zwische Himmel un Erd wär. Dazwische ferne Signale, des wirre Gekrisch von Hunnerte von Stimme un die dumpfe Schläg der Stormglock.
Die Neugier, mit der ich des ungewohnte Schauspiel zuehrscht aagestaunt habb, is jetzt emme bange Angstgefihl gewiche. Schnell haww ich die Kulisse un die Figurn von meim Bobbethejater in mei Hemdche unnergebracht un bin die Dihr enaus, die Trepp enunner un dorch den mit Aschestaub bedeckte Hof nach der Schefergass geflicht.
Uff der Schefergass hawwe nor wenig Leut gestanne, un so konnt ich, ohne aagehalte zu wern, die uff der annere Seit der Gass gelegene Liegenschaft vom Wagnermeister Kruck erreiche.
Dort, in dem langgestreckte Hof, haww ich mich in e dunkel Eck gestellt und habb, zitternd vor Frost un Uffregung, awwer glicklich, daß ich mei Thejater vor dem verheerende Element gerett hatt, nach dem leuchtende Himmel geblickt.
Wie lang ich so gestanne habb, waaß ich net, nor daß mich uff aamal die Fraa Kruck in die Heh gezoge un uff ihrn Arm gesetzt hat, is merr erinnerlich.
»Um Gotteswille! wo kimmst du dann in dem Uffzug her?« hat se mich gefragt un hat ihrn Scherz iwwer mich gedeckt, um mich vor der rauhe Nachtluft zu schitze.
»Vom Diergaarte.«
»Da brennt's doch net?«
»Es regent awwer Feuer.«

»Des dut's aach hier. Wie haaßt de dann?«
»Adolfche Stoltze.«
»So, du bist e klaaner Stoltze. Da werd die Großmutter un dei Vatter scheene Ängste ausstеh, wann se net wisse, wo de bist.« Mit dene Worte hat se ihr Schal ausgezoge, mich eneigehillt und eniwwer zu meine Leut, die mich verzweiflungsvoll gesucht hawwe, getrage.
Korz drauf hatt ich die Lungeentzindung, un Dag un Nacht hat mei Großmutter an meim Bettche gesesse un mich gepflegt.« –

Hier haww ich e Paus im Vorlese gemacht un nach meim Vatter geguckt, der unruhig auf seim Sessel hin- und hergwitschelt is. »Halt emal ei«, hat er mir zugerufe, »un guck emal in meim Sekretär, da haww ich noch enn Brief von meim Vatter an sein gute Freund Valentin Rausch. Such emal in dem kleine Schublädche auf der linke Seit, da wirst de'n finne, un dann kannst de in aller Ruh nachlese, was er damals iwwer mei Krankheit geschriwwe hat. Ich kann merr in der Zeit e bissi Bewegung mache un mei Blume gieße.«
Ich habb also im Sekretär gekramt un auch wirklich den Brief von der Neujahrsnacht 1846/47 gefunne, der an die Tischgesellschaft der Wirtschaft von Geis in der Meisengasse 12 adressiert war, un still für mich gelese:

Lieber guter Valentin!

Ihr werdet das alte Jahr wahrscheinlich vergnügter beschließen wie ich; während ihr tanzt und musiziert und das dampfende Punschglas schwingt, sitze ich in Ängsten daheim am Bettchen meines kranken Bübchens. Am zweiten Weihnachtstag ist der Kleine, wie Du weißt, plötzlich krank geworden. Dr. Bagga, den ich der Nähe wegen aus der Musterschule herüberholen ließ, erklärte den Anfall zuerst für ein Erscheinen oder Ausbilden der Wasserblattern und Tags darauf für einen sich bildenden Keuchhusten. Darauf hin verordnete er nun, währenddem das Kind immer kränker wurde und nichts Geringeres hatte als die Luftröhr-Entzündung. Zuletzt, als ich das Kind schrecklich stöhnen und leiden sah, vier Tage und vier Nächte hindurch, wurde mir die richtige Ansicht des Arztes dann doch verdächtig. Was thut man nicht für ein Wesen, das man liebt! Ich schickte zu Hofrat Pauli, zu dem ich als Arzt einmal Zutrauen habe, und gleichzeitig ließ ich die Lage der Sache Rettings wissen, da mir Dr. Bagga endlich eingestanden, er wisse nicht, was dem Kleinen fehle, so viel sey aber ausgemacht, daß die Krankheit lebensgefährlich sey. Ich war außer mir. So viel unendliche Angst auf ein paar Stunden zusammengepreßt, kann ein ganzes Leben kaum enthalten. Endlich kam dann Hofrat Pauli und mit ihm ein rettender Engel oder doch wenigstens einer der Hoffnung. Er erkannte sogleich die Krankheit. Blutegel, Blasen, Abweichen wurde verordnet. Das Kind ist nun um viel ruhiger, der Atem leichter, aber der Arzt meinte heute, der Husten arte bräuneartig, den der Kleine noch hat, und um diese Furie abzuwenden oder ihr vorzubeugen, bekommt nun der Kleine Brechmittel. Gott gebe, daß sich alles zum besten wendet. Ich bin so in mein gutes Kind hineinverwachsen, es ist so mein ganzer Trost für so manche Entbehrung und Zurücksetzung im Leben, daß es mir schaudert, nur daran zu denken, daß je eine Möglichkeit eintreten könne, wo ich es verlieren dürfte. Die bittersüßesten Erinnerungen meines Lebens, eine Beruhigung für die Gegenwart und eine Hoffnung für die Zukunft, das alles hängt am Leben meines Kindes.

Du glaubst nicht, wie unendlich lieb einem ein Herz werden kann, besonders wenn so unglückliche Verhältnisse das Band gebunden haben. Es ist ein halbes Waisenbübchen, das Adolphchen, die Mutter gestorben, der Vater unglücklich. Es ist dies eine Geschichte, wie sie im Leben nicht selten vorkommt, den sie eben betrifft, dem mag sie wohl das Herz schütteln.

Wenn Ihr um 12 Uhr lustig beisammensitzt, so gedenkt an Einen, der um dieselbe Stunde traurig in einem Winkel kauert, vielleicht die Augen naß, vielleicht das Herz schwer. Trinke Du beim Beginn des neuen Jahres ein Glas auf die Gesundheit meines Bübchens. Ich denke an Euch alle. Was mich demütigt und beschämt, ist doch dies, daß ich wahrscheinlich dem Manne, über den ich mich lustig gemacht habe, das Leben meines Kindes zu danken haben werde. Alles habe ich vergessen, was er mir Unzartes früher gesagt hat und habe nur das eine Gefühl, das des heißesten Dankes für ihn.

Meine Marie wird auch einsam sitzen, auch weinen und traurig seyn. Nun aber zum Schluß ein volltönig Glückauf fürs neue Jahr

Dein Fritz

Ich war tief bewegt von dem so ergreifende Brief, un wie ich gemerkt hab, daß mein Vatter sich leise ebeigeschliche un mich von seim Sessel aus beowacht hat, da haww ich zu emm gesagt: »Siehst de, Baba, es is doch e beglückend Gefühl, zu wisse, daß mer jemand so viel bedeut hat.« – »Ja, ja«, hat er dann ganz versonne gemeint, »mein Vatter hat wirklich sehr an mir gehängt! Awwer les jetzt noch emal e bissi weiter!«
Das haww ich dann auch getan un vorgelese:

An so Däg bleibt mer derrham mit dem Gezeppel

Nach emme Jahr, odder aach ebbes speter, gab's e diefeinschneidend Verännerung in unserm klaane Haushalt. Mei Vatter, der als Dichter mehr un mehr bekannt geworde war, ist fortgesetzt von Leut, die zu erre festliche odder ernste Gelegenheit Gedichte gebraucht hawwe, iwwerlaafe warn.
Namentlich die Vereine warn groß in ihre Aasprich un verschwindend klaa in ihre Gegeleistunge. Kaa finf Gevatter Handschuhmacher hawwe sich versammelt, um enn Bembel Eppelwei auszutrinke, ohne enn Prolog; kaa Gesangverein, un wann er bloß aus Vorstand un Dirigent bestanne hat, konnt ohne Festspiel mit lewende Bilder sei Stiftungsfest feiern; un wann die Trimmer von erre uffgelest Danzstunn enn Ausflug gemacht hawwe, ging's net ohne Dischlied. All die gute Kunne un schlechte Bezehler hawwen mit ihre Ufftreg »beehrt« un warn dief gekrenkt, wenn se enn Korb krage, zumal nach ere vielverbreitete Aasicht die Dichter ihr Versch aus de Ärmel schittele deete, un da se kaa Auslage hätte, aach nix dafor verlange derfte.

Unser Wohnung war eng, un unser Hof, in dem die Fuhrleut ihr Gieterwage unnergestellt hawwe, sehr geräuschvoll.
Mein Vatter mußt sich deshalb, da er net mit der netige Ruh arweite konnt, nach emme annere Logis umseh. Als er nix Passendes fand, hat er sich in der Dollgass e Stubb gemiet un is for sich gezoge, während die Großmutter un ich im Diergaarte gebliwwe sin.
Des neue Quadier lag im owwere Stockwerk vom Staakohlehenneler Wunderlich seim Häusi, des nor aus zwaa Etage bestanne hat. Im Bardeer des Kondor vom Eigetiemer un owwedriwwer die Stubb von meim Vatter. Spalierrose hawwe den Hauseigang geziert, un Rewe, die bis uffs nidderige Dach geklettert sin, die Fenster umrahmt. Des Häusi stann vollstennig frei, umgewwe von Staakohlehaufe, Bleich- un annere Gäärte, un bot die scheenst Aussicht uff des schreh gegeniwwerliegende Dollhaus.

Däglich kam mei Vatter e paarmal zu uns in Diergaarte un hat seiner Mutter Gedichte vorgelese un mich zem Spaziergeh mitgenomme. So aach am ehrschte April 1848. Die Gasse hawwe so reich im schwarzrotgoldne Fahneschmuck geprangt, daß mer den Himmel net mehr geseh hat, un die Häuser warn bis an die Dächer mit griene Reiser, Krenz un Transparente geschmickt.
Ganze Allee von riesige Dannebääm hawwe stelleweis den Fußweg vom Fahrdamm getrennt. Iwwerall Lewe un Bewegung; frohe Gesichter, glickliche, hoffende Mensche. Es gab niemand, der net uff Hut oder Kapp die deutsch Kokard odder e schwarzrotgoldern Band iwwer die Brust getrage hätt. Die Männer aus Begeisterung un die Angstmeier aus Forcht vor Prichel. Jed Mädche un jed Fraache hat sich mit dem Symbol der deutsche Einheit un Freiheit geschmickt.
Aach ich habb, so gut wie die annere Kinner, mit Stolz mein schwarzrotgoldene Gertel iwwer meim Kittelche getrage, nadierlich ohne ze wisse, was des ze bedeute hätt.
Am Remische Kaiser hat mich mei Vatter uff sei Schulter gehowe, damit ich die goldern Quast von erre Fahn fasse konnt, die vom Dach bis erunner uff die Erd gange is.

Seitdem's e deutsch Nation gab, warn zem ehrschte Mal die Vertreter des Volks versammelt, um iwwer die Zukunft des Vatterlands zu berate. »Hoch Freiheit! Hoch Deutschland!« hat's aus alle Gasse un Gässercher geschallt, un Dausende hawwe gesunge:

»Das ganze Deutschland soll es sein!
O Gott vom Himmel, sieh darein!«

Dorch die Menschemeng, die die Zeil iwwerflut hat, hawwe merr uns dorchgedrängt un des abgelegene stille Heim von meim Vatter erreicht.
»Baba, gehn merr aach uff den Remerberg?« haww ich gefragt.
»Speter Bubche, ehrscht muß ich was schreiwe.«
Un dann hat er sich hiegesetzt un hat geschriwwe:

»Freiheit, du mein Losungswort,
vollen Drangs und Schalles . . .«

Un wie er ferdig war, hat er sich's ehrscht e paarmal mit seim hohe Bariton selwer vorgesunge un dann zu merr gesagt:
»Morje gehn merr uff den Remerberg, Bubche, weil ich heut des Lied zem Neeb brenge muß, damit der's gleich komponiert.«
Dorch die wogende Menschemeng hat er mich dann widder in den Diergaarte zerickgebracht.
Den ganze Frihling un Sommer war mei Vatter in beständiger Uffregung. Der Zusammetritt des Parlaments, der Eizug des Reichsverwesers, der dänische Krieg, korz alle große Ereignisse jener stormbewegte Zeit hawwe sich in seine Dichtunge abgespichelt. Fast däglich kam er zu seiner Mutter un hat err e neu Freiheitslied deklamiert odder vorgesunge, un wann ich's emm dann den annern Dag auswennig hersage konnt, dann hawwe sei Auge geleucht un er hat merr die blonde Locke aus dem Gesicht gestriche un mich gerihrt gekißt.
So kam der Herbst eraa. Am achtzehnte September is mei Großmutter schon in der Frih mit merr nach der Dollgass gange, weil mei Vatter seit e paar Dag unwohl war un des Zimmer hiete mußt. Nachdem se da for die Verpflegung des Patienten des Netige be-

sorgt gehabt hat, hawwe merr uns uff den Weg nach der Neugass, wo die meiste Frankforter Schuhmachermaaster ihr Läde hatte, uffgemacht, um e paar Stiwwelcher for mich eizekaafe.
Schon uff emm Roßmarkt sin merr die viele Gruppe Mensche uffgefalle, die lebhaft mitenanner gestikuliert hawwe, un je neher merr dem Parlament kame, desto greßer wurde die uffgeregte Haufe. Wutausbrich, Drohunge gege die Rechte un Verwinschunge aller Art konnt mer uff Schritt un Tritt heern. Uff dem Paulsplatz hatte die während der Nacht eigetroffene Preuße un Östreicher ihr Gewehrn pyramidefermig zusammegestellt un der Dinge harrend, die da komme sollte, drumerumgestanne. Die Dihrn der Paulskerch warn mit Poste besetzt, un in der Remerhall war Stroh gestreut, uff dem Soldate kampiert hawwe.
Mei Großmutter hat sich mitte dorch die Volksmasse enn Weg gebahnt un is mit merr dorch die Wedelgass, iwwern Remerberg hinners Lämmche geeilt un in die Neugass eigeboge, wo se den Schuhmachermaaster Gayl uffgesucht hat. Der Schuhmacher Gayl war e politisierender Schuster, wie er origineller net gedacht wern konnt. Von Haus aus harmlos wie e klaa Kind, hat er die blutrinstigste Reddensarte im Mund gefihrt. Sei wohlgenährt gutmietig Gesicht war vom e aagegraute Robert-Blum-Bart umrahmt, un in seiner Haltung hat er den Hans Sachs kopiert. Immer war er im griene Schusterscherz un Hemdsärmel ze seh, un immer hat er so laut geredd, daß sich alles nach emm umgedreht hat.
»Ge Morje, Fraa Stoltze!« hat er meiner Großmutter schon aus der Fern zugerufe. »Der Fritz is e scheener Demokrat, der war ja gestern net uff der Pfingstweid.«
»Woher wisse Sie dann des?« hat mei Großmutter erwiddert.
»Ich hätt enn doch sonst sehe misse.«
»So, unner dreißigdausend Mensche! – Mei Sohn is krank.«
»Wie kann mer krank sei, wann e Volksversammlung is? Ich derft so wo net fehle, un wann ich wißt, daß ich dod haamgeschickt deet wern.«
»Des mecht jeder, wie's emm baßt«, hat ärjerlich mei Großmutter gesagt. »Ich hätt for den Klaane da gern e paar Schickelcher.«

»Heut doch net?«
»Ja wann dann?«
»Wann die Sitzung aus is. Ich muß ins Parlament. Kenne Se net noch emal vorbeikomme?«
»Naa, des kann ich net. Wenn Se merr nix verkaafe wolle, geh ich zu Ihrm Nachbar.«
»Nor Geduld, enn Ageblick Geduld! Sie sehn ja, wie netig Deutschland Menner dun. Die Hauptsach is, daß merr dem Reinganegingam [Dr. Reinganum] sein Aatrag abgelehnt hawwe. Nor nix Halwes! Mit dene Volksverräter muß Frakdur geredd wern. Eh die Däne Schleswig-Holstaa kriehe, ehnder sauf ich die Nordsee aus.«
»Herr Gayl, hawwe Se for den Klaane kaa Schickelcher?«
»Gleich, gleich«, hat der Schuster Gayl gerufe un sich dann an sei Freund, die enn abhole wollte, gewendt un gesagt: »Geht eweil in Aff [Wirtshaus in der Schnurgasse], ich komm nach. – Also for des Enkelche e paar Stiwwelcher? Zeig emal dei Fießi, Bubche. Aha, ich waaß schon.« Un während er nach Schuhwerk for mich gesucht hat, hat er sich bestännig in seiner Redd unnerbroche un gesunge:

»Schleswig-Holstaa, meerumschlunge,

Schnierstiwwel sin immer noch des beste bei so klaane Reißdeiwel.

Deutscher Sitte hohe Wacht,

Gucke Se emal, echt Rindsledder.

Halte fest, was schwer errunge,

Enn Browenner [Brabanter Taler = 4,61 Mark] – ohne gehannelt.

Bis e schenrer Morjen dagt.

Do lääft der e Jahr druff.

Schleswig-Holstaa halt net still,
Wann mer dich verrate will!

Die misse odder basse.«

Un sie hawwe gebaßt. Wie er se odder ewe meiner Großmutter eigewickelt hat, sin die Leut von der Schnurgass her gerennt komme und hawwe gekrische: »Läde zu! Macht die Läde zu! Es geht los, es gibt Krawall! Revolution!«

»Dunnerwetter!« hat der Berjer Gayl gesagt, da will ich awwer schnell mei Budick schließe, eh merr was ewegkimmt.«

Un in fiewerhafter Hast hat er sei offe Auslag in Sicherheit gebracht un sei Lädche von inne verrichelt, während mei Großmutter mit merr dorch die Vogelsgesanggass nach der Hasegass geeilt is, um uff dem kerzte Weg den Diergaarte zu erreiche. Der Ausgang nach der Zeil war awwer bereits dorch e halbfertig Barrikad versperrt. Drei umgesterzte große Wage, quer iwwer die Gass gestellt, un unnedrunner un owedriwwer Kiste un Stuwwedihrn, Strohsäck un Plasterstaa; Mahne, mit Sand gefillt, un verbrochener Hausrat; Fässer, Balke un Eisestange; Fenster mit Glasscheiwe un ganze Berg von Oferohrn un verroste Eisedreht hawwe e undorchdringlich Mauer gebildt. Fortwährend awwer hawwe wietende Volkshaufe neu Material requiriert un ebeigeschleppt.

»Nidder mit de Soldate, die uffs Volk schieße! Hängt se, die Verräter! Hoch Deutschland! Hoch die Freiheit!« hat's aus de Reihe der Uffständische geschallt. Alle Läde warn geschlosse, alle Hausdihrn verrammelt, obgleich noch kaa Soldat zu entdecke un noch kaa Schuß gefalle war. Begeisterung, Forcht, Wut odder Habgier hat sich uff de Gesichter gespichelt. Newer dem ehrliche Patriot, der dorch den schmachvolle Waffestillstand von Malmö in seine heiligste Vatterlandsgefihle verletzt un der für Deutschlands Größe un Freiheit den letzte Troppe Blut zu opfern bereit war, hat der beutegierige Abenteurer gestanne, hoffend, aus der allgemaane Verwerrung enn Vorteil for sich erauszuschlage.

»Um Gotteswille«, hat mei Großmutter gerufe, wie merr die Barrikade erreicht hatte. »Wie komm ich dann da mit dem Kind uff die Schefergass?«

»Gar net«, hat err e Mann mit grauem Kopp, e Flint uff dem Buckel, grimmig geantwort. »An so Däg bleibt mer derrham mit dem Gezeppel.«

»Mer konnt doch net rieche, daß es so kimmt. Komm Kind, merr laafe iwwer die Fahrgass.«
»Da sin Se ehrscht recht geuhzt, die is schon seit erre Stunn verbarrikadiert«, hat der Graukopp schadefroh gebrummt.
»No«, hat sich e junger Mensch mit wallendem Haar un offener Blus, der sich an der Barrikad zu schaffe gemacht hat, ins Mittel gelegt, »wann Se Koraasch hawwe, Madamm, helf ich Ihne hier uff den Wage nuff, da is noch e aanzig Lick, wo Se dorchkrieche kenne.«
»Un der Bub?«
»Den breng ich selbst eniwwer, newahr Klaaner?«
Mei Großmutter hat sich net lang besonne, sonnern des Anerbiete dankbar aagenomme. Nachdem die Barrikad glicklich iwwerwunne war, sin merr, so schnell uns unser Fieß trage konnte, nach dem Diergaarte gerennt, wo die Eiwohner grad im Begriff stanne, des Hofdor von inne zu verrammele un die Hausdihr abzuschließe. Des war awwer aach sehr netig, dann die Uffständische hatte dort bereits zwaa Gieterwage requiriert un weitere Erwerwunge in sichere Aussicht gestellt. Noch kaa halb Stunn warn merr derrham, hat's aach schon uff der Gass ze knattern aagefange. Ehrscht nor hie un da enn Schuß, dann immer mehr, bald nah, bald fern, dazwische Rottefeuer, Trommelwerwel, Hornsignale un des Gewirr von Hunnerte von Stimme.
Alle Bewohner des Diergaartens hatte sich im Hof versammelt un uff die Berichte gelauscht, die der Parrer Meisinger, der im zweite Stock vorneeraus gewohnt un von da aus als enn scheue Blick uff die Zeil werfe konnt, erstatt hat.
Ewe sin widder sei Mitteilunge von de Eiwohner lebhaft diskudiert warn, wie sich e lautes Poche an der Hausdihr vernemme ließ.
»Wer da?« hat der Schreinermaaster Seidel gefragt.
»Mache Se uff! Um Gotteswille mache Se uff, sonst bin ich verlorn!« hat e bewend Stimm vor der Dihr gefleht.
»Wer sin Se dann?«
»Speter, speter solle Se alles wisse! Ich bin blessiert – ach Gott! ach Gott! lasse Se mich enei, sie schieße mich sonst dod!«

Der Schreiner Seidel hat den Richel zerickgeschowe, un e junger Mensch mit aschfahlem Gesicht, uff dem der Angstschweiß gestanne un der mit zitternder Hand krampfhaft des blutgetränkte Hemd uff die Brust gepreßt hat, is ereigesterzt un hat sich uff die Trepp geworfe. »O, o!« hat er gestehnt, »wie en dolle Hund hawwe se mich verfolgt. Ach, un ich hatt gar nix gemacht, ich wollt doch nor sehn, was los is.«
»Schlagen Sie mal das Hemd zurück«, hat der Hofrat Pauli, der gleichfalls im Diergaarte gewohnt hat, gesagt un die Wund unnersucht. »Die Verletzung rührt von einem Stich her, der wahrscheinlich von der Seite erfolgt ist.«
»Ja, Herr Dokter«, hat der Blessierte mihsam evorgebracht, »es hat aaner mit dem Bankenett nach merr gestoche.«
»Das hätte schlimm ausfallen könen«, hat der Hofrat gemeent un die Wund vom Blut gereinigt un verbunne.
»Was hatten Sie denn mitten im Tumult zu tun?«
»Am Eck von der Zeil un Schlimmauer haww ich gestanne un die Barrikad gegeniwwer betracht, wie pletzlich des Milidär die Zeil eruffgestermt kam un alles vor sich hergetriwwe hat. Ich habb mich geflicht, so schnell ich konnt, awwer e Soldat hat mich doch erreicht, un wie ich mich umgucke wollt, den Stich versetzt.«
»Trotzdem konnten Sie sich noch bis hierher schleppen?«

»Fort! fort! war mei aanziger Gedanke. Wie e gehetzt Wild bin ich weitergesterzt, während die Kugele, die se nachgeschickt hawwe, merr um die Ohrn gepiffe sin. Ach, wann Se mich hier net ereigelasse hätte, wär ich elend uff dem Plaster gestorwe.«
»Wo wohnen Sie denn?«
»Newer der Musterschul, bei meiner Mutter.«
»Gut, erholen Sie sich erst etwas, dann gehn Sie durch den Hof hier nach der Friedbergergasse und hinüber in Ihre Wohnung.«

Bumm! hat's uff aamal von der Zeil her dumpf gedröhnt.
»Was war des?« Alle sahe sich betroffe aa.
Bumm! Bumm!
Jetzt is awwer aach der Parrer Meisinger im zweite Stock am Fen-

ster erschiene un hat enunner in den Hof gerufe: »Sie schießen mit Kartätschen!«
»Wer?« hawwe zehe Stimme uff aamal gefragt.
»Das Milidär! Wer sonst?«
»Uff die Berjer!« hat der Schreiner Seidel außer sich vor Wut gekrische. »Uff die Berjer mit Kanone! Des schmeißt dem Faß den Boddem ei – mei Gewehr! Mei Gewehr!« Nor die dringenste Bitte von seiner Fraa un seim blinde Soh hawwen von seinem gefährliche Vorhawe abgebracht.
Der Kriegslärm in der Stadt nahm von Minut zu Minut zu. Zwische dumpfe Kanoneschleg hat mer ununnerbroche Gewehrsalve krache geheert un den Pulverdampf bis in unsern Hof geroche. Ängstliche Spannung lag uff alle Gesichter, un jeder hat sich bang gefragt: Was wern die nechste Stunne bringe?

Endlich nach finf Uhr is es stiller warn, mer hat nor noch veraanzelt schieße geheert, un der Parrer Meisinger hat verkindt, daß die Barrikade, wie enn aaner zugerufe hätt, vom Milidär genomme wärn un daß mer sich widder vor die Hausdihr wage kennt.

»Gott sei Dank!« hat mei Großmutter gesagt, »ich habb nix zem Nachtesse derrham und aach kaa Öl vor die Lamp – da will ich nor gleich evor zem Schoelles laafe und for des Netige sorje.«
»Ich geh mit, Großmutter«, haww ich sofort erklärt.
»Naa, du bleibst schee da, du kannst solang mit dem Herr Hofrat Pauli seim Bub spiele.«
»Des will ich net, ich geh mit!« war mei trotzig Antwort, un dabei haww ich mich fest an ihrn Rock geklammert.
Mei Großmutter wußt sehr wohl, daß, wann ich merr was in den Kopp gesetzt hatt, ich nor schwer davo abzebrenge war, un so hat se dann in ihrer liewevolle Schwäche merr nachgewwe un mich mitgenomme.
Der Spezereilade von Peter Schoelles befand sich uff der Schefergass in nechster Neh der Zeil, un dorthie hawwe merr jetzt eilig unser Schritt gelenkt.
Die Gass war wie gekehrt. Nor e paar Leut sin scheu von der aane

Seit uff die anner gehuscht, während die Zeil von Milidär gewimmelt hat.
Dicht vor unserm Ziel hat in erre große Blutlach e doder Arweitsmann, des Gesicht dem Plaster zugekehrt, gelege. Sei Rechte hielt noch krampfhaft e Pistol umklammert, während die Linke unner seim Kerper verborge war. Es war der ehrschte Dode, den ich sah, un schaudernd haww ich mei Gesicht in die Rockfalte meiner Großmutter veborge. Beim Herr Schoelles warn die Erker geschlosse un nor die Ladedihr uff.
Es warn nor e paar Kunne im Geschäft, die der Prinzibal un sein Lehrbub bedient hat. »Sie glaawe net«, hat der Herr Schoelles mit vor Uffregung zitternder Stimm verzehlt, »was der Krawall vor Opfer gekost hat. Die Leut redde von Dausende von Dode, ohne die Blessierte.«
»Die arme, arme Mensche!« hat mei Großmutter erschittert gerufe. »Des war ja ärjer wie e Schlacht.«
»Is es aach. Der General Auerswald un der Ferscht Lichnowski sin ermordt warn, des wisse Se doch?«
»Was!«
»Ja, in der Glacis vorm Fribberjer Dor hätte se enn Zugang zur Stadt ausspioniern wolle, dorch den des Milidär de Barrikadekämpfer in Ricke falle sollt, sin awwer dabei verwischt un umgebracht worde.«
»Des is ja schrecklich!«
»Die Lewe-Apothek sollte Se emal seh – nor noch e Ruin.«
»Des kann ich merr denke, wann die uff de Gass mit Kardätsche schieße!« hat mei Großmutter erbittert gesagt. »Des hawwe ja noch net emal die Franzose gedaa.«
»Die solle iwwerhaupt bees gehaust hawwe«, hat der Herr Schoelles jetzt widder bemerkt. »Wann's nor net sobald widder losgeht, die Ruh ewe is doch nix annerschter wie e Waffestillstand von e paar Minute.«
»Meene Se?« hat besorgt mei Großmutter gefragt un mich fest an der Hand gefaßt. »Komm Bubche, da is am gescheitste, merr mache, daß merr haam komme. Ge Nacht, Herr Schoelles!«

Am nechste Morjend, merr hawwe noch in de Better gelege, kam schon mei Vatter, um nach uns ze gucke. Er war noch recht krank un sehr niddergeschlage dorch die gestrige Ereignisse. Beim Kaffee zog er e Stick Babier aus der Brusttasch un hat zur Großmutter gesagt: »Hör emal, Mutter, wie gefällt dir das. Ich hab es gestern, während mir so elend war, geschrieben:

Auf Brüder, auf! das Schwert zur Hand!
Im Sturmschritt für das Vaterland!
Ein Volk, ein Heer, ein Wetterschlag,
Nun kommt der Freiheit großer Tag,
Nun Deutschland sollst du strahlen!
Kokarden auf! Standarten auf!
Aus Nacht durch Blut zum Licht hinauf!
O Glanz! o Sieg! o helle Ruhmesbahn!
Auf, Vaterland, voran!

Uff den September-Uffstand folgte die standrechtliche Ermordung Robert Blums, bis dann des Jahr neununverzig de ganze Märzerrungenschafte allmehlich den Garaus gemacht hat. Schon vorher war des Parlament nor noch e Parodie uff e Volksvertretung. Die freiheitsbegeisterte Patriote saße hinner schwedische Gardine odder warn ins Ausland geflicht, um sich vor der Wut wortbrichiger Reaktionär ze schitze.
Um des Los der im Exil weilende Flichtling zu lindern, war e Komidee zesammegetrete, des unner annern aach e groß Wohltätigkeit-Waldfest mit Schaustellunge uff dem Eppelweihiegel veraastalt hat.

An Vaters Hand

Mei Vatter, der mit unverminderter Glut der Freiheitssach ergewwe war, dorft dabei nadierlich net fehle. Er hatte uff sei Daal die Errichtung von erre großartige Menagerie die merkwerdigerweis mit emme Wahrsagkabinett verbunne war, iwwernomme. Sei

Freund Ernst Schalck besorgte die äußere kinstlerische Ausschmickung der Bud dorch e kolossal Wandgemäld aus dem wildeste Dierreich. Adler, Bärn, Löwe un sonstig greßer Ungeziffer, im Gesichtsausdruck hochgestellte Persenlichkeite net ganz unehnlich, hawwe alles, was se erreiche konnte, zerfleischt un verrisse. Aach nach de deutsche Grundrechte hawwe se die Zäh gefletscht. Iwwer dem mit großem Farbuffwand gemalte Bild hat awwer mit große Lettern gestanne: »Es lebe die Freßfreiheit!« E zweit Inschrift, die iwwer der Kass aagebracht war, hat gelaut:

Welt-Menagerie
Die blutgierigsten Viecher Europas und ähnlicher Erdteile! Entrée 6 Kreuzer, ohne der Wohltätigkeit Schranken setzen zu wollen.

Wir, des haaßt mei Vatter un ich, dessen unzertrennlicher Begleiter ich war, sin schon frih morjens uff emme Leiterwage mit dem ganze Menagerie-Inventarium nach dem Wald gefahrn. Dort war bereits alles in Tätigkeit, un aach mei Vatter hat net gesäumt, unner Mitwerkung seiner gute Freund sei Hitt uffzeschlage un auszestatte. In mit Kordel vergitterte Kefig, die seither als Nudelkiste gedient hatte, warn die seltenste Diern unnergebracht. Da sah mer franzesische Hahne, von alte Gewehrn abgeschraubt; enn werkliche Parlamentskater, den merr vom Diergaarte mitgebracht hatte, ja sogar enn lewende Vogel Strauß, eine als Torner wohlbekannt Persenlichkeit, die sich im Interesse der gut Sach e paar Stunn eisperrn ließ, un noch vieles annere. Im Extrakabinett awwer, in dem wißbegierige junge Dame den Zukinftige erblicke konnte, hat unser Milchfraa ihr Esel gestanne, un als Gegestick dazu for Jungeselle e fett Gans.

Jedem awwer, der des Kabinett verlasse hat, haww ich enn Zettel in die Hand gedrickt, uff dem gedruckt zu lese war:

Geuhzt gehst de enaus,
Die Welt besteht aus Schei –
Eh mer dich drauß lacht aus,
Schick annere erei.

Des hawwe dann aach die mehrschte gedaa, un wie merr den Awend Kass gemacht hawwe, hatte merr enn Zylinderhut voll Geld. –
Zu Goethes hunnertstem Geburtstag hat mich mei Vatter mit uff den Goedhee-Platz genomme, wo e Huldigungsfeier vor dem Denkmal stattfand, die an Nichternheit nix zu winsche iwwrig ließ. Der Goedhee war ewe damals beim große Haufe e Ferschteknecht, der außerdem verschiedene Mädercher ungklicklich gemacht hat. Unmittelbar vor der Feier war der Platz de Soldate zur Errichtung von Stallbaracke iwwerlasse warn. Die erbärmliche politische Zuständ Deutschlands ekelte allmehlich mein Vatter aa, un wann er aach net im Kampf gege die Reaktion die Flint ins Korn warf, so sehnte er sich doch for sei Person widder nach geordnete häusliche Verhältnisse, wie er se seit dem Diergaarte entbehrt hatte, un heiratete sei langjährig Verlobte Marie Messenzehl.
Bis zu jener Zeit war er ausschließlich als lyrischer un politischer Dichter bekannt un geschätzt, un noch niemand wußte, daß er aach Humorist un Dialektdichter war.
Sei ehrschte Versch in Frankforter Mundart »Der Schutzwächter« un ebbes speter »Des alte Kasino« stamme aus dem Jahr 1849. Die Leut hawwe driwwer gelacht, awwer e besonner Uffseh hawwe die Gedichte net erregt.
Ganz annerschter war's mit »Des Kättche un der Fridderich«, des als Flugblatt e Jahr speter im Verlag von Rieck, newer dem Staanerne Haus, erschiene is un drei Kreuzer gekost hat. Der ehrschte Druck von finfhunnert Exemplar war sofort vergriffe, eweso die folgend bedeutend greßer Ufflag. In alle Vereine un Gesellschafte is des Gedicht deklamiert warn, un die Kinner uff der Gass hawwe mindestens den Aafang davo auswennig gewißt. »Des Kättche und der Fridderich« war aach die nechst Veraalassung zur Herausgab der Krebbelzeitung. Mei Vatter, dem die Dichtkunst bis hierher nor die hohe gettliche un niemals die melkende Kuh war, deren Milch er awwer net entbehrn konnt, hat jetzt uff aamal gesehn, »wo Hase laafe« un infolgedessen den Gedanke gefaßt, e Fassenachtzeitung erauszugewwe.

Die ehrscht Krebbelzeitung kam im Jahr 1852 in der Klostergass uff die Welt un erzielte enn derartige Erfolg, daß err sofort noch zwaa Nummern nachgeschickt wern konnte. Die drei Flugbletter brachte es trotz der damalige geringe Eiwohnerzahl Frankforts uff mehrere Ufflage von zusamme finfzehndausend Exemplar. Jetzt warn alle pekuniäre Sorje von meim Vatter genomme un emm die Meglichkeit gebote, uff dem scheenste Daal des Rederbergs im Haus von seim Freund Nikolaus Hadermann sich mit seiner Familie e gemietlicher Heim eizurichte.
Dort owwe uff dem liebliche Hiegel schrieb for die Folge Friedrich Stoltze net nor sei formvollendetste hochdeutsche Gedichte, sonnern aach sei beste humoristische un mundartliche Werke.
Die Krebbelzeitung, die von jetzt ab regelmeßig alle Fassenacht un, je nach dem pekuniäre Bederfnis ihres Verfassers, aach in der Zwischezeit erschien, war jedesmal e Ereignis for Frankfort. Die Ufflag der aanzelne Nummern wuchs von Jahr zu Jahr un erreichte mit der Schitze-Krebbelzeitung ihrn hechste Stand mit zwaaundreißigdausend Exemplar, wobei mir, der ich die Expedition besorgt habb, zwaamal der Boddem von der Dischschublad, der die Last der Sechskreuzersticker net trage konnt, dorchgebroche is.
Obgleich die Krebbelzeitung nor lokale un heitere private Vorkommnisse in dorchaus harmloser Art un Weis verklärte, sahe doch all diejenige, dene was Drolliges bassiert war, odder die gar »Dreck am Stecke« hatte, mit Besorgnis jeder neue Nummer entgege. Dann in die Krebbelzeitung komme, war bei viele Leut so viel, wie e Jahr moralisch Klapperfeld [Gefängnis]. Die allgemaa Aasicht war, daß jeder Satz in dene Zeitunge uff e bestimmt Frankforter Persenlichkeit geminzt war; un wann des aach gar net der Fall un die geschilderte Begewenheit frei Erfindung war, so hat des Publikum doch net ehnder geruht, bis es aan gefunne hat, uff den die Sach basse konnt.
Die Berjerschaft hat odder aach die Krebbelzeitung als e Stick Frankfort betracht, un weh meim Vatter, wann er sich unnerstanne hätt, e Nummer ausfalle ze lasse, des wär emm mindestens als Hochverrat an seiner Vatterstadt ausgelegt warn. Aamal hat e rei-

Wie hawe merr von A bis Zett
Uns uff en Narr befunne!
Doch Gott verlesst kaan Deutsche net,
Merr hawe Aan gefunne!
En ächte Dollhauscandidat
Un ganz dorchaus mischucke;
Draus uff dem Mußkanteraad,
Da kraage merrn ze gucke.
Er trug derr euch e Mordsbairick
Von Schusterhanf, mit Locke,
Un hinne hung em in dem G nick
E Quast! ka klaaner Brocke!
Un owe uff dem Butzel Weerg,
De Locke un dem Schwanze,
Da hat er sitze iwerzweerg
E Kaffeedutt mit Franze.
Un war aaq ganz in Gold geklaadt,
Zwaa Boge for enn Batze
Un hot gepirpt derr euch for Fraad
Wie uff dem Dach die Spatze.

Un trug e Stang, dorchaus gebohnt,
E Oellamp dra mit Brille,
Un stimmt derr an: Du guter Mond
Du gehest ja so stille!
Er hat euch wunnerschen gekreht!
Die Threne sein aam komme,
Un hot die Aage euch verdreht,
Als wär er bei de Fromme.
Un vier Geselle um en warn,
Geputzt aach, net zu sage,
Un hawe em e Fliehegaarn
Als Barbelee getrage.
Un hawe derr euch mit geblärrt,
Die vier verstoppte Nase,
Als wie derr e gewisser Hert
Gewisse Diehrn duht blase.
Deß scheenste awwer kimmt zeletzt!
Denn Auswärts daht merr lese,
Hie deht der neu sich bilde jetzt
E Seckt, e religjese!

6 Frankfurter 6

Krebbel- und Warme-Brödercher-Zeitung.

Orkan der Narrheitregierung.

4ter Jahrgang.

№. Bissi. im Verfassungs-Monat. 1855.

Kopf einer »Frankfurter Krebbel- und Warme-Brödercher-Zeitung« aus dem Jahre 1855.

Stoltzes Fastnachtszeitung wurde nicht im Abonnement vertrieben, sondern zur Fastnachtszeit zu 12 Kreuzer das Stück in den Straßen verkauft, wobei die Auflage oft 10.000 Exemplare betrug.

cher Mann die komplett Ufflag kaaft, weil er geheert hat, es deet was von emm dreisteh. Wie des odder bekannt is warn, hat ganz Frankfort losgeschlage un net ehnder geruht, bis e neuer Druck hergestellt war. Mei Vatter is nach wie vor däglich zu seiner Mutter komme, die mittlerweile vom Diergaarte in des Elternhaus von meiner kinftige Fraa uff die Breitegass gezoge war.

Des Paradies uffem Röderberg

Dagdäglich bin ich awwer aach uff den Rederberg gewannert un habb die glicklichste Dage meiner Kindheit dort verlebt. Der Rederberg war mei Ideal. Es war aach zu schee da owwe. Der große Gaarte, der sich in zwaa Terrasse bis enunner ins Fischerfeld gezoge hat, hat alles eigeschlosse, was e Kinnergemiet entzicke konnt. Hunnerte von Obstbäum un Sträucher aller Arte, Blummebeete un Weilaube, Raseplätz un Erdbeerhiegel. Dazwische Aussichtstempelcher, Bienehäuser un Moosbänk, von Flieder un Jasmin iwwerschatt; un ganz am End vom Gaarte in dem von Efeu un Immergrien umrankte Schweizerhäusi e großer Dauweschlag mit lauter Pfaudauwe.

Un die Aussicht da owwe. Links des romantische Berje, von Rebhiegel umschlosse, im Oste der bläulich schimmernde Spessart, vor uns Offebach un Owerrad mit dem aufsteigende dunkle Wald dahinner, un zu unsere Fieße des griene Fischerfeld, begrenzt von dem sanft dahiefließende Maa.

An emme scheene schulfreie Sommernachmiddag war ich widder emal in dem klaane Paradies un habb meim Vatter geholfe, Heckerose an Akaziestämm zu befestige, wie aans die Gaarteschell heftig gezoge hat.

Eilig bin ich an die Dihr gesprunge un habb uffgemacht.

Der Herr Dokter war's, der merr trotz seiner Freundschaft for mein Vatter net sympathisch war, weil er merr emal vier Blutegel aagesetzt hat.

»Gun Dag, Herr Dokter!« haww ich emm entgegegerufe. »Es ist niemand krank bei uns.«

»Deshalb komm ich aach net, Schodche«, hat der Herr Dokter gesagt un is in den Gaarte getrete. »Is dei Vatter zu Haus?«

Friedrich Stoltzes Haus am Röderberg, das Kindheitsparadies von Adolf Stoltze.
Frühe Photographie aus dem Nachlaß von Friedrich Stoltze
in der Stadt- und Universitätsbibliothek Frankfurt.

»Da vorne am Abhang steht er. Baba, Baba, der Herr Dokter is da.« Mei Vatter is ebeikomme, un die zwaa Freund hawwe sich die Händ geschittelt.
»Was mich heut nach Ihrm Tusculum fihrt, is e eigeartig Aagelegenheit, liewer Stoltze«, hat der Herr Dokter nach der Begrießung des Gespräch begonne. »Ich habb nemlich von Ihrm Hausherr des unner Ihrer Wohnung befindliche Souterrain, des enn direkte Eigang vom Gaarte hat, gemiet.«
»Da wern Se doch net eneiziehe wolle, Herr Dokter?« haww ich betroffe gefragt. »Da wohnt ja unser Scheckel mit ihre Junge.«
»Mach derr kei Sorje, die finne schon e anner Unnerkomme«, hat merr der Dokter zur Antwort gewwe un sich widder an mein Vatter gewendt. »Ich wollt Sie nor frage, liewer Stoltze, ob Sie's schen-

niert, wann ich in dem Raum uff einige Woche drei bis vier Hund eisperr?«
»Des kimmt uff die Hund aa«, hat mei Vatter gemeent, schien awwer von der Sach net besonnerscht entzickt zu sei.
»Die wern Sie wenig heern, weil die greßtenteils schlafe«, hat der Herr Dokter versichert. »Es hannelt sich nemlich um e paar Tierversuch, die ich im Interesse der Wissenschaft mache mecht.«
»Vivisektione?«
»Nach dem allgemeine Begriff net. Bei dene Hund wern weder operative Eigriff vorgenomme noch wern se medizinar behannelt, aach net mit Magnetismus, Wasser odder sonst was.
»Wann's so is, kann ich nix derrgege hawwe – awwer ich versteh net – – –«
»Des wern Se gleich«, hat der Herr Dokter gesagt un e sehr gelehrt Gesicht gemacht. »Wie Se wahrscheinlich gelese hawwe, trete seit einiger Zeit im Odewald massenhaft typhöse Fieber uff, deren Ursprung schwer zu erklärn is. Nach meiner Aasicht hannelt es sich bei der vorwiegend arme Bevelkerung um Hungertyphus, was ich durch Tierversuche zu beweise beabsichtig. Die Hund erhalte deshalb reichlich Wasser, wie das ja auch der Ärmste haben kann, aber keine Nahrung.«
»Da verhungern se ja!« haww ich entsetzt gerufe.
»Das geht nicht so schnell, und soweit lasse ich es auch nicht komme«, hat mich der Herr Dokter beruhigt un dann zu meim Vatter gesagt:
»Sie werden zugeben, liewer Stoltze, daß hierdorch der Wissenschaft ein großer Dienst geleistet wird.«
»Des kann ich net unnersuche, awwer das kann ich Ihne aufrichtig sage, liewer Dokter, daß merr der Gedanke, unner meine Fieß hungernde Wese zu hawwe, hechst unsympathisch is.«
»No, un die Mensche im Odewald, hungern die net auch?« hat der Herr Dokter erwiddert. »Wann die Wissenschaft vor der Sentimentalität halt gemacht hätt, wärn merr um e paar Jahrhunnert zurück. Ich lass des Souterrain morje herrichte un hoff, daß Se ihrm alte Hausarzt kaa Schwierigkeite mache.«

Nach emme sehr kihle Abschied is der Herr Dokter nach der Stadt zerickgekehrt, un ich habb bei meim Vatter meim gepreßte Herz iwwer die Dierquälerei Luft gemacht.
Am nechste Dag is dann aach e Mann erschiene un hat, nachdem ich unser Scheckel mit ihre Junge ins leere Bienenhaus eilogiert hatt, des Souterrain grindlich gefegt un mit erre hoche Schicht Sand bestreut. Dann hat er e Dezimalwag eneigeschaft un e Aazahl Strohdecke for die kinftige Bewohner lengs de Wänd ausgebreit. Er war mit seiner Arweit noch net recht fertig, wie der Herr Dokter in Gesellschaft von emme hechst verdächtig aussehende Kerl, der drei Hund an Strick gefihrt hat, den Rederberg eruffgekeucht kam. Die drei Hund warn wohlgenährt un gepflegt, hawwe awwer offenbar sehr verschiedene Rasse aageheert. Der ehrschte hätt sich mit Erfolg for enn Spitz ausgewwe kenne, wann er kaa Dackelbaa gehabt hätt, während mer den zweite nach seiner Koppform zu de Bulldogge, nach seim Fell awwer zu de Pudel zehle mußt. Bei dem dritte hingege ließ sich iwwerhaupt kaa Herkunft feststelle, denn bei dem warn die charakteristische Merkmale aller Hunderasse vertrete.
Nachdem die drei Märtyrer der Wissenschaft im Souterrain unnergebracht warn, hat se der Herr Dokter aanzel gewoge, ihrn Umfang um den Bauch gemesse un ihr Nase befihlt. Dann hat er enn Zuwwer Wasser in den Kerker brenge lasse, hat die vergitterte Fenster zugemacht, die Vorreiwer [Riegel] vorgeschowe, die Dihr zugeschlosse un den Schlissel eigesteckt. »So, hat er zu meim Vatter beim Abschied gesagt, jetzt geh ich beruhigt haam, dann ich weiß, daß kaa Unberufener die Diern fittern kann.«
»Un wann komme Se widder?« hat mei Vatter gefragt.
»Morje um dieselb Zeit. Das Wasser erneuer ich täglich selbst, stelle die Gewichtsabnahme fest und beobachte die Wirkungen des Hungers. Adschee, liewer Stoltze.«
Der Herr Dokter war odder noch net recht dem Gaarte drauß un mei Vatter im Haus drei, da war ich aach schon an de Souterrainfenster, die fast bis uff die Erd enunner gange sin, un habb dorch die Scheiwe in den Halbkeller gelugt.

Da lage se uff ihre Strohdecke, die drei Schernschleifer un hawwe mich mit ihre große dunkle Aage aageguckt, als wann se merr zu versteh gewwe wollte, daß ich ihr aanzig Hoffnung wär.
»Ich deet euch ja gern helfe«, haww ich vor merr hiegemormelt, »wann ich nor wißt, wie; awwer die Dihr is zugeschlosse, un die Fenster sin verrichelt.«
Lang haww ich hie un her gesonne, was da zu mache wär, bis merr endlich der Gedanke komme is, die Fensterflichel neher zu unnersuche un dawidder zu dricke. All hawwe se meiner Aastrenung widderstanne bis uff aan, der sich so weit zerickdrenge ließ, daß mer in dem entstandene Spalt owwe un unne e dinn Helzi dorchschiewe konnt. Jetzt wußt ich Rat.
Am nechsten Dag nach Schulschluß bin ich, so schnell ich laafe konnt, nach dem Rederberg geeilt, habb mich awwer vorsichtigerweis net uff der Heh, sonnern im Dal, im Fischerfeld, meim Ziel genehert. Ich muß e komisch Roll bei dem eilige Gang gespielt hawwe, dann aus meine Hosesäck hawwe Schinkeknoche evorgeguckt, un mein Kittel hat ausgeseh wie die Blus von erre Säugamm, so war der mit Bredercher, Worschtzippel un sonstige Abfäll, die ich zusammegebettelt hatt, ausgestoppt.

Am unnere Gaarte aakomme, bin ich iwwer die Planke gestiche un im Schatte der Johannisbeersträucher vorsichdig den Berg enuffgekrawwelt. Owwe awwer haww ich mich ehrscht vergewissert, daß der Herr Dokter net da war, un bin dann sachte an die Souterrainfenster geschliche. Mit emme dinne Strickdraht, den ich am aane End e bissi umgeboge hatt, haww ich dann an dem Fensterspalt zu operiern aagefange un vorsichtig den owwere Richel in die Heh geschowe un den unnere erunnergedrickt. Jetzt is des Fenster uffgange, un e paar Aageblick speter lag die ganz Futterag bei de Hungerkandidate, die wie wietend driwwer hergefalle sin. Net ganz so leicht wie's Uffmache ging's Zumache der Fenster, awwer schließlich is merr's doch mit meim Strickdraht gelunge, un ich konnt mich von dem Souterrain entferne, ohne e sichtbar Spur von meim Eibruch zu hinnerlasse.

Mit dem unschuldigste Gesicht von der Welt haww ich dann mein Vatter in seiner Schreibstubb uffgesucht un begrießt un mich nachher spielend im Gaarte erumgetriwwe, bis die unnergehend Sonn mich ans Haamgeh gemahnt hat.
Acht Dag is so die Sach ohne jed Steerung vor sich gange. Schulfreund, die Söhn von Wertt un Metzjer, die ich ins Vertraue gezoge hatt, hawwe merr vor den netige Achlebutz [Essen] gesorgt, un nor mei Großmutter hat mitunner den Kopp geschittelt un gesagt: »Ich mecht nor emal wisse, wo de dich erumtreibst; dei Hosesäck sin voll Fettflecke un dei Kittel rieche, als wann se in Worschtsupp ausgespült wärn warn.« Am neunte Dag odder, wie ich widder an des Souterrainfenster geschliche kam un's ewe öffne wollt, haww ich uff aamal deutlich geheert, wie e Kutsch am Gaartedor vorgefahrn is un gehalte hat. Da merr nix Gutes geahnt hat, bin ich uffgesprunge un habb verstohle geguckt, wer uns enn Besuch abstatte wollt. Der Herr Dokter war's, der mit zwaa Kollege kam, die Hund zu besichtige. Blitzschnell haww ich jetzt mei Futterag ins nechstgelegene Bienehäusi versteckelt, bin dann uff den Gaartezaun geklettert un von da uff die Schossee erunnergehippt, um gleich druff, als wann ich ewe ehrscht aus der Stadt käm, am Gaartedor zu erscheine.
Der Herr Dokter hat mich awwer kaum bemerkt, dann er war mit seine Herrn Kollege in e wissenschaftlich Gespräch verdieft. »Sie mege glaawe, was Se wolle, meine Herrn«, hat er gesagt, »seit zehn Tagen entziehe ich den Tieren jegliche Nahrung, un trotzdem hawwe se noch kei Lot Gewicht eigebießt.«
»Hm, hm, hm«, hat der aane Herr Dokter bemerkt un sein Zeigefinger an sein Naseflichel gelegt, »das ist ein sehr merkwürdiger, ein sehr interessanter Fall.«
»Unbegreiflich«, hat der annere Herr Dokter gesagt, sei Brill bis uff die Stern enuffgeschowe un nach de Wolke geguckt. »Hm, hm, hm!«
»Awwer aach sonst sin kaa Verennerunge wahrzenemme«, hat unser Herr Dokter erklärt. »Puls regelmäßig, Nase kalt, Zunge nicht belegt.«

»Un die Verdauung, Herr Kollege?« hat der aane Herr Dokter gefragt, »die Verdauung?«
»Läßt nix zu winsche iwwerig – ich guck däglich nach.«
»Wie, sie fressen nichts und – –? Hm, hm, hm« hat der annere Herr Dokter gesagt un vergeblich e Erklärung in den Wolke gesucht.
»Sie wern gleich seh, daß sich alles so verhält, wie ich gesagt habb«, hat unser Herr Dokter mit Nachdruck erklärt un hat die Souterraindihr uffgeschlosse. »Komm«, hat er mir zugerufe, »du kannst uns e bissi behilflich sei.«
Die Sach war merr awwer doch net ganz geheuer, un ich habb deswege dorchaus net geloge, wie ich erwiddert habb: »Ich fercht mich.«
»Wovor?«
»Vor – vor de Hund, die kennte beiße«!
»Schem dich, so e großer Bub!«
»Die hawwe awwer so lang nix zu fresse krieht.«
»Dich fresse se net, komm nor!«
Wohl odder iwwel mußt ich de drei Doktern ins Souterrain folge, dessen Dihr von inne zugeschlosse wurd. Wie awwer die Hund mei Aawesenheit bemerkt hawwe, sin se von ihre Strohdecke uffgefahrn un bellend un schwänzelnd an merr in die Heh gestiche un hawwe merr die Händ geleckt un an merr erumgeschnuffelt. Unser Dokter awwer hat mich ganz mißtrauisch aageguckt un hat gesagt: »Woher kenne dich dann die Hund so genau?«
»Ich waaß net«, haww ich verlege erwiddert un habb versucht, mich ihrer Zärtlichkeit zu erwehrn.
»Odder hast de was Eßbares bei derr?«
»Des kann sei«, haww ich erleichtert gesagt un e Stickelche Gehlworscht, des ich vorhin vergesse hatt, in Sicherheit ze brenge, aus meim Hosesack gezoge. Jetzt sin odder wie uff Verabredung die drei Dokter uff mich zugesterzt, um merr die Worscht abzenemme, awwer der Spitz mit de Dackelbaa war schneller un hat se net nor eweggeschnappt, sonnern dabei unserm Herr Dokter aach noch in de Daume geknappt, daß der »Donnerwetter« un »autsch« gekrische hat. Die drei Dokter hawwe sich jetzt an die Unnersuchung

der Hungerkandidate gemacht. Ehrscht hat jeder den Puls gefihlt un enn Thermometer in die Vorderbaahöhl gesteckt kriegt, wobei ich enn den Kopp halte mußt. Dann sin ihr Zunge begutacht un ihr Nase befihlt warn, un schließlich sin se gewoge warn, wobei sich erausgestellt hat, daß kaa Gewichtsdifferenz gege friher vorhande war.

»Wir finden alles bestätigt, was unser Kollege gesagt hat«, hat sich nach dem Resultat der aane Herr Dokter an den annern Herr Dokter gewendt, »und dennoch kann ich mir nur denken, daß eine Fütterung durch Unberufene stattgefunden hat.«

»Des is genzlich ausgeschlosse, Herr Kollege«, hat unser Herr Dokter versichert. »Die Fenster sind derart von innen zugerichelt, daß sie unmöglich von außen geöffnet werden können, den Schlüssel zur Türe aber trage ich bestendig bei merr.«

»Hm, hm, hm«, hat der annere Herr Dokter gesagt un sinnend vor sich hiegesturt. »Wir stehen hier vor einem Problem, das aufzuklären von höchster Wichtigkeit ist.« Dann hat er odder pletzlich, wie von erre hehere Erleuchtung dorchzuckt, sich an mich gewendt un hat mich mit emme dorchdringende Blick gefragt: »Habt ihr vielleicht Mäuse?«

»Mäus un Ratte un Eidechse«, haww ich gesagt.

»Nun meine Herren Kollegen, das Rätsel ist gelöst, die Hunde ernähren sich zehn Tage lang von Ratten und Mäusen.«

»Des is ja gar net meglich, Herr Kollege«, hat unser Herr Dokter koppschittelnd erwiddert. »Wann jeder Hund nor eine Maus pro Tag gefresse hätt, wärn des dreißig Stick, wo sollte die dann herkomme?«

»Sie vergessen die Ratten, werter Herr Dokter. Es sind Ratten vorhanden, wie der Junge bestätigt.«

Jetzt hat sich odder der annere Herr Dokter ins Gespräch gemischt un hat gesagt: »Ich enthalte mich in der Sache vorerst jeglichen Urteils. Waren es Ratten und Mäuse, dann müssen die Felle vorhanden sein, denn es ist mir nicht bekannt, daß Hunde Haare fressen.«

»Suchen wir«, hat der annere Herr Dokter energisch gerufe un hat mit dem Fuß den Sand ausenannergeschaufelt. Schon schien sei

Bemihe erfolglos zu sei, wie er sich uff aamal gebickt, enn mords Knoche ergriffe und triumphierend in die Heh gehalte hat. »Da is das corpus delicti!«
»Was«, hat unser Herr Dokter entsetzt gerufe un hat enn feuerrote Kopp krieht. »Das ist aber kein Mäuseknochen, das ist ja ein Schinkenknochen!«
»Allerdings«, hat der aane Herr Dokter gesagt. »Daraus geht aber nur hervor, daß sich hier noch anderes Getier herumtreibt.«
Die drei Dokter hawwe sich enn Aageblick wie geistesabwesend aageguckt, dann awwer sin se in e laut Gelächter ausgebroche. Endlich hat unser Herr Dokter das Wort genomme un hat gesagt: »Man hat mich düpiert, des muß ich zugewwe, vermute auch, welcher gute Freund mir den Streich gespielt hat, aber trotzdem müssen wir die Versuche weiter fortsetzen.
»Allerdings«, hat der annere Dokter erklärt, »und zwar unter Anwendung von Vorsichtsmaßregeln. Ich würde vorschlagen, an der Souterraintür noch ein Vorhangschloß anzubringen.«
»Und das Schlüsselloch dieses Vorhangschlosses«, hat der aane Herr Dokter ergenzend hinzugefiegt, »nach jedesmaliger Benützung mit einem Papierstreifen zu verkleben, dessen Innenseite ein von uns geschriebenes Wort enthält.«
»Des leucht merr ei«, hat unser Dokter gesagt, »wir wisse dann wenigstens, ob e Unberufener draa gewese war.«

Am nechste Dag is unner Uffsicht der drei Doktern des Souterrain grindlich gereinigt, die Fenstern gebutzt un wie seither sorgfältig verschlosse un der ganze Raum peinlichst uff Mäuselecher un Knoche unnersucht warn. Dann hat e Schlosser e riesig Vorhangschloß an der Dihr befestigt, un der aane Herr Dokter hat, nachdem alles wohlversperrt war, e Zettelche, uff des er was mit Bleistift geschriwwe hat, uff des Schlisselloch geklebt.
Die Gesellschaft war schon e ganz Weil fort, bis ich mich getraut habb, des Bienehäusi, des merr seit gestern als Vorratskammer gedient hat, uffzesuche un sorgfältig alle Knoche aus dem Futter zu entferne. Dann bin ich mit dausend Ängste im Herze nach dem

Souterrain geschliche un habb mei arme Schitzling, die seit 48 Stunne nix gefresse hatte, gefittert.
Zwelf Dag is so die Sach glicklich von statte gange, obgleich merr die Nahrungsanschaffung viel Arweit gemacht un noch mehr Fettflecke gebracht hat. Meim Vatter war der ganze Dierversuch so unsympathisch, daß er sich gar net mehr in der Neh vom Souterrain hat seh lasse, was ich nadierlich zu meim Vordeil ausgebeut habb. Zwaa Dokter sin jeden Dag erschiene, hawwe de Hund frisch Wasser gewwe, ihr Nase befihlt un ihr Zunge betracht un dann mit de Kepp geschittelt un gesagt: »Unbegreiflich! Unbegreiflich!«
Am e Mittwoch middag awwer sin se zu dritt komme. Die Unnersuchung war genau so wie friher, nor wie unser Herr Dokter den Bulldogg mit dem Puddelfell geworge hat, is er pletzlich ganz erregt in die Heh gefahrn un hat gerufe: »Da hört sich doch alles uff. Jetzt wiegt der Scherenschleifer sogar ein halbes Pfund mehr als bei seiner Einlieferung.«
»Hm, hm, hm«, hat der aane Dokter gemacht un den Kopp geschittelt. »Die Sache fängt an, unheimlich zu werden.«
»Allerdings«, hat der annere Dokter erklärt, »sehr unheimlich. Ich schlage deshalb vor, diesen Hund zu töten und eine genaue Untersuchung seines Mageninhaltes vorzunehmen.«
»Es werd uns wohl nix annerschter iwwrig bleiwe, morgen mittag um fünf Uhr treffen wir uns hier.«
»Awwer Herr Dokter, Sie wern doch den scheene Hund net umbrenge wolle!« haww ich engstlich gerufe.
»Schweig Junge! Das verstehst du nicht. Die Wissenschaft erfordert noch ganz andere Opfer!«
Wie die drei Dokter fort warn, habb ich mich hiegesetzt un geflennt un habb merr den Kopp zerbroche, wie ich des arme Dier vor seim Schicksal bewahrn kennt, awwer nix is merr eigefalle. Immer un immer widder haww ich dorch die Fensterscheiwe ins Souterrain geguckt un habb vor lauter Herzensbrast gar net gemerkt, daß es zu regne aagefange hat.
Bevor ich awwer schließlich zem Haamweg uffgebroche bin, haww ich noch emal des Vorhangschloß unnersucht un zu meim Er-

staune bemerkt, daß sich der von Feuchtigkeit dorchdrungene Zettel hie un her schiewe ließ. Wann ich jetzt nor enn Schlosser hätt, wär alles gut, haww ich bei mir gedacht, un da is merr uff aamal eigefalle, daß mei Cousin Fritz ja schon im dritte Jahr beim Herr Schlossermaaster Werner in der Klostergass in der Lehr war.
So is noch kaaner den Rederberg enunner, iwwer die Allerheiljegass dorch die Juddegass uns Juddebrickelche in die Klostergass gerennt wie ich. Schnell war mei Aaliege vorgetrage, un mei Cousin, der, obgleich bedeutend älter als ich, doch mit fast briederlicher Lieb an merr hing, hat sich bereit erklärt, merr helfe zu wolle, nor derft der Maaster nix davo erfahrn.
Unner stremendem Rege sin merr dann den Awend um halb zehe nach dem Fischerfeld geeilt un von hinne in den Gaarte eigedrunge. Mei Vatter war, wie jeden Awend, beim Wertt Neder sein Schoppe trinke, un die iwwerig Familje hat bereits in de Better gelege un geschlafe. Merr konnte also mit greeßter Sicherheit ans Werk geh.
Sorgfältig haww ich den nasse Zettel mit der geheimnisvolle Inschrift vom Vorhangschloß abgezoge, des mei Cousin im Nu mit emme Schlissel aus seim Schlisselring uffgeschlosse hat. Dann hat sich mei getreuer Helfer in der Not mit emme Sperrhake ans Dihrschloß gemacht, un es hat noch kaa Minut gedauert, un die drei Hund sin bellend an merr in die Heh gesprunge.
»Mach, daß de fortkimmst mit dene Köter, die verrate aam sonst«, hat merr mei Cousin zugeflistert. »Ich sperr alles widder ab un kleb aach den Zettel druff – awwer fort, nix wie fort!«
»Im Fischerfeld treffe merr uns«, haww ich halblaut zurickgerufe un bin den Gaarte enunnergerast, als wann der Deiwel hinner merr wär. Mei vierbeinige Freund awwer sin merr in wilde Spring gefolgt un hawwe die Luft mit ihrm Juwelgebell erfillt.
Es hat noch kaa finf Minute gedauert, da is aach schon mei Cousin widder zu merr gestoße un hat mich versichert, daß alles in bester Ordnung wär. Mit große Schritt ging's jetzt der Stadt zu, wo merr uns die Hend geschittelt un Abschied von enanner genomme hawwe. Die Hund warn schon friher annere Spurn gefolgt, die se

wahrscheinlich widder zu ihre Herrn, dene se offenbar gestohle warn, gefihrt hawwe.
Wie ich haam kam, hat mei Großmutter unner der Hausdihr gestanne un hat in aaner Uffregung uff mich gebaßt.
»Schem dich«, hat se gezankt, un ihr treue Aage hawwe dabei vor Vergniege geleucht, daß ich widder da war.
»Schem dich, sich bis um halb elf uff der Gass erumzutreiwe. Un wie naß bist de! Geh nor gleich ins Bett, Adolfche, sonst kriehst de enn Schnuppe.«

Am nechste Dag awwer hat's mich, wie alle große Verbrecher, unwidderstehlich nach dem Schauplatz meiner nechtliche Date gezoge, un ich bin zu gleicher Zeit mit de drei Herrn Dokter beim herrlichste Sonneschei uff dem Rederberg eigetroffe.
»Herr Kollege«, hat der aane Herr Dokter den annere Herr Dokter, der enn Kaste mit chirurgische Instrumente getrage hat, gefragt, »haftet der Zettel noch gut auf dem Vorhangschloß?«
»Er is kaum abzubrenge.«
»Un was steht darauf?«
»Vivisektion.«
»Stimmt. Gehen wir ans Werk!«
Jetzt hat unser Herr Dokter des Vorhangschloß un der annere Herr Dokter die Souterraindihr uffgeschlosse.
Wie se odder ewe den innere Raum betrete wollte, sin se uff der Dihrschwell wie verstaanert stehgebliwwe un hawwe sich mit sprachlosem Erstaune aageguckt.
»Leer!« hat endlich unser Herr Dokter gestehnt.
»Leer!« hat der zweite, un »leer« hat der dritte Herr Dokter widderholt.
»Weißt du vielleicht, wo die Hunde hiekomme sin?« hat merr unser Herr Dokter wietend zugerufe.
»Die wern sich vor Hunger unnernanner uffgefresse hawwe«, haww ich batzig zur Antwort gewwe, weil ich mich außer dem Bereich von erre Ohrfeig befunne habb.
»Hier gibt es nur eine Möglichkeit«, hat jetzt der aane Herr Dokter

erklärt un hat sei Kollege mißtrauisch fixiert. »Es weilt ein Verräter unter uns!«
Un wie pletzlich erleucht, hawwe die zwaa annern Herrn Dokter eimietig gerufe: »Ganz mei Aasicht!« Dann awwer hawwe se sich Blicke grenzenloser Verachtung zugeworfe, un jeder is sein eigne Weg gange.
Der Wissenschaft is zwar kein Dienst erwiese warn, awwer ich habb von all meine Buwestreich den am wenigste bereut. –

Mei erschte Gedichtercher

Des war wirklich e schön Zeit, wie ich als Bub jeden Tag auf den Röderberg bin. – Awwer auch in der Breitegass haww ich frohe un abwechslungsreiche Stunde verlebt.
Des Häusi Nummer 7, wo ich mit meiner Großmutter in emme Dachstübche gewohnt habb, hat dem Kaufmann Mannberger gehört. Dort hat er sich 1832 mit emme Parrerstöchterche, e geborene Wickenhöfer, verheirat, un aus dere glickliche Eh sin sechzeh gesunde Kinner, darunner zwelf Buwe hervorgange.

Hier haww ich merr unner de vier Mädercher des Luwisi zum Spielkamerad ausgesucht, Nachlaufches un Versteckelches mit err gespielt un alles mit err berate. Mir hat besonnerscht imponiert, daß se im Theater solo danze un sogar kleine Röllercher spiele dorft, wofor se regelmäßig e Dutt mit Konfekt krieht hat, des se dann mit merr gedeilt hat. Was hätt ich drum gewwe, wann ich emal e Theater von inne hätt seh könne! An emme schöne Dag awwer hat dem Luwisi sei Mutter gemeint: »Kind, wo de jetzt bald zehn Jahr alt wirst, hab ich's net mehr gern, daß de im Theater danze dust, awwer davor will ich derr e anner Freud mache. Du derfst von jetzt ab Klavierstunne nemme.« Jetzt war des Luwisi sehr traurig, hat awwer doch zugestimmt unner der Bedingung, daß der Adolf auch mitlerne derft.

»No also«, hat ihr Mutter eigewilligt, »wenn ihr recht brav seid un fleißig lernt, haww ich nix dagege.«
Mir warn iwwerbrav un fleißig gewese un hawwe schon nach korzer Zeit die halb Dammschul auswennig gekonnt. Bald is uns des awwer zu langweilig worn, un so haww ich beschlosse, mei eigene Frihlingsgedichtcher in Musik umzusetze un später, wenn merr uns darin e bissi eigelebt hätte, ganze Schlachte uff dem Klavier aufzuführn.
Jetzt warn merr ehrscht in unserm Element. Vor alle Dinge hawwe merr den Feind dorch hohe Trillertön aagelockt un, wie er dann näher komme is, aufgeregt uff die link Seit von de Taste e groß Lineal un uff die recht enn große Schürhake gelegt. Jetzt ging der Aagriff los. Mit unsere vier Elleboge un de Händ dazu hawwe merr unner ständigem Gejohl un Pedaltrete den Feind abgewehrt. Unser Begeisterung hat kei Grenze mehr gekennt. Der Radau is immer greßer un greßer worn, un des arm malträdiert Klavier hielt so lang stand, bis auf einmal dem Luwisi sei Mutter aus ihrm Lade eraufgesterzt kam, uns beide geohrfeigt un dem Schlachtegetümmel auf die Art e Ende gemacht hat.
Wietend hat se jetzt den Kaste for lange Zeit abgeschlosse un den Schlissel zu sich gesteckt. Jetzt warn merr aus alle Illusione gerisse. – Merr hawwe dagesesse wie e Dippche Niß un uns iwwerlegt, wie merr uns in Zukunft die Zeit vertreiwe könnte.
Schon hunnertmal hatt ich merr vorgenomme, endlich mei Phantastereie sei zu lasse, awwer immer un immer widder bin ich in den alte Fehler verfalle un habb mehr denn je Versercher un sogar kleine Theaterstickelcher geschriwwe, um se dann mit meine Freund aufzuführn.
So ausgerüst, bin ich dann zu meim Vatter auf den Rederberg gewannert, haww emm mei Vers vorgelese un merr stännig bei emm Rat geholt. –
Wann aach mei Vatter, wann er was geschriwwe hat, net gesteert sei wollt, so hat er mich doch beim Arweite gern in seiner Neh gelitte, ja er hat merr dabei gewissermaßen »Dichtunnerricht« erteilt, indem er mich Reim zu seine Versch suche ließ un sich gefreut hat,

wann ich se richtig gefunne habb. Noch heut erinner ich mich deshalb genau, unner welche Umstänn un zu welcher Zeit viele seiner Dichtungen entstanne sin. Fast immer hat er merr, wann ich so spielend odder lesend newerm saß, warnend ausenannergesetzt, daß die Dichterei zwar e wunnervoll Kunst, awwer dabei doch des schlechteste Geschäft uff Gottes Erdboddem wär, un daß ich, wann ich net verhungern wollt, liewer Staaklopper wie Poet wern soll.

»Du bist awwer trotzdem Dichter gebliwwe«, haww ich eigeworfe.

»Ja«, hat mich mei Vatter belehrt, »wann merr des einmal angefange hat, kann mer's nicht mehr loswern.«

So sehr er aach von der Schriftstellerei abriet, haww ich enn doch im Sommer 1854 mit meine ehrschte Versch iwwerrascht, die unnerm Eifluß des Dichters un Lehrers J. J. Mohr, der aushilfsweise in unsrer Schul Religionsunnerricht gewwe hat, entstanne warn. Des Gedichtche hat aagefange:

Gott schuf den Menschen sich zum Bilde,
Zum Bilde Gottes schuf er ihn.
Er gab ihm Odem, Kraft und Milde
Und neigte ihn zum Guten hin.

»Hm!« hat mei Vatter gesagt, »also doch – du fängst wenigstens mit Gott aa, da wird dir hoffentlich nix dabei bassiern. – Willst du nicht Parrer wern?«

»Naa, Baba, Schauspieler.«

»Das kommt schließlich auf aans eraus – awwer ich würde den Parrer vorziehe – der kann nicht ausgepiffe wern.« –

Der Rederberg hat mei Vatter net nor zu seine beste literarische Leistunge aageregt, er hat enn aach die Meglichkeit gewährt, seine Liebhawereie nachzegeh. Blumme un Dauwe warn sei Welt, in die er aach mich mit wahrer Begeisterung eigefihrt hat. Von de Blumme warn's die Rose un die – Hahnekämm, die sei Interesse am meiste in Aaspruch nahme. Noch greßer awwer wie vor Planze war sei Vorlieb for Dauwe, besonnerscht Pfaudauwe. Oft hat er merr ausenannergesetzt, daß schwarze Pfaudauwe mit weiße

Schwänz nix Seltenes, hingege weiße mit schwarze Schwänz un schwarze Fedderfieß die Kreenung der Schepfung wärn. Zwaaundreißig Feddern mußt bei emm e Pfaudaub im Schwanz hawwe, sonst war ihr Stammbaum net rein; un wie er emal aa mit dreiunddreißig Feddern eigehannelt hat, hat er mit der so lang bei alle Kenner dick gedaa, bis er dahinner komme is, daß sich der Dauwehenneler Lang um e Feder verzehlt un dem arme Dierche aa zu viel eigeleimt hatt.

De Dauwe konnt er stunnelang zugucke, wann se sich in der Luft getummelt hawwe, un aaner der glicklichste Dag seines Lewens war, wie emm e greßer Aazahl Edeldauwe dorch enn Zichter in Hanau testamentarisch zugefalle sin. Leider hat des Vergniege net lang gewährt, dann e Marder, der vom Dach aus in den Schlag eigebroche war, hat se jämmerlich abgemorkst.

Die Verscheenerung des owere Gartens hat mein Vatter ganz besonnerscht am Herz gelege, un er hat deshalb uff erre Geißblattlaub mit vieler Mih un noch mehr Eisedraht enn lewensgroße Storch von bemaltem Gips uffgestellt un befestigt. Von der Gass aus war der Representant der menschliche Fruchtbarkeit sichtbar, wodorch merr jeden Dag e halb Mahn Schosseestaa, die uns Vogelfreund in den Gaarte geworfe hatte, ufflese dorfte. Am e scheene Morjend war der arme Storch den Weg allen Gipses gange; e Nachtvogel, wahrscheinlich e Volleul, hat enn so getroffe un erunnergeschmisse, daß von seiner frihere Herrlichkeit nor noch sei roter Schnawwel beisamme war.

An demselwe Dag awwer is e Brief ohne Unnerschrift eigetroffe, in dem e guter Freund geschriwwe hat:

Es fliegt zu dir ins Haus
Der Storch jahrein, jahraus.
Drum schafft dir's keine Not,
Wirft einer einen tot.
Der Schütze traf sein Ziel. –
Zwei Störche sind zu viel! –

An Besuch hat's meim Vatter, trotzdem sei erhawe Tusculum nach damalige Entfernungsbegriff außerhalb der Welt lag, niemals gefehlt. Schon frih morjens erschien Nikolaus Hadermann, um nach de Maulbeerplandage, die er for sei Seideraupezucht aagelegt hat, ze gucke un dann meim Vatter enn Berschteabzug vom nechste »Volksfreund« vorzulese, odder enn in e Gespräch iwwer politische odder lokale Aagelegenheiten zu verstricke. Der Nachmiddag bracht immer Gäst. Da kam mindestens jed Woch emal der Herr Rosenthal, der speter an der Grindung der Frankforter Zeitung beteiligt war; Franz Fabricius, der unerschepfliche Anekdoteverzehler; Heinrich Neeb, der alle Aageblick e anner kinstlerisch Aaliege gehatt hat; Eduard Fay, der Wertt vom Wasserkolleg, in dem nie Wasser getrunke is warn; Aloys Henninger, der Taunide; Ernst Schalck, der spetere Illustrator un Miteigentiemer der Latern; Dokter Simon Maas, der Verteidiger vor dem ehrschte Frankforter Schwurgericht; Georg Listmann, der Herausgewwer des Frankforter Sagebuchs; der Weinhenneler Peter Schmölder un noch e Meng annern Leut, vor allem awwer der alte Baron Mayer Amschel von Rothschild, der an kaam scheene Sommerdag gefehlt hat.

Unser Freund Rothschild

Des Verhältnis zwische dem Krösus un dem Dichter hat sich sehr schnell zu me rein freundschaftliche gestalt. Niemals awwer war mei Vatter, wie sich die Leut verzehlt hawwe, Vorleser beim Baron odder hat e fest Eikomme vom Haus Rothschild bezoge. Seim Stolz hat's geschmeichelt, bei dem reichste Mann Deutschlands gesellschaftlich zu verkehrn, un der alte Herr, der e Erzfrankforter war, hat sich von der Persenlichkeit des Frankforter Humoriste aagezoge gefihlt. Daher die häufige Begegnunge. Ab un zu hat sich der Baron aach emal e Gedichtche mache lasse un hat's mit zehe Dukate honoriert. Aamal is er awwer von der löblich Gewohnheit abkomme un hat meim Vatter statt erre klingende Anerkennung e Etuis mit sechs silwerne Leffel verehrt.

Freiherr Amschel Mayer von Rothschild (1773-1855)

»Sin Se merr nicht bös, Stoltze«, hat er dabei gesagt. »Ich habb in der Leffel Ihr ganze Name eigrawiere lasse.«
»Ich bitt Sie, Herr Baron, des is mir ja äußerst aagenehm«, hat mei Vatter erwiddert un sich bedankt.

»Wie heußt aagenehm! Aagenehm is, wann nix druff steht, damit merr se verkaufe odder versetze kann ohne viel Umständ.«
Fast immer, wann der Baron uff dem Rederberg bei uns vorgefahrn is, hat er sein Wage verlasse, sich im Gaarte uff die owwerst Terrass gesetzt un die Landschaft bewunnert.

Am e besonnerscht warme Dag hat er emal e Glas Wasser verlangt, des ich emm von der Bumb, die unne im Fischerfeld lag, gebracht habb.
»Hast de aach vorher ordentlich abgebumbt?« hat er mich gefragt.
»Ja, Herr Baron, solang bis kaa Schnecke mehr komme sin.«
»Schnecke!« hat da awwer der alte Herr net grad aagenehm iwwerrascht gerufe un hat des Wasser mißtrauisch betracht.
»Schnecke?«
»Un klaane Freschercher.«
»Klaane Freschercher! Euer Brunnequell scheint e Nahrungsquell zu sei, awwer nicht for Mensche.«
Da hat emm awwer mei Vatter erläutert, daß des gar net so schlimm wär, des Gediers deet sich in des helzerne Brunnerohr festsetze un bei lengerem Bumbe enausgeworfe wern.
»Leucht merr ei«, hat der Baron gesagt un hat des halwe Glas Wasser ausgetrunke. »Bei lengerem Bumbe enausgeworfe – leucht merr ei!«
Obgleich Mayer Amschel von Rothschild kaa Nachkomme gehatt hat, war er doch e großer Kinnerfeund, un so haww aach ich bald in seiner Gunst gestanne. Sooft er kam, hat er nach merr gefragt, un wo er mich geseh hat, hat er mich zu sich gerufe, merr gute Lehrn gewwe un von seiner Mutter gesproche, die er abgöttisch verehrt hat.
»Mei Mutter, Gott hab se selig!« hat er merr verzehlt, »war der frömmst, der fleißigst un der sparsamst Frau in ganz Frankfort. Wann merr e neie Dienstbote krieht hawwe, hat se zu merr gesagt: ›Amschel, geh in der Kich un baß auf, ob se der Kaffeebohne all vermahlt, die ich err gewwe habb. Verschlampt se davo, verschlampt se auch andere Sache; steckt se awwer davo ei, steckt se

auch andere Sache ei‹. Hat die nei Magd dann die Prob gut bestanne, hat mei Mutter Gold un Silwer offe vor err liche lasse.«
Der Baron hat trotz seim hohe Alter noch immer gern gescherzt un sei Späß aach mit mir getriwwe.
»Wann de gelegentlich mit dei Baba in mei Gaarte uff der Bockemer Schossee kommst«, hat er emal zu merr gesagt, »darfst de uff mei Dach steige un dorchs Fernrohr gucke, da siehst de der Mond so groß wie e Wagerad.«
»Uij«, haww ich gerufe, awwer e sehr ungläuwig Gesicht dazu gemacht.
»Wer's nicht glaubt, zahlt e Gulde!«
»Ich glaub's«, haww ich mich beeilt zu rufe.
»Aha, von wege der Gulde.«
»Naa, weil Sie's gesagt hawwe.«
»Hawwe Se's geheert, Stoltze?« hat er sich an mein Vatter gewendt. »Was e Bub, was e galanter Bub! Weil ich's gesagt habb – Schinnoos!«
»Herr Baron«, haww ich nach erre Weil des Thema widder uffgenomme. »Herr Baron, mir hawwe aach e Fernrohr, un wann mer da eneisieht, is der Mond so groß wie e Englischreuterhitt [Zirkus].«
»So«, hat der Baron gesagt, un wer's nicht glaubt?«
»Zahlt enn Gulde.«
»Heer emal, vor dir muß mer sich in acht nemme. Da hast de mei Gulde – ich glaub's nicht.«
Während de Schulferie war merr e Hundelche, des uff den Name Bello geheert hat, nachgelaafe, un ich hab's uff den Rederberg gefihrt, wo's gastlich uffgenomme ward. Der Hund war mei greßt Vergniege; ich hatt enn gelernt, Podercher gewwe un dorch die Ärm springe, un wann er mich aus der Fern komme sah, is er merr entgegegesterzt un vor Freud bellend an merr in die Heh gesprunge.
Am e scheene Dag war ich mit meiner selbstfabrizierte Angel an den Metzjerbruch gange, um dort unner dem Eisebahndamm zu fische, wie der Baron Rothschild uff dem Rederberg vorgefahrn is.

Der Baron war diesmal net allaans, sonnern hatt zwaa Buwe, zwaa Neffe, die bei emm zu Besuch warn, bei sich. Kaum odder hatte die Kinner mein Bello geseh, warn se aach ganz narrisch in enn un hawwe ihrn Onkel bestermt, daß ern kaafe sollt. Da hat odder mei Vatter gesagt: »Herr Baron, wann der Hund de Kinner Vergniege mecht, bitte, nemme Se sich enn nor mit, mei Sohn findt morgen schon wieder enn annern.«
Wie ich dann am Awend mit meiner Jagdtrophee, emme armselige Schneiderche [kleiner Weißfisch], uff dem Rederberg eigetroffe bin, war mei Belloche fort, un diefbekimmert un mit verflennte Aage bin ich haam zu meiner Großmutter uff die Breitegass gewannert un habb er mei Herz ausgeschitt.

Schon nach e paar Dag war mei Liebling awwer widder owwe uff dem Rederberg, er war dorchgegange un zu uns gelaafe. Mei Juwel war groß, awwer mei Vatter hat behaupt, der Hund wär net in der Reih, un ich dorft enn net aagreife. Er ward in e leer Mansard gesperrt un mit Futter un Wasser reichlich verseh; awwer schon am nechste Dag brach die Dollwut bei emm aus, un er mußt dodgeschosse wern.
Wie der Baron e paar Dag speter vorfuhr, war ich fest entschlosse, ihm mein ganze Groll iwwer die Entfihrung un den Dod vom meim Hundelche ins Gesicht zu schleudern, awwer die Freundlichkeit, mit der er mich begrießt hat, un sei Teilnahm an meim kindliche Schmerz hawwe mein Zorn sofort entwaffent.

»Unser Bello is dod«, haww ich emm verzehlt.
»Was, des scheene Dierche, das merr dei Vatter geschenkt hat un das merr dorchgegange is?«
»Ja, sie hawwe's dodgeschosse.«
»Dodgeschosse! Wofor dodgeschosse?«
»Es war doll.«
»Stuß, es war vielleicht auch nicht doll.«
»Ja, Herr Baron; wann's net doll gewese wär, dann wär's net von Ihne zu uns gelaafe«, haww ich, ohne merr was besonnersch dabei zu denke, erwiddert.

Der alte Herr hat die Bemerkung awwer ganz annerscht uffgefaßt un laut gelacht un zu meim Vatter gesagt:
»E Schand, wann der Bub nicht studiert mit sei Mutterwitz, das schon mehr Vatterwitz is. Stoltze, erinnern Se merr draa, der Bub muß studiere for mei Rechnung, awwer erinnern Se merr draa.«
E paar Woche speter hat der Herr Baron widder emal uff seim Lieblingsplätzi im Tempelche am Abhang gesesse un sich an der scheene Aussicht gelabt, wie er uff aamal aagefange hat: »Ihr wohnt werklich im e Paradies, Stoltze – glicklich, wer das so hawwe kann.«
»No«, hat mei Vatter gemeent, »Sie kenne doch alles hawwe.«
»Sin Se merr still von alles, in mei Jahre! Soll ich hier e Park aalege, in der ich nicht mehr sparziere kann? Nei, Stoltze, da genieß ich besser bei Sie der Landschaft.«
»Dun Se's nur recht oft un noch recht lang.«
»Ich will's probiere«, hat launisch der Baron erwiddert, »awwer mei Ehrewort kann ich nicht drauf gewwe.« Dann is er uffgestanne, hat meim Vatter die Hand gereicht un gesagt: »Stoltze, der Gaarte muß Euer werde, ich will nicht so oft umsonst hier gesesse hawwe. Wann se zu merr uff der Zeil komme, redde merr driwwer, awwer fange Sie davo aa, ich vergeß es bei mei Alter.«
Mei Vatter hat enn awwer ewesowenig an des ehrschte wie an des zweite Verspreche erinnert. Ja, er hat, wie sich die ganz Familch hinner mich gesteckt hat, ich sollt's der Resi, der Gesellschafterin vom Baron, verzehle, merr des uffs strengste verbotte un gedroht, daß ich nie mehr mit im Baron sei Haus derft, wann ich e Wertche davo redde deet. Im Winter druff is der Baron Mayer Amschel von Rothschild gestorwe, un sei uneigenitziger Freund hat emm enn riehrende Nachruf geschriwwe.

Feuer un Flamm fürs Theater

Awwer net nor heitere, aach triewe Dag, die distere Schatte in den Sonneschei meiner Kindheit warfe, hat die Familie Stoltze uff dem Rederberg verlebt. Des jingste Kind, e Biebche, der Liebling aller, starb uff Weihnachte. Spet awends lief ich noch in die Stadt, um Eis for Uffschläg beim Roeder uff dem Goedheeplatz zu hole. Haamzu bin ich gefahrn un habb am Ziel dem Kutscher enn Louisdor gewwe, uff den er merr erausgewwe sollt. Da er des net gekennt hat, bin ich ins Haus gange, um klaa Geld zu hole; wie ich widder eraus kam, war der Biedermann mit meim Louisdor verschwunne, un es war unmeglich, sei Spur zu verfolge, weil's e sogenannter Wilder war, der kaa Nummero gehatt hat. Die Nacht war schauerlich. Die Eltern un mei Großmutter saße ums Bett vom kranke Biebche un hawwe mit bange Sorje uff sein Atem gelauscht, während ich aagezoge uff dem Kanebee gelege habb, awwer net eischlafe konnt. Der Storm hat geheult un die Danne, die des Haus umgawe, wie Gerte geboge, daß se gestehnt un geächzt hawwe. Kaans hat e Wort geredd, nor hie un da hat mer enn diefe Seufzer odder e halb unnerdricktes Weine vernomme. Der Storm hat sich allmehlich gelegt, un wie der ehrschte Morjenstrahl dorch die Fensterläde gedrunge is, da hat er e dod Biebche verklärt, des in seim Bettche lag, newer dem der Christbaum gestanne hat. –

Nor schwer hat sich die Familie von dem herwe Schicksalsschlag erholt, awwer die Zeit, die jeden Kummer heilt, hat ihrn Balsam aach uff die Wund gelegt.

Nachdem zu Fassenacht die iebliche drei Krebbelzeitunge erschiene warn un der Lenz kam, hat mei Vatter widder Mut zu neue poetische Arweite gefaßt un den Text zu eme Kinnerbilderbuch un unner annerm des Gedicht »Nacht und Sonnenaufgang« geschriwwe. Des Gedicht hat Heinrich Neeb in Musik gesetzt un in

spetere Jahrn uff dem Nernberjer Sengerfest erfolgreich zur Uffihrung gebracht. Wie's uns der Komponist vorgesunge un vorgespielt hat, fand's mei Vatter sehr reizvoll, bis uff den Schluß, der emm enn wahre Schrecke eigejagt hat. Der Neeb hat nemlich sein musikalische Gedanke noch weit iwwer des End der Dichtung fortgesponne un sich den Text nach seiner Art zurechtgestutzt. Unner Pauke un Trompeteschall hat da der Chor mit steigender Begeisterung halleluja! hurra! hosianna! viktoria! un noch sonstige a zu singe gehatt. Mei Vatter is entsetzt uffgesprunge un hat dem in hechster Verzickung singende un spielende Neeb uff die Schulter gekloppt un gerufe: »Um Gotteswille, Heinerich, was soll dann das?«
»Das stellt die Freude über den Sonnenaufgang vor,« hat der Neeb mit blitzende Aage geantwort. »Die musikalische Weiterentwicklung von deim Gedanke.«
»Mein Gedicht is awwer vollständig abgeschlosse. Was du da noch draagehängt hast, des is ja net enn Gedanke vom e Gedanke.«
»Awwer e werksamer Schluß.«
Da laß doch liewer gleich e Bomb un enn Trommelwerwel los.«
Awwer mei Vatter dorft sage, was er wollt, der Neeb hat sein Schluß net geännert, wenigstens damals net.

Da mei Vatter mitunner sehr nerwees war un viel iwwer Herzkloppe geklagt hat, bracht ich die Nächte häufig auf dem Rederberg zu, um im Notfall enn Dokter hole zu kenne.
Morjends, wann ich den Weg zur Schul aatrete mußt, haww ich dann die Göbels Mädercher, die noch weiter owwe uff dem Berg gewohnt hawwe, abgebaßt, un merr sin gemeinsam nach der Stadt getruttelt. Im Winter is uns dabei fast regelmäßig Arthur Schopenhauer mit seim Puddel begegent un hat uns Blicke zugeworfe, als wann er uns in erre Bitt mit Essig ersäufe wollt. Vor dem Haus von meim Vatter blieb er immer enn Aageblick steh, hat's grimmig aageguckt un dann sei schrecklichst Schimpfwort »Weib«! ziemlich laut vor sich hiegemormelt.
Die Veraalassung zu dem diefe Groll war der Puddel des Weltwei-

se, den mei Vatter emal aus seim Gaarte gejagt hat. Sobald der große Philosoph die Sonn uffgeh sah, nahm er ehrerbietigst sein Hut ab un hat sich vor err verbeugt. Mir Kinner wußte des un sin drum immer stehgebliwwe un hawwe gewaart, bis er sei Kompliment gemacht hat.
Aamal, am e Januar-Morjen, stieg die Sonnescheib blutigrot hinner Offebach empor, wie er uns begegent is un in gewohnter Weis der Kenigin des Tages sei Reverenz gemacht hat. Die jingst von de drei Mädercher hielt den Aageblick vor geeigent, emal sein Puddel liewevoll zu streichele. Kaum awwer hat des der Weltweise bemerkt, hat er auch schon drohend sein Stock erhowe un gerufe: »Rühre den Mensch nicht an, elend Bruchstück der Natur!«
Noch gar oft haww ich die Resi mit dem Kosename »Bruchstick der Nadur« geneckt, un gar mancher Schneeballe is merr deshalb haamlich in die Ank geworfe warn.

Seit emme Jahr haww ich ab un zu emal des Theater besuche derfe un war jetzt Feuer un Flamm for die Oper un noch mehr for die Tragedie. Nadierlich haww ich mich sofort hiegesetzt un selwer Theatersticker geschriwwe. Die Handlung war stets frei erfunne un hat immer enn tragische Ausgang genomme. Unner drei Dode haww ich's nie gedaa, manchmal warn's aach siwwe. In all meine Sticker sin Szene von hechster dramatischer Werksamkeit vorkomme. Entweder hat da e Prinzessin, mit der Kron uff dem Kopp, uff der Schloßtrepp gesesse, Kaffee gemahle un ihrn Bräutigam erwart; un wie der net komm is, sich vom Söller in den See gesterzt; odder e Kenig hat e Hirtemädche entfihrt, dann entdeckt, daß es sei aus der Wieg geraubte Schwester war, un die Schenkamm, die bei dem Raub mit unner der Deck gestocke hat, in den Hungertorm geworfe, wo se dorch Schlange- un Gewissensbiß unner Harmonikabegleitung elend zugrund ging!
Als ich die ehrschte lewende Bilder sah, haww ich's for hechst langweilig gefunne, daß sämtliche Mitwerkende wie verstaanert dagestanne hawwe. Ich bin deshalb uff den Gedanke komme, se dorch bewegliche lewende Bilder zu ersetze. Die Sach war net be-

Arthur Schopenhauer mit Pudel Atma am Röderberg.
Holzschnitt aus der »Frankfurter Latern« vom 25. Februar 1888.

sonnerscht schwierig, weil sowohl bei alte Drehorjele mit automatische Figurn wie bei mechanische Bobbetheater die netige Vorbilder bereits vorhande warn. Aach bei meine neuartige lewende Bilder dorfte die Mitwerkende kaa Mien verziehe, mußte awwer dabei die vorgeschriwwene Bewegunge meeglichst steif ausfihrn un in korze Zwischeräum genau widderhole. So gab der Koch aus dem Dornresi, solang des Bild sichtbar war, mechanisch dem Kichejung Ohrfeige, deren Empfang der Kichejung, indem er sei Hand regelmäßig an den getroffene Hörleffel bewegte, quittiert hat.

Unner meine Gespiele uff dem Rederberg fand ich sofort die geeignete Artiste, un schon der Erfolg der ehrschte Vorstellung hat mei Erwartunge weit iwwertroffe. Alle Nachbarn hawwe gewinscht, daß merr bei enn gastiern sollte, un die Gebrieder Jügel hawwe uns ganz speziell eigelade, am e scheene Sommerawend uff dem geräumige Balkon von ihrm Schweizerhaus unser Kinste zu zeige. Dort hawwe merr dann aach den tragische Vorgang von der Enthauptung der Maria Stuart bei bengalischer Beleuchtung zem ehrschtemal dargestellt. Im Hinnergrund stanne drei Mädercher in schwarze Klaader mit große weiße Spitzekrage, un jed hatt e Däschi umhänge, aus dem e rot Sackdichelche rausgeguckt hat. Im Vordergrund awwer hat die Maria Stuart, enn ovale goldne Bilderrahme als Kron uff dem Kopp un enn Reichsappel in der linke Hand, mit entbleeßtem Nacke iwwer emm Hackklotz gelege, uff dem se die Elisabeth im Kreenungsornat, e rot Longschal iwwer die Schulter geworfe, hechst eigenhändig mit emme Beil von Silwerbabier enthaupt hat. Um den tiefernste Eindruck noch zu erhehe, hat während der Darstellung e unsichtbarer Kinnerchor »Zu Mantua in Banden« gesunge. Solang awwer der Gesang gedauert hat, hat die Elisabeth ihr Beil eruff- un erunnerbewegt, un die Maria hat jedesmal, wann se davo berihrt is warn, mit der recht Hand steif nach ihrm Genick gegriffe un dabei den Mund uff- un zugemacht zum Zeiche, daß es ihr letzter Seufzer wär. Die drei Mädercher im Hinnergund awwer hawwe ihr rote Sackdichelcher gezoge, mechanisch an die Aage gebracht un eweso widder eigesteckt. Es ging wie am Schnierche, un wie der Vorhang gefalle is, hat alles applaudiert, un sämtliche Zuschauer hawwe sich die Träne aus de Auge gewischt – vor Lache. Mir awwer sin, bewertt un reichlich mit Obst beschenkt, unner Dankesworte entlasse warn.

Ich war noch kaa fuffzehn Jahr alt, wie ich in der Paulskerch konfermiert bin warn. Sofort nach der heilige Handlung hat's mich nach dem Rederberg gezoge, wo ich awwer net lang bleiwwe konnt, weil ich nach damaligem Brauch um vier Uhr in die Betstunn mußt. Wie ich mich von meim Vatter verabschied habb, hat er merr a Babier in die Hand gedrickt un net ohne Rihrung gesagt: »Des is for dich, von deim Vatter.« Noch uff dem Weg haww ich's uffgemacht un gelese. Der ehrschte Versch hat gelaut:

Zum Lichte sei dein Angesicht gekehrt
Und Hoheit leuchte Stirne und Geberde!
So tritt einher in deinem Menschenwert,
Der freigeborne Sohn der grünen Erde!
Ob auch kein Purpur dir vom Rücken wallt
Und Kronenreif und Herrscherstab dir fehle,
Stolz trage deine menschliche Gestalt
Im Hochgefühle einer freien Seele!«

Der nerweese Zustand un des Herzkloppe is bei meim Vatter von Jahr zu Jahr in bedenklicher Weis stärker warn. Sooft er in de letzte Jahrn vom Rederberg in die Stadt kam, hat er bei der Großmutter hinnerlasse, wo ich enn abhole sollt. Häufig kam ich hierdorch ins Wasserkolleg un in neue Berjerverein, un wann merr dann de Awend um elf Uhr nach seiner Wohnung gewannert sin, is er fast regelmäßig am Hadermanns-Gässi, der jetzige Maulbeerstraß, stehgebliwwe un hat iwwer ferchterlich Herzkloppe geklagt. Wie festgeworzelt uff aam Plätzi hawwe merr als zwaa Stunn in Rege un Hagel, Schnee un Storm gestanne, un in de meiste Fäll is er widder zurick in die Stadt un hat die Nacht bei uns zugebracht.

So kam der Herbst 1859 eraa, un mit ihm die Feier zu Schillers hunnertjährigem Geburtsdag. Von der Begeisterung, mit der die begange ward, kenne sich spetere Generatione kaan rechte Begriff mache. Da gab's kaa Stadt un kaa Dorf, kaan Palast un kaa Hitt im ganze deutsche Reich un weit, weit driwwer enaus, wo net alle Herze dem volkstiemlichste deutsche Dichter zugewandt gewese wärn. Zum ehrschtemal widder nach schmachvoller Reaktion is sich des deutsche Volk seiner Zusammegeheerigkeit voll un ganz bewußt warn. War des Jahr achtunverzig die Dämmerung, so war die Schillerfeier die Morjenröte der deutsche Einheit, die elf Jahr speter nach heißem blutige Ringe endlich siegreich emporstieg. Nie hat der Einheits- un Freiheitsgedanke enn edlere Ausdruck gefunne wie bei dem Fest, wo der Schwur uff dem Rütli alle deutsche Herze dorchzittert hat:

»Wir wollen sein ein einzig Volk von Brüdern,
In keiner Not uns trennen und Gefahr!«

Aach in Frankfort war die Feier iwwerwältigend großartig. Mei Vatter hat mich am Vorawend bei der Großmutter abgeholt un is mit merr ins Wolfseck un dann in die Harmonie gange, wo Gesangvereine Festlichkeite veraastalt hawwe. Es war emm schon die ganze Zeit iwwer net gut gewese un an dem Awend besonnerscht schlecht. Trotzdem hat er sich for die Ovatione, die die Sänger ihrm heimische Poet brachte, in launischer Weis bedankt. In dem aane Verein hat der Neeb dirigiert, un wie er mein Vatter bemerkt hat, is er sofort uff enn zukomme un hat gesagt:
»Liewer Fritz, du mußt merr enn Gefalle duh.«
»Nur nix schreiwe!« hat mei Vatter abgewehrt. »Du hast kei Ahnung, wie miserawel mir is.«
»Verlang ich auch nicht. Denk nor, ich habb heut awend noch nicht e Wort effentlich gesproche; heut awend, wo merr so viel un so Bedeutendes sage kann.«
»Ja, warum dann nicht?«
»Kaa Gelegenheit – e armlang Rednerlist, un ich steh ganz unne.«
»Da kann ich dir net helfe.«
»Doch, doch, Fritz«, hat der Neeb gedrängt, »du bist Ehrengast, dir kann nix abgeschlage wern – breng e Hoch uff mich aus.«
»Was?«
»Du sollst merr den Gefalle duh un e Hoch uff mich ausbrenge, dann bedank ich mich un knipf draa aa.«
»In meim Zustand, Heinrich, mir brummt der Schädel, als wann er merr zerspringe wollt.«
»Nor e paar Worte, Fritz; ganz korz, du brauchst net all mei Vorzieg

zu erwähne. E Parlamentsredd verlang ich net, nor enn Freundschaftsdienst.«
Wohl odder iwwel, mei Vatter mußt des Hoch ausbrenge, un Neeb hat den Katheder bestiche un sich bedankt for die Ehr, die ihn am heutige Dag doppelt iwwerrascht un erfreut hätt. Leider wär er unvorbereitet un kennt sich deshalb net iwwer all des ausspreche, was ihm am Herze liche deet.
Dann awwer hat er zu babbele aagefange, mindestens e halb Stund lang, so daß mir im Schatte seiner Beredsamkeit haamlich un unbemerkt den Saal verlasse konnte.
E paar Dag speter war mei Vatter derart krank, daß er sich zwaa Stuwwe uff der Bockemergass nahm, um meglichst nah bei 'me Arzt zu wohne, un mit der ganze Familie dorthie gezoge is.
Jetzt fiel merr die Pflicht zu, die verlasse Wohnung, in der alle Möwel stehgebliwwe warn, zu bewache. Monatlang haww ich im Winter mutterseeleallaa in dem einsame Haus kampiert un awends bis spet in die Nacht enei am Schreibtisch von meim Vatter Entwürf zu allerhand Dichtunge uffs Babier gebracht.
Längst war die Familie nach Kenigstei iwwergesiedelt, wie der Hausstand uffgelest un die Möwel beim Peter Schölles provisorisch unnergebracht sin warn.
Mit dem Verlasse des Rederbergs erlosch awwer aach die goldne Zeit meiner Kindheit.« –

»So, Baba, jetzt bin ich fertig mit dem Vorlese von deine »Kindheitserinnerunge«, haww ich gesagt.
»Des haww ich gemerkt. Ich kenn doch noch den Schluß, wo ich gesagt habb: ›Mit dem Verlasse des Rederbergs erlosch awwer aach die goldne Zeit meiner Kindheit.‹ Jetzt hörn merr awwer auf für heut. Morje is auch noch enn Dag, da könne merr ja von meine Lehrjahrn lese.«
So hawwe merr's dann auch gemacht. Ich habb noch den entsprechende Band rausgesucht un am annern Dag dann weitergelese.

Der Uhrmacherlehrling im Komödienhaus

Nach meiner Konfirmation sollt ich in die Lehr komme, um erjend e Geschäft zu lerne. Mei Vatter frug mich deshalb, zu was ich Lust hätt, un ich haww emm erklärt, daß ich Schauspieler wern wollt.
»Schauspieler! Warum grad Schauspieler?«
»Weil ich dann in meine eigene Sticker mitspiele kann.«
»In deine eigene Sticker?«
»Ja, die ich noch schreiwe will.«
»Das is Zukunftsmusik. Besinn dich auf einen anderen Beruf.«
»Ich waaß sonst kaan.«
»Mei Freund, der Uhrmacher Berger, will dich in die Lehr nehmen.«
»Uhrmacher? Da haww ich gar kaa Aage dazu.«
»Das is awwer noch e gutes Geschäft«, hat mei Vatter gemeent.
»Ja, die wisse immer, wieviel Uhr s geschlage hat – ich haww awwer kaan Spaß draa.«
»Das kommt schon, wenn du erst emal dabei bist.«
Die Bedingunge, unner dene mer in de fuffziger Jahrn die Uhrmacherei, die sich in Frankfort ausschließlich mit der Reperadur der Zeitmesser beschäftigt hat, studiern konnt, warn net gard rosig. Bei Kost un Logis derrham nor finf Jahr Lehrzeit un nach heutiger Minz iwwer finfhunnert Mark Lehrgeld; daderrfor awwer aach die Aussicht, speter emal als Gehilf sechs Gulde [Ein Gulden = 1,71 Mark] Wochelohn verdiene zu derfe.
Mei Vatter war damals net in der Lag, aus eigene Mittel die Koste zu dem verlockende Beruf zu erschwinge; da merr awwer von meiner Großmutter mitterlicherseits e klaa Erbschaft zugefalle war, so ließe sich die Schwierigkeite leicht iwwerwinde.
So kam ich dann trotz meim Protest un trotz der feierlich Erklä-

rung, daß ich net ehnder ruhe deet, bis mich mei Prinzipal zum Deiwel gejagt hätt, uff den Theaterplatz zem Herr Uhrmacher Berger, vorehrscht uff Prowezeit, in die Lehr.
Vom ehrschte Dag meiner geschäftliche Tätigkeit war ich aanzig un allaans bemiht, mich so unbeliebt wie meglich ze mache. Weh der Schwarzwälder Uhr, die unner mei Finger kam! Mindestens e Zappe ward verboge odder e Trieb verdrickt. Alle Uhrn, die merr aavertraut warn, hawwe falsch geschlage, wann ich net vorher dafor gesorgt habb, daß se iwwerhaupt net mehr gange sin. Da ich außerdem kaa besonnerscht gute Aage gehatt hat, unnerliefe noch so viel unfreiwillige Fehler, daß mich jeder Prinzipal, der net die Geduld vom Herr Berger besaß, unfehlbar am Wickel gedappt un vor die Dihr gesetzt hätt. Mei Lehrherr awwer war die Gutmietigkeit selwer un hat mich net nor net fortgejagt, sonnern sogar die Prowelehrzeit von Monat zu Monat verlengert.
Des aanzige, was mich mit dem mir verhaßte Beruf einigermaße versehnt hat, warn die Kunne un Passante, die im Geschäft verkehrte: newer ausgeraubte Homborjer Spieler, die ihr goldene Uhrn versilwern wollte, gediegene Berjersleut, die alles zu deuer fande, un Theatermitglieder, dene niemand was recht mache konnt.
Die letzt Kategorie nahm nadierlich mei Intresse am meiste in Aaspruch, un ich habb deshalb nie versäumt, wann's erjend aaging, die Uffmerksamkeit der Kinstler uff mich ze lenke un dorch ungewehnliche Zuvorkommenheit mich bei ihne ins beste Licht ze setze. Der Erfolg blieb dann aach net aus, un aans der hervorragendste Mitglieder unserer Bihn, des sich speter als Schauspieler Weltruf erwarb un dessen Wohnung sich iwwer unserm Geschäft befand, werdigte mich ganz besonnerscht seines Vertrauens. Alle paar Dag um die Middagszeit, wann ich allaans im Lade war, kam er ereigeschluppt, um merr e Kommission, die ich for enn besorje sollt, zu iwwertrage. Vorwiegend warn's Geldbrief an sei Schwester in Berlin, die ich for enn uff die Post gebracht habb; awwer aach häufig hat er mich zu sich in sei Wohnung bestellt, wo er in meiner Gegenwart kritische Berichte iwwer sei letzt Ufftrete geschriwwe

hat, die dann, mit zehe Gulde beschwert, merr zur Bestellung an enn bekannte Rezensent iwwergewwe sin warn.
»Diese Sache bleibt selbstverständlich unter uns«, hat er mich gemahnt un hinzugesetzt »das ist leider der einzige Weg, von diesem Herrn nicht in der Zeitung totgeschwiegen oder zerrissen zu werden.«
»Des is awwer e kostspieliger Weg«, haww ich gemeent.
»Wannle den aach die dramatische Dichter?«
»Zum Teil. Die meisten waschen sich gegenseitig die Hände, wenn sie Fühlung mit der Presse haben. Übrigens dürfen Sie nicht glauben, daß der Herr, dem Sie die zehn Gulden bringen, die Regel sei, er ist glücklicherweise die Ausnahme.«
For mei Vertrauensdienste bin ich ab un zu mit emme Freibilljet bedacht warn, des merr die hechst Belohnung gedinkt hat, die merr iwwerhaupt zudeil konnt wern.

So verginge die ehrschte Monate meiner Prowelehrzeit, un ganz gege mein Wille erweiterte sich mei Geschicklichkeit derart, daß des Uffziehe un Stelle der Theateruhr, deren Instandhaltung meim Prinzipal oblag, mir iwwertrage konnt wern. Hierdorch erlangte ich des Recht, vormiddags un awends die Bretter, so die Welt bedeute, zu iwwerschreite un mich uff den hechste Seilerboddem emporzeschwinge, von wo aus merr allaans an des von Spinnwewe verschleierte Gehwerk gelange konnt.
Hier, in de hechste Regione des Tempels der Kunst, haww ich oft stunnelang mit heiligem Schauer der Verehrung der in der Tiefe vorgetragene Meisterwerke gelauscht. Dausend Entwerf zu Drame sin in meim Gehern wie Blase uffgestiche; an alles, was die Seel erhebt un bewegt, haww ich gedacht; un je mehr ich mich so meine Empfindunge hingab, desto schaler is merr der Beruf vorkomme, den ich erwehle sollt. Die Theateruhr, deren Zifferblatt sich im alte Stadttheater iwwer dem Vorhang im Zuschauerraum befand, war in jener Zeit, wo noch net jed Dienstmädche un jeder Schulbub e Dascheuhr besaß, von hechster Bedeutung. Hat e Vorstellung zu lang gedauert odder war se zu frih aus, hat se zu spet aagefange

odder warn die Pause zu lang un des Publikum hat zu trappele aagefange, daß des Haus gezittert hat, dann mußt die Uhr die uffgeregte Gemieter beschwichtige. Vorsichdig un langsam is dann vom Schnierboddem aus der Zeiger so lang vor- oder rickwärtsgeschowe warn, bis die aagegewwe Zeit de Winsche der Zuschauer entsproche hat. Der Schwinnel is immer geglickt, un wann werklich aaner odder der annere unner Hieweis uff sein Chronometer e Bemerkung gemacht hat, konnt er hechstens zu heern kriehe, daß es noch lang net feststind, welche von den zwaa Uhrn am richtigste ging. Fast regelmäßig, wann ich awends uff die Bihn kam, hat mich der Intendant Roderich Benedix zu sich gerufe un merr sei zeitregulierende Aaweisunge erteilt. Aamal war dorch enn Druckfehler des Ende der Vorstellung statt um neun um zehe Uhr aagewwe, un der Herr Benedix hat merr dessentwege aabefohle, die Uhr so schnell geh ze lasse, daß des Publikum den Errdum ehrscht uff der Gass merke deet.
Des haww ich dann aach besorgt, indem ich den Perpendikel ausgehängt un dadorch e unhaamlich schnell Fortbewegung der Zeiger erzielt habb. Nachdem so innerhalb weniger Minute dreiviertel Stunn gutgemacht warn, wollt ich den Pendel widder an sein Platz brenge, konnt enn odder net mehr finne, weil der dorch enn Spalt in die Verschalung gerutscht war. Jetzt blieb merr kaa anner Wahl, wie die Uhr entwedder stillsteh odder ihrn Galoppgang weitergeh ze lasse. Ich entschloß mich zum letztere un hatt die Genugduung, daß des unfreiwillig belustigte Publikum statt um zehe um drei Uhr aus dem Theater entlasse ward.
Wie ich odder von meim hohe Olymp uff die Bihn erunnergestiche kam, empfing mich der Herr Intendant äußerst ungnädig un rief merr schon von weitem zu: »Was sind denn das für Geschichten, Uhrmacher? Sie haben die ganze Vorstellung lächerlich gemacht, das geht nicht!«
»Mei Schuld net, Herr Intendant«, haww ich erwiddert. Der Perpendikel is in e Loch gerate, da konnt ich den Gang net mehr reguliern. Hätt ich des Werk stehlasse, wär des Theater um halwer neun ausgewese.«

»Immer besser als so. Was haben Sie sich denn eigentlich gedacht?«
»Der letzte Akt spielt acht Dag speter, da kennte die Zuschauer glaawe, des mißt so sei.«
Der Herr Intendant war dorch mei Antwort offenbar iwwerrascht, denn obgleich er streng bemerkt hat, daß so was net mehr vorkomme derft, hat er mich doch mit emme freundliche »Genacht« entlasse.
E paar Dag speter war die Posse »Der Aktienbudiker«, un mir fiel die Uffgab zu, die Uhr von Zeit zu Zeit e paar Minute stehzulasse, weil des Theater voraussichtlich speter wie aagewwe aus war.
Die Aageblick, wo des Uhrwerk still stand, benutzte ich dazu, um uff dem owwerste Schnürboddem Umschau zu halte. Mitte uff aaner von de Bricke, die dort die recht Seit mit der linke verbinde, also quer iwwer die Bihn fihrn, stand e Bembel Eppelwei, den e dorschtiger Arweiter vor de Aage seiner Kollege versteckelt hat. Mei Intresse war dorch die dramatische Vorgäng in der Tiefe awwer derart in Aaspruch genomme, daß ich beim Vorwärtsschreite gar net den Krug bemerkt, mit dem Fuß aagestoße un umgeworfe habb.
Mit gewaltigem Storz is die Brih enunner uff die Bihn geplatscht un hat die dort mimende, ahnungslose Darsteller derart iwwergosse, daß se entsetzt, unner dem wiehernde Gelächter des Publikums, ausenannergestowe sin. Namentlich der Komiker Stotz war hart mitgenomme warn un hat mit dem Ausdruck greeßten Ekels von gesicherter Stell aus ingrimmig enuffgeguckt, von woher die Soß kam, un dabei abwechselnd bald sein linke, bald sein rechte Ärmel beroche. Dann awwer hat er sich als gewandter Schauspieler schnell gefaßt, enn Regescherm ergriffe, uffgespannt un gesagt: »Mißgeschick selbst muß man loben, denn was auch kommt, es kommt von oben.« Donnernder Applaus hat enn for sei Extemporee belohnt, un die Begossene hawwe den Akt zu End gespielt.
Ich hatt mich nadierlich nix ze wisse gemacht un war so schnell un geräuschlos wie meglich widder zu meiner Uhr gekroche, wo ich eilig den Perpendikel in Bewegung gesetzt habb. Wie ich speter

erunner uff die Bihn kam, war die Unnersuchung iwwer den Vorfall bereits in Gang; awwer es kam nix weiter dabei eraus, als daß die Flissigkeit, die de Herrschafte die Kepp gewäsche hat, unverdinnter Eppelwei gewese war, worauf sich der Verdruß in allgemeine Heiterkeit uffleeste. Der Schuldige ward nie entdeckt.
Jeden Vormiddag is die Theateruhr uffgezoge warn, wodorch ich häufig Gelegenheit hatt, de Prowe beizewohne. In der Regel haww ich mich ins Dunkel der zweite Kuliss gestellt, alle Vorgäng scharf beowacht un die Erläuterunge des Regisseurs mit gespannter Uffmerksamkeit verfolgt. Selbstverständlich hat sich dabei der kritische Geist in merr geregt, un ich habb dann stets meim Nachbar, des in der Regel e Chorist odder e Theaterarweiter gewese war, mei Aasichte iwwer des Arrangement ausenannergesetzt. Widder emal, der Intendant hat grad die Prob geleit un alle Aageblick annere Dispositione getroffe, haww ich ziemlich laut mei Urdeil abgewwe un gesagt: »Wann ich der Intendant wär, deet ich die Szen ganz streiche un ließ dann die Komparserie von links komme, wodorch die Grupp im Vordergrund ganz annerscht zur Geltung käm.«
»Pst!« hat merr mei Nachbar zugeflistert, »net so laut. Wann des der Alte heert, sin Se drauß.«
Er hat odder noch net recht ausgesproche, da is aach schon der Intendant, der in der Newekuliss gestanne hat, vor merr uffgedaucht, hat mich von unne bis owwe gemesse, sei aagegraut Haupt geschittelt un dann energisch Ruh befohle. Dann hat er die Szen nochmals widderhole lasse un zu meim net geringe Erstaune die Komparserie ganz so gruppiert, wie ich merr's gedacht hatt.
Kaum war ich im Geschäft widder eigetroffe, wo merr Grobheite iwwer mei Ausbleibe gemacht sin warn, wie aach gleich druff der Theaterdiener dort erschiene is un mein Prinzipal ersucht hat, mich um aans eniwwer uff die Kanzlei zu schicke.»Sie wern sich verheert hawwe«, hat der Herr Berger gesagt »der Herr Intendant werd mich spreche wolle.«
«Naa, den klaane Uhrmacher, der vorhin uff der Bihn war.«
Die Sach war merr dorchaus net aanerlei, un aach mei Prinzipal hat

e bedenklich Gesicht gemacht un gemeent, ich mißt was ganz besonnerscht pexiert hawwe.
»Nemm dich dort nor vor de Mädercher in Owacht, da sin gefährliche Schlange drunner, die sich nix draus mache, enn junge Bub zu verderwe.«
Punkt aans haww ich, mit fast heerbarem Herzkloppe, vor dem Leiter des Stadttheaters, dem gefeierte Lustspieldichter Benedix gestanne.
»Ich habe Sie rufen lassen«, hat er mich aageredd, »weil ich durch Ihre Bemerkungen auf Sie aufmerksam wurde.«
In meiner Verlegenheit wußt ich net, ob ich »sehr erfreut« odder »es dut merr leid«, antworte sollt.
Der Herr Intendant schien awwer gar kaa Antwort zu erwarte, sonnern fuhr fort: »Sie äußerten vorhin ganz gute Gedanken, die mich bei Ihrer Jugend und Ihrem Beruf einigermaßen überraschten. Allerdings findet auch ein blindes Huhn mitunter ein Korn.«
Was sollt ich dadruff sage? Ich wußt's net un schwieg still. »Aufmerksam muß ich Sie aber darauf machen, daß man in Ihrem Alter seine Meinung nicht allzu laut aussprechen soll.«
Aha, jetzt kimmt's, haww ich gedacht un zu meiner Entschuldigung bemerkt: »Des warn nor vertrauliche Mitteilunge, die ich meim Nachbar gemacht habb.«
Da hat awwer der Herr Intendant hell uffgelacht un erwiddert: »Vertraulich! Man hat Sie drei Kulissen weit verstanden. Wie lange sind Sie schon Uhrmacher?«
»Ich bin iwwerhaupt noch kaan Uhrmacher, ich soll's ehrscht wern.«
»Und haben Freude daran?«
»Das Gegedaal, Herr Intendant, ich wollt mich zum Schauspieler ausbilde.«
»Zum Schauspieler!« hat der Herr Bendix gerufe un mich, der ich e klaa, äußerst zart Biebche war, uffmerksam betracht. »Für das Theatralische mögen Sie etwas Talent besitzen, aber zum Schauspieler fehlt Ihnen noch die körperliche Entwicklung. Warum wollen Sie denn gerade Schauspieler werden?«

Das Frankfurter Stadttheater bis zu seinem Abbruch im Jahre 1902.

»Weil ich mich ganz der Bihnedichtung widme kennt.«»Der Bühnendichtung! Junger Mann, setzen Sie sich einmal, Sie fangen an, mir interessant zu werden.«
Un jetzt hat er aagefange, mich auszufrage iwwer mei Alter, mei Erziehung, ob ich schon emal was geschriwwe un was merr eigentlich for dramatische Projekte dorch den Kopp ginge. Un ich haww enn vertrauensvoll mei Herz ausgeschitt, alles haarklaa gebeicht un enn mei Plän entwickelt. Nachdem er mich teilnahmsvoll aageheert, is er uffgestanne un hat gesagt: »Sie müssen noch viel lernen, wenn Sie Ihr Ziel erreichen wollen; aber eins besitzen Sie unzweifelhaft, das ist Begabung. Nehmen Sie deshalb alle Kraft zusammen, dieselbe zu entwickeln. Was ich dazu beitragen kann, soll geschehen. Von heute ab können Sie im Stehparterre jeder Vorstellung beiwohnen, ich werde Ihnen ein Passepartout ausstellen.

Sicher wär ich emm, wie er merr dann den Zettel in die Hand gedrickt hat, im Juwel meines Herzens um den Hals gefalle, wann in dem Aageblick net die Fräulein Veith von der Oper eigetrete wär un enn um e Unnerredung gebitt hätt. So haww ich nor unner lebhafte Dankesbezeigunge die Kanzlei verlasse un bin uff den Theaterplatz ins Geschäft gerennt.

»No, was hat er gewollt?« hat merr mei Prinzipal entgegegerufe.

»Er hat merr e Passepartout fors Theater gewwe.«

»For heut awend?«

»Naa, for immer.«

»For immer! Wie kimmt dann der dazu?«

»Er hat gesagt, ich hätt Talent fors Theater«, haww ich mit Stolz erwiddert.

»Du! du kannst ja noch net emal e Schlagwerk richtig zesammesetze.«

»Des haww ich beim Theater aach net netig.«

»Awwer hier«, hat mei Prinzipal ärjerlich erwiddert.

Der nechste Dag war e Sonndag, wo ich mein Vatter uffgesucht un enn mei Begegnung mit Roderich Benedix vezehlt habb.

»No«, haww ich triumphierend gesagt, »was segst de jetzt dazu?«

»Daß du vor allen Dingen ein Geschäft erlernen mußt, das dich einmal ernährt. Wenn du speter als Dichter hungern odder als Komödiant dein Brot verdienen willst, hast du dann immer noch Zeit dazu«, hat die Antwort von meim Vatter gelaut.

Widder sin Monate vergange, un ich war schon iwwer e Jahr im Geschäft, ohne daß e Lehrvertrag gemacht war, wie der Herr Berger zu merr gesagt hat: »Dei Vatter soll doch emal vorbeikomme, merr wolle dein Kontrakt in Ordung brenge. Die Prowezeit hat grad lang genug gedauert.«

Jetzt stand ich vor der Entscheidung. Trotz meiner fingierte Ungeschicklichkeit, meim offenkundige beese Wille un meim passive Widderstand gege alle geschäftliche Aaordnunge wollt er mich behalte un sich weiter mit merr erumärjern. Dazu dorft's net komme, des stand bei merr fest; un so haww ich meim Vatter rundweg er-

klärt, daß mich von heut ab kaa zehe Gäul mehr ins Geschäft uff dem Theaterplatz brenge deete. Mei Vatter, der mein unbeugsame Wille gekennt un enn immer als sei scheenst Vermächtnis an mich gelobt hatt, gab sich alle erdenkliche Mih, mich umzestimme, was enn nadierlich net gelunge is.
»Gut«, hat er schließlich gesagt, »lasse merr die Uhrmacherei fallen, aber das sag ich dir, gebummelt werd nicht. Bis du dich zu einem anderen Beruf entschlossen hast, kannst du beim Herrn Fabricius auf dessen Büro tätig sein.«
Damit war ich eiverstanne un habb mich dort im Kondor um so wohler gefihlt, als ich von meim Pult aus derekt in e Dechterpensionat mit lauter junge Backfisch gucke konnt. Mei Prinzipal war net nor freundlich zu mir, sonnern hat aach meine sonstige Neigunge nix in den Weg gelegt. Um sechs Uhr awends dorft ich fortgeh, damit ich rechtzeitig ins Theater kam, alle Sonndag erhielt ich enn Gulde Daschegeld, un wann ich sonst was netig hatt, so ward merr des aus meim Vermege, des der Herr Fabricius verwalt hat, sofort bewilligt. Jetzt war ich uff dem beste Weg gewese, mich zum Kauf-Lauf-Sauf-un Hannelsmann auszubilde, wann mei Prinzipal net selbst erklärt hätt, daß ich in seim Lotteriegeschäft nix lerne kennt.
Mit dem Weggang von Roderich Benedix verlor ich mein freie Eitritt ins Theater un war, da ich mich allmehlich zur hochgeschosse Hoppestang entwickelt hatt, gezwunge, den volle Eitrittspreis uff die Galerie zu bezahle. Aamal haww ich noch den Versuch gemacht, uff e Kinnerbilljet eneizekomme, awwer wie sehr ich mich aach an der Kass gebickt un klaa gestellt habb, der Kassierer Drill hat merr net mehr geglaabt, daß ich noch kaa verzeh Jahr wär un hat gesagt: »Lang Latt, willst de dann gar net älter wern? Es kost vierunzwanzig Kreuzer.«
Die Krankheit von meim Vatter is allmehlich so schlimm warn, daß er beim Medizinalrat Pingler in Kenigstaa Heilung suche mußt. Dort hat er als ärztlich Versuchskaninche e Kaltwasserkur im Winter dorchgemacht, was in Kenigstaa noch kaaner vor ihm prowiert hat.

Die alt Taunusfeste war daher seit e paar Woche mei samstägig Wannerziel, un so bin ich aach am e kalte Januarawend iwwer die Bockenheimer Schossee nach Kenigstaa gepilgert.

Jetzt haww ich awwer doch emal e Paus mit meiner Vorleserei gemacht un mein Vatter ganz ungläubig angeguckt. »Des kann ich merr gar net vorstelle, daß du jed Woch so enn mordsjalische Weg zu Fuß von Frankfurt bis nach Königstein gemacht hawwe sollst.«
»Es war awwer so«, hat sich mein Vatter energisch zur Wehr gesetzt, »mir sin ja schon als Schulbuwe im Alter von etwa zehn Jahr zu Fuß von Frankfurt auf den Feldberg marschiert. Da warn die Leut net so bequem wie heut.«
»Wie habt ihr denn des geschafft?« haww ich immer noch net ganz iwwerzeugt gefragt.
»Ei da sin merr um vier Uhr nachmittags von der Bockenheimer Wart abmarschiert durch Bockenheim, durch Rödelheim, Eschborn, Niederhöchstadt un noch durch Cronberg bis nach Falkenstein. Dort hawwe merr des einzige dort befindliche Wirtshaus mit Beschlag belegt un sin mit Dickmilch un Bauernbrot abgefittert worn. In erre ferchterlich niedrige Stubb, wo die Erd mit Stroh bestreut war, mußte merr iwwernachte. Da der Raum so beschränkt war, daß sich so viel Buwe gar net drin ausziehe konnte, hawwe merr unser Kittel un Stiwwel auf der Gass abgelegt un se auch während der Nacht da liche lasse. Dann hawwe merr uns reiheweis Kopp an Bein un Bein an Kopp immer einer newer den annern ausgestreckt. Awwer obgleich's stockdunkel war, hat keiner von uns an Schlaf gedacht, un wenn er dran gedacht hätt, dann hat sein Nachbar dafor gesorgt, daß er munter gebliwwe is. Schließlich hat die ganz Klass enn Heidespektakel gemacht un sich unner Lache un Schimpfe geprichelt, bis unser Lehrer mit erre Latern erschiene is un uns gedroht hat, daß merr, wenn's jetzt net augenblicklich Ruh gäb, statt auf den Feldberg widder nach Frankfurt zurückginge. Des hat gewirkt, un wie e Schachtel Sprotte hat bald die ganz Klass dagelege un sich net gerihrt. Um halb zwei sin merr dann von ere rauhe Männerstimm geweckt worn, un eins zwei drei war die

ganz Klass aus der dukle Stubb im Freie, un in wildem Eifer hat jeder Bub auf der dunkle Gass nach seim Kittel un seine Stiwwel gesucht.
Un dann ging's los zum Fuchstanz, vorneweg enn einheimische Führer mit erre Pechfackel. Un obwohl bald der eine un bald der annere iwwer e Wurzel gestolwert odder hiegefalle is, sin merr noch viel zu früh auf dem Feldbeg aakomme.
Weil's awwer verzweifelt frisch hier owwe war un mir Buwe in unsere dünne Kittelcher vor Frost geschnappert hawwe, hat unser Fihrer Reisig un Holz aus dem Wald ebeigeschleppt un mit dem glimmende Stumbe von seiner Fackel in Brand gesetzt. Jetzt is es gemütlicher worn, un mir hawwe im Halbkreis um des prasselnde Feuer gelagert un den Rest von unserer mitgebrachte Futterag verzehrt.
Allmählich is es immer heller worn, un merr hawwe im Tal schon einzelne Dörfer unnerscheide könne. Jetzt sin merr nach der Aufforderung von unserm Lehrer auf den Brunhildisfelse gestiche un hawwe erwartungsvoll nach Oste gesturt. Wie odder jetzt langsam un majestätisch die Sonn am Horizont goldrot un in von uns nie geahnter Größe aufgetaucht is un wie Wälder un Felder un Dörfer im rosige Licht geglänzt hawwe, da hätt uns unser Lehrer net zuzurufe brauche: »Ihr Kinner, nemmt euer Kappe ab un sprecht e Morjengebet«, mit hätte 's auch ohne des getan, denn mir warn all von dem herliche Anblick gerihrt un erschittert.

Dann hat unser Lehrer enn Choral angestimmt, un mir hawwe auf der stille Bergeshöh gestanne un hawwe gesunge, daß es weit enaus ins Land geklunge hat: »Großer Gott, wir loben dich.«
Un wie merr geendigt hatte, da hawwe die ehrschte Sonnestrahle uns erreicht, un der Fels, auf dem merr gestanne hawwe, hat geschimmert, un Millione Tautreppercher hawwe am Gras un an de Nadle der Tannebäum geblinkt wie Perle un Diamante.
Siehste, des hat merr so enn tiefe Eindruck gemacht, daß ich's bis heut noch net vergesse hab. –
No, un dann sin merr nach Owerursel gelaufe un im Schitzehof

eigekehrt, wo des Frühstück schon for uns bereitgestanne hat, un mir Buwe sin wie die Welf driwwer hergefalle. Auf dem Heimweg sin merr dann noch emal in Heddernheim eigekehrt, wo merr den letzte Grosche von de zwelf Kreuzer in Eppelwei un Handkees aagelegt hawwe. Jeder Bub enn halwe Schoppe Eppelwei, enn halwe Handkees un for enn Kreuzer Brot. –

Nach vierunzwanzigstündiger Abwesenheit von Frankfurt sin merr dann auf dem Paradeplatz eigetroffe, wo merr unsern Lehrer hawwe hochlewe lasse un dann seelevergniegt heimgedappt sin. Un all hawwe merr uns schon widder auf die Herbstferie gefreut, weil unser Lehrer dann mit uns ins Lorsbacher Tal wannern wollt. –

»Wunnert's dich jetzt immer noch, daß ich als junger Mann von Frankfurt zu Fuß nach Königstein gelaufe bin?«

»Nei, bei dem Training net«, haww ich jetzt anerkennend gesagt. »Du bist ja auch jetzt noch gut zu Fuß un enn großartige Treppesteiger.«

»Ja, mei drei Treppe mache merr auch nix aus. Ihr seht ja selwer, wie ich die, ohne eimal auszuruhe, enaufsteig«; un dabei hat er sich enn Ruck gewwe un noch emal so grad in seim Sessel gesesse wie vorher.

»Jetzt haww ich dich awwer lang in deim Vorlese unnerbroche. Mach emal weiter.«

»Des war doch gut, da haww ich wenigstens noch e bissi was aus deiner Jugend erfahrn. – Also, wo war ich denn stehgebliwwe? Ja so, daß de am e kalte Januarawend iwwer die Bockenheimer Schossee nach Kenigstein gepilgert bist.

Un jetzt geht's also folgendermaße weiter:

Unheimliche Nacht im Taunus

Ich hatt mich an dem Awend im Gescheft e bissi verspet un mußt deshalb geherig die Baa uffhewe, wann ich vor Mitternacht mei Ziel erreiche wollt. E speter Eitreffe hätt for mich sonst die greßte Unannehmlichkeite gehatt, dann mei Vatter, der nor Samstagawends ausgange is, hat regelmäßig um zwelf Uhr die Wertschaft von de Gebrieder Pfaff verlasse. Wann er odder emal in seiner Behausung war, konnt enn kaa Mensch net wecke, dann ehrschtens lag sei Schlafstubb hinne enaus, un zweitens hat des Haus kaa Schell gehatt. Ich bin also, so schnell wie's meglich war, dorch den diefe Schnee gewat un glicklich ohne Unfall um elf in Cronberg eigetroffe.
Wie ich odder ewe enn Blick nach dem vom Mond huschweis beleuchtete alte Schloß geworfe habb, iss uff aamal von Falkestaa her so e mächtig Schneetreiwe iwwer die Landschaft gefegt, daß ich im Nu wie e verzuckerter Nikeloos uff dem Christkinnchesmarkt ausgeseh habb.
»Ei, fui Deiwel wie schee!« haww ich gedacht un habb mich am e alte Baum gehalte, damit ich net umgeblase bin warn. »Uff der Schossee kimmst de net vorwärts, des steht fest, un drum werd's des gescheidste sei, du gehst enunner ins Dal un dorch den Wald nach Kenigstaa.«
Des war awwer leichter gedacht wie gedaa; dann die Treppe un steile Abhäng da enunner warn so verschneit, daß mer nerjends feste Fuß fasse konnt. Es blieb merr deshalb nix annerschter iwwerig, wie mich mit ausgestreckte Baa uff die owwerscht Treppestuf ze setze un e Schlittefahrt ohne Schlitte ins Dal ze versuche. Die Sach war net so gefahrlos wie se ausgeseh hat, dann wann mer aach kaa Schliwwer bei dere Rutschpartie fange dat, so konnt mer doch nach rechts un links absterze un in zusammegewehte Schneehaufe lewendig begrawe wern odder sein werte Schädel so an vorsprin-

gende Felse widderrenne, daß aam for alle Zeite Seh un Heern vergange wär.

Es is odder glätter abgelaafe, als ich erwarte dorft; un mit heiler Haut, schneegefillte Hosebaa un erre eisigkalte Ank bin ich nach finf Minute im Dal aagerutscht komme. Nachdem ich mei Hose, die wie zwaa Weißwerscht ausgeseh hawwe, von ihrm feuchte Fillsel befreit hatt, haww ich den hiegelige, holwerige Weg dorch den verschneite Wald aagetrete.

Ich war im Lewe nie feig gewese un hat des Gefihl der Forcht nor theoretisch aus Bicher kenne gelernt. Jetzt awwer um Mitternacht, in dem einsame Gehelz, wo's uff der aane Seit dief enab ins Dal un uff der annern steil enuff uff Bergesgipfel gange is; wo dorchs Geäst der kahle Bäum ab un zu e zitternder Mondstrahl gefalle is un der Storm uff der Heh die alte Buche un Eiche geschittelt hat, daß se geächzt un gestehnt hawwe, kam merr's doch net ganz geheuer vor. Bald war merr's, als wann merr aus de verkrippelte Weide unne am zugefrorene Bach grinsende Hexe mit Schneekabuze uff de wunnerliche Kepp zunicke deete; un dann haww ich widder hoch owwe uff dem Hehekamm im blinkende Mondschei kichernde Elfe um verschneite Danne danze seh. Jeder bemooste Felsvorsprung hat e verschrowe menschlich Gestalt aagenomme, un der ganze Wald is merr wie verzauwert vorkomme. Un es war merr, als wann's von alle Seite rufe deet: »Was hast de hier um Mitternacht ze duh?«

Awwer trotz der unhaamliche Umgewung, die merr mei erregt Phantasie vorgespichelt hat, bin ich unerschrocke berguff bergab iwwer glitscherige Felsspalte, knorrige Worzele un schneeverwehte Mulde vorwärts geschritte un gestolwert un habb nor mitunner, wann ich uff emme erhehte Punkt des Wegs aagelangt war, nach de iwwerwunnene Schwierigkeite zerickgeguckt.

Wie ich des awwer ewe widder gedaa habb, is pletzlich, wie aus erre Versenkung beim Theater, e mordsjalisch langer Kerl, der mit emme gewaltige Ziegenhainer in der Luft erumgefuchtelt hat, hinner der nechste Steigung uffgedaucht un langsam neher gestiwwelt.

Daß es sich hier net um e gespensterhaft Erscheinung, sonnern um enn hechst robuste Nachtwandler gehannelt hat, war merr im Aageblick eweso klar wie mei Unvorsichdigkeit, bei nächtliche Tourn kaan ordentliche Haamtreiwer mitgenomme ze hawwe.
»Wann der Kerl nor net hinner merr wär, wär alles gut«, haww ich zu merr selwer gesagt. »Awwer so kann mer jeden Aageblick haamdickischerweis iwwerfalle un abgemorkst wern. Dann daß Leut, mit dicke Prichel verseh, sich net mitternachts bei Schnee un Storm in de Gebergswälder erumtreiwe, um Apothekerkräuter ze suche, des konnt ich merr an de finf Finger abzehle. An e Entkomme war odder net ze denke, dann ich konnt wedder die steil Aahöh erklimme, noch nach dem jähe Abgrund zu verdufte; aach gab's wedder rechts noch links enn Neweweg, dorch den mer sich seitwärts in die Bische schlage konnt. Es blieb merr also nix annerschter iwwerig, wie entwedder Reißaus ze nemme odder steh ze bleiwe un der Gefahr verwege ins Gesicht ze gucke.
Fortlaafe, des hätt mei Stolz nie zugewwe. Un so haww ich dann mein Hut dief ins Gnick gedrickt un bin mit geballte Fäust in de Hosesäck un gespreizte Baa uff dem mitte Weg stehgebliwwe, fest entschlosse, mei jung Lewe so deuer wie meglich zu verkaafe.
Wie ich odder so dagestanne un rickwerts nach meim aus dem Schatte langsam neherkommende Feind gespäht habb, is merr's uff aamal vorkomme, als wann der sich net mehr vorwärts bewege deet. Un so war's aach. Soweit ich bei der große Entfernung un dem fortwährende Wechsel von Mondlicht un Wolkeschatte unnerscheide konnt, stann er, wie ich, mitte uff dem Weg un hat sich mit beide Hend uff sein Knippelstock gestitzt wie aaner, der iwwer was nachsimeliert. »Aha!« haww ich gedacht, »der iwwerlegt sich sein Aagriffsplan; dem mußt de wenigstens ze versteh gewwe, daß de sei Absichte dorchschaust un dich net vor emm ferchst. Un ich habb mit meiner Buwestimm so laut un kreftig des scheene Lied »Du Schwert an meiner Linken« geschmettert, daß die Nachteule laut krächzend erschrocke uffgefloge sin.
Awwer obgleich ich bei der Textaussprach des Wort »Schwert« besonnerscht betont habb, damit der glaawe sollt, daß ich gut bewaf-

fent wär un obgleich ich den Refrain »Hurra! Hurra! Hurra!« mit erre weit iwwer mei Kräfte gehende Wucht erausgestoße habb, schien des gar kaan Eidruck uff enn ze mache, dann er blieb nach wie vor wie festgeworzelt steh. Was duh? Die Frag haww ich merr grad vorgelegt, wie der vermummte Waldschrat uff aamal sein Stecke wie e Streitaxt in die Luft geschwunge un zu kröhlse aagefange hat:

»Unser Kurfarscht dar soll lawe
Un die Fraa Kurfarschtin darnawe!
Un alle Harrn Offezier!
Kurhasse sein wir!«

Jetzt werd er zer Attack iwwergeh, haww ich gedacht, un mei Fäust in de Hosesäck fester geballt un kaan Blick von meim Gegner gewendt. Awwer grad des Gegedaal von meiner Beferchtung war der Fall. Der verdächtige Kerl hat pletzlich sein Ziegenhainer zur Erd gesenkt, sich braat druffgestitzt un widder grad so helzern dagestanne wie vor seim Legitimationsgesang.
Ich hat als Bub viele Räuwergeschichte studiert, awwer daß es Wegelagerer gewwe hätt, die uff so eigentiemliche Art un Weis ihre Opfer uff den Leib gerickt wärn, konnt ich mich net erinnern, je gelese ze hawwe.
»Des scheint ja e ganz besonnerscht ausgespitzter Halunk ze sei«, haww ich zu merr selwer gesagt, »der nor druff wart, bis de dei iwwersichtlich Stellung verläßt, um derr dann enn Duck ze versetze.«
Trotz der Erkenntnis blieb merr awwer kaa anner Wahl, wie mei unnerbroche Wannerung widder uffzenemme, dann bis zem Morjend konnt ich unmeglich hier steh bleiwe. Also vorwärts! Mit sehr unbehagliche Empfindunge bin ich die Neigung des Wegs enunner geeilt un die nechst Steigung enuff gekeucht, net ohne mich uff zehe Schritt finfmal umzegucke. Awwer nix war ze seh. Ehrscht wie ich den hechste Punkt des Pads erreicht hatt, is der unhaamliche Gesell uff der Heh des Hiegels, den ich ewe verlasse hatt, uffgedaucht un steh gebliwwe, wie er mich bemerkt hat.

Dieselb Geschicht hat sich noch e paarmal widderholt, bis endlich der Wald vor merr lichter warn is un ich dief verschneite Wiese, von dene mer die Landstraß widder erreiche konnt, betrete habb. Der Storm hat uffgeheert, awwer noch immer sin schwere dunkle Wolke hinnerm Altkenig uffgestiche un hawwe dem Mond die Aussicht nach der Erd verdorwe.

Uff dem frisch gefallene Schnee, der merr bis iwwer die Knie gange is, war nor schwer vorwärtszekomme, un es hat Schweißtroppe gekost, bis ich die Schossee erreicht hatt. Jetzt ehrscht haww ich mich widder umgeguckt un bemerkt, daß mei Verfolger ewe aus dem Wald getrete un, wie merr's schien, langsam un vorsichtig meine Fußdappe gefolgt is. Die Hauptgefahr war also for mich voriwwer, un ich konnt hechstens noch beferchte, daß er aus erre gehaame Waff enn Schuß uff mich abgewwe deet; dann mich vor meim Ziel eihole, des war vellig ausgeschlosse, weil mei Vorsprung zu groß war. Ich habb deshalb mei Schrittempo bedeutend reduziert un hätt zur Erhehung meiner Sicherheitsgefihle des freundliche »Gun Owend, Herr Stoltze!« des merr am ehrschte Haus von Kenigstaa der Nachtwächter entgegegerufe, gar net netig gehatt.

»Kenne Se mich dann?« haww ich den Nachtwächter ganz verdutzt gefragt.

»Ei freilich«, hat der erwiddert, »ich hun Se jo schun eftersch hie geseh.« Dann hat er sei Horn an den Mund gesetzt un zwelfmal eneigetut.

»Zwelf Uhr! Da is mei Vatter am End gar net mehr bei de Gebrieder Pfaff.«

»Er is noch do«, hat der Nachtwächter gesagt. »Ich wor ewe dort, die Harrn boledisiern; des gebt e lang Sitzung heint. Der Harr Amtmann, der Harr Borjemaaster, der Harr Medezenolrot on Ihr Vatter hun sich erimgestritte, ob onser Nassauer Jäger Fedderbisch kriehe odder net. Ihr Vatter hot gemaant, so viel Gickelschwänz geeb's gor net bei ons im Land, wei mer do brauche kennt; do hot enn awwer der Harr Amtmann druff gedient un hat gesagt: »Wos mir net hawwe, hawwe annern. Es sein schon deplomotische Ver-

hannelonge met Östreich im Gang, die hun Gickelschwänz genog un losse ons net im Stich domit.«
Ewe haww ich was druff erwiddern wolle, wie uff der annern Seit von der Gass mei Verfolger sichtbar warn is un sich als erfahrener Kriminalstudent dicht an de Gartezäun vorbeidricke wollt. Plötzlich odder is er steh gebliwwe, hat sei Belzkapp geschwunge un ganz fidel gerufe: »Ei ich glaab gor, e Nachtwächter!«
»Un was for aaner«, haww ich drohend erwiddert.
»Naa suwos! suwos!« hat der Kerl gekrische un is neher komme. Ich hun Se waaß Gott for enn Spetzbub gehalle.«
»Mich!« haww ich empeert gesagt. »Mich! Sie sin merr doch nachgeschliche.«
»Se hun merr offgebaßt.«
»Da heert awwer verschiedenes uff! Sie sin doch alle Aageblick stehgebliwwe.«
»Weil Se mech net vorbeilosse wollte. Ich hun wos Ängste ausgestanne!«
»Wo wollt err dann hie?« hat jetzt der Nachtwächter gefragt un hat enn mit seiner Ladern ins baledinumrahmte Gesicht geleucht.
»Uff Ruppertshai. Mei Schwieherdochter hat enn Baub krieht, den soll ich hewe helfe.«
»Des muß awwer enn schwere Bub sei«, haww ich gesagt.
»Ich hun enn noch net geseh, mei Schweher hebt enn met, morje bei der Dauf.«
»Do wollt err heint noch uff Ruppertshai mache?« hat der Nachtwächter gefragt.
»Gott soll mich bewohrn! Ich bleib hier, un wann's enn Batze Geld kost – mech brenge kaa zehe Gäul mehr die Nocht in enn Wald.«
Während der Nachtwächter den dappere Gevattersmann nach dem Gasthaus zur Stadt Frankfurt gefihrt hat, haww ich mein Vatter im Hotel de Lion uffgesucht.
Die Gesellschaft dort war grad so beisamme, wie ich vermut hatt; awwer statt um Boledik hat sich jetzt die Unnerhaltung um enn connexe Gegenstand, um die Komedie gedreht.
»Theaterleute müssen ihre Sensationen haben, sonst geht ihnen

der Stoff zur Unnerhaltung aus«, hat der Herr Amtmann des Gespräch widder uffgenomme, des dorch mei Erscheine e klei Unnerbrechung erfahrn hat. »Erinnern Sie sich nur des Aufsehens, das seinerzeit die Verlobung des Schauspielers Friedrich Haase mit der Sängerin Anschütz machte.«
»Da war die Überraschung aber größer in Berjer- als in Schauspielerkreisen«, hat mei Vatter bemerkt un hat mit seim Glas Milch dem Medizinalrat Pingler, der bereits vor der zweite Flasch Deidesheimer gesesse hat, zugetrunke.
»Haase, unser jugendlicher Held, war der vergötterte Liebling aller Damen, die er mit der Wahl der alternden, etwas bissigen Sängerin aus alle Himmel gesterzt hat.«
»War auch eine merkwürdig ungleiche Ehe«, bestätigte der Herr Amtmann. »Ich lebte damals vorübergehend in Frankfurt und habe noch heute den Vers im Gedächtnis, den unser Herr Friedrich Stoltze im Wasserkolleg in der Harmonie improvisierte, als der Komiker Stotz die Verlobungsgeschichte Haases mit der Anschütz zum besten gab:

Aan-Schitz kann fihle zarte Triebe
Zu einem Haase wohl mitunner.
Doch wie e Haas aan-Schitz kann liewe,
Des is des allergreßte Wunner!

Nachdem sich die Heiterkeit, die dem Zitat gefolgt war, e bissi gelegt hatt, hat der Herr Borjemaaster Fischer gemaant, daß es jetzt Zeit zem Haamgeh wär, un hat dem ihm gegeniwwer sitzende Wertt, dem ältere Herr Paff, zugerufe: »Pfaff, meine Rechnung!«
»Des is gleich gemacht: E Flasch Riedesheimer, enn Gulde zwelf.«
»Ei der Fuld! Ihr schlagt ja unter der Hand auf. Vorigen Samstag zahlte ich noch einen Gulden.«
»Des war e annerer Jahrgang.«
»Ja, er war acht Tage jünger!« hat der Herr Borjemaaster erwiddert un vergeblich versucht, den gemietliche Gasthalter in die Woll ze brenge. »Ihr seid un bleibt die teure Zeit.«
Die alt Wanduhr iwwerm Biffee hat ewe aans geschlage, un alle

Blicke hawwe sich unwillkierlich dem Zifferblatt zugewendt, weil niemand glaawe wollt, daß es schon so spet wär. E merkwerdige Stille lag in dem Aageblick iwwer dem ganze Raum; es war, als wann alles den Atem aahalte deet odder, wie mer ze sage pflegt, e Engel dorch die Stubb ging. Mitte odder in dem feierliche Schweige hat's leis un schichtern widder die Dihr gekloppt. Un der Herr Paff is erschrocke uffgefahrn un hat gesagt: »No, wer mag dann des sei? Herein!«

Langsam hat sich jetzt die Dihr e bissi geöffent, un e Bauernmädche im Alter von zwelf Jahr hat sich forchtsam un engstlich in die Stubb geschowe. Es war e arm verkamt Kind, dem mer die Entbehrung uff hunnert Schritt aageseh hat. Aus dem verfranzte dunkle Koppduch, mit dem es die Ohrn gegen die Kält bewahrt hat, hat e winzig Gesichtche mit eigesunkene Wange un hohle verflennte Aage geguckt. E verflickt Duchjobbelche, e verschosse Kadunklaadche, des e viel lenger Unnerreckelche nor teilweise verdeckt hat, blaue baamwollene Strimbercher un e paar viel ze große, eisebeschlagene Buweschuh hawwe sei ganz Gardrob ausgemacht. Un dagestanne hat's so kummervoll un so verschichtert, als wann's sage wollt: »Seid merr net bees, daß ich aach uff der Welt bin.«

Ehrscht wie's der Herr Paff mit emme ermunternde, freundliche Blick gefragt hat, was es hier so spet in der Nacht wollt, is die Bangigkeit von emm gewiche, un es hat leise gestammelt: »Ich will zem Herr Medizin – zem Herr Dokter; er soll hier sei, darrham war er net.«

»Das bin ich«, hat der Herr Medizinalrat Pingler gesagt un hat die Klaa an ihre eiskalte Händercher gefaßt un nehergezoge. »Wo kommst du dann her?«

»Vun Reifeberg.«

»Bei diesem Wetter! Da ist wohl jemand krank bei euch?«

»Ach jo, mei Mutterche«, schluchzte das Kind.

»Nun, nun, sei nur ruhig und erzähle, was ihr fehlt.«

»Die Dante hot gesogt, se keem net mehr uff, es ging arr wie dem Vatter vorig Johr.«

»Voriges Jahr«, sagte nachsinnend der Medizinalrat.

»Richtig, ich erinnere mich, dein Vater war Nagelschmied. – Nun weiter.«
»Se hot kaan Odem on se hot's Steche uff dar Brust on se hot gemaant, ich weer der Schanndarm on wollt se ins Gefängnis brenge, weil se nix bezohle kennt.« Un dabei schluchzte das Kind so bitterlich verzweiflungsvoll, daß es kaa Wort mehr evorgebracht hat.
»Da soll ich sie also in der Frühe besuchen?«
»Se solle arr wos verschreiwe, hat dar Harr Lihrer gesogt on merr den Zettel metgewwe.«
Un der Herr Medizinalrat hat des nasse, halbverwischte Schreiwe uffmerksam gelese, mehrmals mit dem Kopp geschittelt un dann gesagt: »Ja, ja«, was hier nötig zu sein scheint, muß in der Apotheke angefertigt werden, aber ich kann dich unmöglich jetzt noch nach Cronberg gehen lassen.«
»Worim dann net? Ich sein jo aach uff Kenigstaa geloffe.«
»Vielleicht kann's mei Hausborsch besorje odder wenigstens mit err geh«, hat der Herr Paff gemeent.
»Naa, naa!« hat awwer da die Klaa energisch abgewehrt.
»Ich besorg's selbst, ich wor schun friher in der Apedhek, wie mei Vatter krank wor. Ich will kaan's, des mitgiht.«
»Gut, dann trage du das Rezept hin. Schelle so lange an der Apotheke, bis dir geöffnet wird, und warte, bis du die Arznei erhältst. Dann bringe sie dem Herrn Lehrer und bitte ihn, er möge der Tante erklären, wie sie der Kranken beizubringen sei. Versteht du mich? Um zehn Uhr komme ich selbst.«
»Wird der Lehrer auch wach sein?« hat mei Vatter gefragt.
»Ich denke wohl. Die Kleine kommt ja schwerlich vor sechs Uhr nach Hause – schläft er noch, mag sie ihn herausklopfen«, hat der Medizinalrat entgegent un sich dann widder an des Häufelche Unglick, des in fiwerhafter Hast, sein Ufftrag auszefihrn, die Dihrklink bereits ergriffe hat, gewendt: »Deine Tante wacht wohl bei deiner Mutter?«
»Die is, wie ich hierher geloffe sei, fortgange; die hot gesogt, sie kennt des net vertroge, se weer selwer net gesond – morje frih deet se nach arr gucke.«

»Da ist die Frau allein?«
»Mei Schwester is bei arr.«
»Wie alt is dann die?« hat der Herr Paff gefragt.
»Vier Johr jinger wie ich«, hat des Kind erwiddert un sich eiligst entfernt.

Während der Herr Amtmann un der Herr Borjemaaster ihr warme Winterreck aagezoge un der Herr Medizinalrat sein Wei un mei Vatter sei Milch ausgetrunke hawwe, haww ich dagesesse wie e Dippche Niß un habb merr innerlich Vorwerf gemacht, daß ich den arme Schelm uff seiner nächtliche Wannerung net beglaat habb odder mich wenigstens zem Wache bei der kranke Fraa erbotte hatt. Dazu war's ja noch Zeit, un ewe wollt ich dem Herr Medizinalrat enn dahiegehende Vorschlag mache wie der merr uff die Schulter gekloppt un zugerufe hat:

»Auf junger Mann! Ihr Herr Vater hat heute furchtbar über die Schnur gehauen. Weil er den ganzen Nachmittag geschlafen, hatte ich ihm ausnahmsweise erlaubt, bis zwölf Uhr aufzubleiben, um sich zu zerstreuen, und nun ist es so spät geworden.«
Da hat odder mei Vatter gesagt: »Sie dürfen doch net glauwe, daß ich Schlaf verspier; wenn es das Wetter erlaubt, möchte ich noch gern ein Stündchen laufen.«
»Laufen Sie bei Tage, und machen Sie jetzt, daß Sie ins Bett kommen!« versetzte korz un bindig der Arzt un hat mein Vatter und mich sanft nach der Dihr gedrängt.
»Gehn Se dann aach schon ins Bett?« haww ich unscheniert un batzig gefragt.
Der Medizinalrat blieb enn Aageblick nachsinnend steh.
»Es war meine Absicht, aber ich habe es mir anders überlegt – ich fahre nach Reifenberg«, gab er dann zur Antwort.
»Heut nacht noch!« hat mei Vatter ganz erstaunt gerufe.
»Ja, erstens befindet sich die Frau dorten offenbar in Lebensgefahr, zweitens habe ich in jener Gegend augenblicklich keine Patienten und drittens muß ich in der Frühe zu einem Schwerkranken nach Ehlhalten.«

»Awwer liewer Herr Medizinalrat, bedenke Se doch das Wetter. Sie werden mit dem Schlitten kaum durchkomme.«
»Das Wetter hat sich aufgehellt, und ein Arzt hat nichts zu bedenken, wenn es sich um Leben und Gesundheit seiner Pflegebefohlenen handelt.«
»Dann nehmen Sie mich wenigstens mit«, hat mei Vatter gebitt. »Sie wissen, ich kann kein Auge zutun, wenn Sie net da sind. Ihre Abwesenheit würde mich furchtbar aufregen.«
»Ich kenne Ihre Anhänglichkeit, lieber Herr Stoltze«, scherzte der Medizinalrat. »Lasse ich Sie hier, überkommt Sie das Gefühl der Bangigkeit, und nehme ich Sie mit, können Sie sich eine Erkältung zuziehen, denn Sie dürfen nicht vergessen, die Fahrt geht über den kleinen Feldberg.«
»Lieber zehn Erkältungen wie eine Stunde Herzklopfen!« hat mei Vatter gesagt, un der Herr Paff hat hinzugesetzt: »Der Herr Stoltze zieht mein Belzrock aa, da friert's enn net.«
»Ich derf awwer aach mit?« haww ich ganz uffgeregt gefragt.
»In Gottes Namen. Herr Stoltze, verständigen Sie Ihre Familie, ich lasse inzwischen anspannen. In zehn Minuten treffen wir uns wieder hier.«
Nachdem sich der Herr Amtmann un der Herr Borjemaaster verabschied hatte, eilte mei Vatter nach seim dem Hotel gegeniwwer gelegene Logis un der Herr Medizinalrat nach seiner Villa, während ich beim Herr Paff zerickgebliwwe bin.
Es hat net lang gedauert, is der Herr Medizinalrat mit seim Schlitte vorgefahrn un gleich druff mei Vatter, geherig eigemummelt un mit erre wollene Kolter for mich verseh, am Rendezvousplatz erschiene.
Der jingere Herr Paff, der seither unsichtbar gewese war, kam jetzt aach ebei un hat, ohne lang ze frage, den Schlittekaste uffgemacht un e Budell alte Wei un e groß Paket mit Brate eneigelegt. »Des is awwer net for euch«, hat er dann lachend zu uns gesagt, »sonnern for die krank Fraa, von der merr mei Bruder verzehlt hat.«
Nachdem sich mei Vatter in dem viel ze lange und viel ze weite Belzrock vom Herr Paff senior zurechtgefunne hat, hat er mit merr

im Schlitte Platz genomme. Dann hat sich der Herr Medizinalrat uff den Vordersitz geschwunge, juh! gerufe, un fort ging's dorch Kenigstaa, an der Kerch vorbei un die Limborjer Schossee enuff.

Des Wetter war vollstennig umgeschlage, kaa Liftche hat sich mehr geregt, un am wolkelose Himmel hawwe die Stern geblinkt, als wann se die Engelcher extra for unser nächtliche Schlittefahrt gebutzt hätte. Der Mond war hinner der Ruin enabgesunke un hat des alte Gemäuer mit emme silwerne Strahleglanz verklärt, un die Wälder mit ihre schneegeschmickte Baumkrone hawwe ausgeseh wie Felder von ungeheure Maiblumme.

Wie merr den Herrnwald erreicht hatte, hat der Herr Medizinalrat sein Schimmel e bisse verschnaufe un druff e langsamer Gangart eischlage lasse. »So eine Fahrt ist ein Genuß«, hat er sich dann an mein Vatter gewendt, »die man selbst mit dem Opfer des Schlafes nicht zu teuer erkauft.«

»Un beinah hätten Sie mich nicht mitgenomme. Die frische Luft und die Stille tun mir ungemein wohl«, hat mei Vatter entgegent. »Is hier noch niemals jemand iwwerfalle warn?« haww ich mich erkundigt, weil merr die scheenst Landschaft ohne so Zwischefäll net romantisch genug erschiene is.

»In früheren Jahrhunderten«, hat der Medizinalrat gesagt, als die Edlen von Reifenberg, Falkenstein und so weiter noch den Kaufleuten auf der Landstraße auflauerten und sie ausraubten, war der Weg hier sicher nicht geheuer.«
»Es gibt doch aach heutzudag noch Gauner genug«, haww ich eigeworfe.
»Gewiß, aber nur wenige in dieser Gegend. Die Dörfer des nördlichen Taunus sind so arm, daß selbst der bescheidenste Spitzbube bei Ausübung seines Handwerks dort nicht auf seine Kosten kommt.«
»Daß hier gar net gestohle soll wern, kann ich merr net denke. Ich maan, e jeder Mensch hätt im Lewe emal gekrabbscht, un wann's nor e Birn odder enn Appel gewese wär – ich aach.«

»Ich glaub's«, hat mei Vatter gesagt. »Unser Nachbargarte kann davo erzähle.«
»Des warn nor Klaanigkeite«, haww ich verächtlich bemerkt un net ohne Renommag hinzugesetzt: »Wie ich kaum sechs Jahr alt war, haww ich ganz annere Date pexiert.«
Jetzt hat merr odder mei Vatter haamlich enn Stumber versetzt, damit ich schweihe sollt, dann er hat gefercht, daß ich dem Herr Medizinalrat Pingler e selbsterfunne Geschicht uffbinne wollt. »Mein Sohn hat eine sehr lebhafte Phantasie, und wenn er etwas dreimal erzählt, glaubt er's schließlich selber.«
»Die Geschicht is werklich wahr. Es war im Jahr 1848, da haww ich mit noch e paar klaane Knirps des ganze deutsche Reich bestohle.«
»Was!« hat mei Vatter ganz verdutzt iwwer die Kihnheit, so e Ungeheuerlichkeit mit der greßte Gemietsruh auszuspreche, gerufe: »Des ganze deutsche Reich bestohle?«
»Von der Maas bis an die Memel, von der Etsch bis an den Belt. So wahr ich hier uff dem Schlitte sitz.«
Kaum hatt ich des awwer gesagt, hat der Herr Medizinalrat sein Schimmel aagehalte, sich erumgewendt un merr mit emme dorchbohrende Blick in die Aage geguckt. »Leidet Ihr Sohn zuweilen an Halluzinationen?«
»Bis jetzt haww ich noch nichts davon bemerkt.«
»Nor Geduld, Herr Medizinalrat«, haww ich innerlich belustigt iwwer die Iwwerraschung, die ich evorgerufe hatt, gesagt. »Wann Se die Geschicht geheert hawwe, redde Se net mehr von Sinnestäuschunge.«
»Wir wollen's abwarten.«
»Da wird was Nettes erauskomme«, hat mei Vatter gemeent, hat awwer doch sein Belzkrage am aane Ohr erunnergeschlage, damit er besser heern konnt.
Der Herr Medizinalrat hat jetzt seim Schimmel widder kräftig »Juh!« zugerufe, un ich habb zu verzehle aagefange:
»Bevor ich in die Schul kam, war ich jed Woch e paarmal bei meim Großvatter mütterlicherseits, der enn Babierlade uff dem klaane Kornmarkt gehatt hat un wohlbestallter Buchbinnermaaster beim

hohe Bundestag, dem er sei Geheimakte im Palais in der Große Eschenheimer Gass eigebunne hat, gewese war. Mei Großvatter hat als vermegender Mann sei Vorder- un sei Hinnerhaus allaans bewohnt un nor sei Geschäft noch drin betriwwe. Newer dem altmodische Erker mit seine klaane Scheiwe, in dem Traumbicher, Tuschkaste un Fedderkiel gelege un viele Bilderboge gehonke hawwe, befand sich die Hausdihr, dorch die mer in den Lade gelangt is. In dem Hausgang vorne an der Gass hat e Bank gestanne, uff deren vorderer Hälft e paar Ries Fließbabier gelege hawwe, die aadeute sollte, daß mer außer vergoldte Glickwinschboge hier aach Babier for Fenster ze butze kriehe kennt. Der hinnere Daal der Bank war for mich reserviert. Dort haww ich in der Regel vor emme dicke Stoß Bilderboge, die merr zer Besichtigung iwwerlasse warn, gesesse un hab den Neid vieler Altersgenosse uff mich gezoge. Doch net nor Mißgunst, aach Bewunnerung un Freundschaft hawwe merr die Bilderboge eigetrage; dann es gab e Meng Buwe un Mädercher in der Nachbarschaft, die alle Kunstgriff aagewendt hawwe, sich mir zu nehern, un die freudig ihr Eppel mit merr gedaalt hawwe, wann ich se enn Blick in mei Bildergalerie duh ließ. Mindestens e Dutzend Kunstverehrer un -verehrerinne hawwe mich bestennig umringt un hawwe de Kunne den Eigang zem Lade versperrt. Der beharrlichste Bilderbetrachter un mithie mein bester Freund war awwer e Kerchedienersoh aus der Citronegass. Kaum haww ich uff meiner Bank gesesse, hat der newer merr gestanne un hat merr die seltenste Geniß in Aussicht gestellt, wann ich enn e bissi gucke ließ. Aus purer Dankbarkeit hat er mich dann aach von Zeit zu Zeit dorch e Hinnerdihr in die Paulskerch gefihrt un hat da mit merr Versteckelches gespielt, wozu der Ort besonnerscht geeigent war, weil er so viele Bänk gehatt hat, hinner dene mer sich verberge konnt.

Awwer net nor im Sommer, sonnern aach im Herbst, wann's ewens die Witterung erlaabt hat, haww ich mit meine Bilderboge unner der Hausdihr gesesse un konnt sicher sei, dorch den Besuch von meim Citronegässer Freund erfreut ze wern. So aach am e scheene warme Novemberdag, wo er ziemlich uffgeregt uff mich

zugesterzt is un merr ins Ohr gebischbelt hat: »Komm mit in mei Kerch, die is ganz annerschter gemacht warn, da sitzt jetzt des deutsche Porlement drin.«
»Des Porlement, was is dann des?« haww ich gefragt.
»Des sin lauter Männer, die schwätze.«
»Wie die Parrer?«
»Ganz annerschter. Da werd aach geschellt un in die Händ gebatscht un gepiffe – es is viel scheener wie in der Kerch.«
»Derf mer dann aach zugucke?«
»Annern Buwe net, nor ich un du, weil die Kerch unser geheert. Ich waaß e Plätzi uff dem Lettner, wo merr uns versteckele kenne. Komm, ich zeig derr, wo die Männer sitze, wann se versammelt sin.«
»Sin dann die jetzt net da?«
»Die komme ehrscht heut middag, awwer ihr Plätz kannst de seh. Uij, hawwe die scheene Bleistifter un ganze Päck Babier.«
»Die mer sich nemme derf?«
»Nadierlich, sonst hätte se se net liche lasse«, hat mei Freund erwiddert un mich von der Bank erunnergezoge.
»Komm doch, die Buwe vom Herschgrawe gehn aach mit.«
Schnell haww ich mein Stoß Bilderboge zesammegepackt un in Lade getrage un bin der Eiladung gefolgt. An der Eck vom Citronegässi hat uns enn großer Schwarm Buwe in Empfang genomme, un vorwärts ging's des Stumbegässi enunner.
Da der Vatter von unserm lokalkundige Fihrer in der Werttschaft vom Schneider uff dem klaane Kornmarkt gesesse un gefrihstickt hat, sei Mutter odder uff den Markt gange war, so konnte merr, ohne aagehalte ze wern, dorch die Hinnerdihr in die Kerch eitrete. Nor zwaa Butzweiwer, die den Parlamentssaal abgestaubt un uffgewäsche hatte un ewe mit ihre Arweit fertig warn, hawwe uns zugerufe: »Habt err dann aach euer Fieß schee abgekratzt, ihr Säudeiwel?« un sich dann net mehr um uns bekimmert.
Die Kerch war gege friher sehr verännert. Statt de Bänk hawwe Stihl dagestanne, un vor de Stihl schmale Disch. Uff emme Podium befand sich e lang gedeckt Tafel, un vor dere Tafel hat e Katheder

gestanne. Im Hinnergrund awwer hat e groß schwarz-rot-goldern Fahn gehonke.«

»Bis hierher hat die Sache ihre Richtigkeit«, hat mei Vatter mei Erzehlung unnerbroche.

»Sie hat's aach fernerhin,« haww ich mit Nachdruck erwiddert un bin fortgefahrn. »Vor jedem Sitz in dem Saal hat e gespitzt Bleistift un e Päckelche weiß Babier gelege. Un uff der griene Tafel hawwe große Dintefässer un e paar Wasserflasche mit Gleser gestanne, aach warn da zugeschnittene Gänsekiel un dicke Mappe, mit schwarz-rot-goldene Kordele verschniert, zu finne. Ehrscht hawwe mir Buwe alles mit erre gewisse Ehrforcht betracht, sin awwer bald kihner warn un hawwe die Gänsekiel in die Dinte gedunkt un versucht, die Buchstawe, die der älteste von uns vorgeschriwwe hat, uff de Mappe nachzekritzele. Wie's odder gar uff mei Veraalassung hin bekannt is warn, daß die Bleistifter un die Babiern herrnloses Gut wärn, die die Parlamentsmitglieder hätte liche lasse, weil se se net mehr hawwe wollte, da is e Juwel losgebroche, wie er net greßer hätt sei kenne, wann e Wolkebruch von Eppelranze iwwer die Buweschar niddergange wär. Jeder hat versucht, so viel eizestecke als sei Hosesäck erlaubt hawwe, un als da nix mehr eneiging, sin die Gertel enger geschnallt un die Kittel mit Bleistifter un Babier ausgestoppt warn. Schließlich warn die Disch so grindlich uffgeräumt, daß der greßte Dippelpeter, selbst mit der Stadtbrill nix mehr druff finne konnt. Seelevergniegt hawwe merr dann mit unsere dicke Bäuch die Kerch verlasse, un bald war unser Raub an gute Freund verschenkt odder verditschelt.«

»Da hört doch verschiedenes auf!« hat mei Vatter zu dem Medizinalrat Pingler, der sich vor Lache den Bauch gehalte hat, gesagt. »Ich bin gespannt, wie des weitergeht.«

»Des werst de gleich heern«, haww ich erwiddert. Am Nachmiddag, wie ich bei meim Großvatter im Lade gesesse un Männercher uff e Schiwwerdafel gemalt habb, is uff aamal die Dihr uffgerisse warn, un e Parlamentsdiener is ereigesterzt komme un hat fast atemlos gerufe: »Hawwe Se Bleistifter?«

»So viel Se wolle.«

»No, dann gewwe Se merr emal gleich drei- bis vierhunnert Stick, awwer gute un net zu hart.«
»Drei- bis vierhunnert Stick!« hat mei Großvatter gesagt un den Mann aageguckt, als wann der net recht bei Grosche wär. »Ei so viel haww ich ja selwer net.«
»Da gewwe Se merr, was Se hawwe, awwer schnell! Des deutsche Parlament sitzt da un kann net schreiwe.«
»Des deutsche Parlament?«
»Ja, un aach Babier, zugeschnitte wie des da. Dausend odder mehr Blatt, wie's grad vorretig is. Awwer schnell!«
»Sie hawwe's ja ferchterlich pressant.«
»Ich glaab's, die Parlamentsmitglieder sin wietend, die kenne sich kaa Nodize mache, weil se kaa Bleistifter un kaa Babier hawwe. Denke Se nor, heint morjend sin e paar Kerl in die Kerch eigebroche un hawwe des ganze deutsche Reich bestohle.« –

»No«, haww ich mich an mei zwaa Zuheerer gewendt, »war's zu viel, wann ich gesagt habb: des ganze deutsche Reich bestohle?« Ewe wollt merr der Herr Medizinalrat antworte, wie sich unner unserm Schlitte e merkwerdig Knersche vernemme ließ un mei Vatter gerufe hat: »Wir fahren ja auf der blanken Schossee.«
»Nur bis zur Biegung des Wegs«, hat der Medizinalrat mit greßter Ruh erwiddert un hinzugesetzt: »Der Sturm hat hier den Schnee die Böschung hinuntergefegt, dort am Rand ist die Bahn noch ziemlich gut.« Un dabei hat er sein Schimmel nach rechts uff den Fußpfad gelenkt un zu rascherer Gangart aagetriwwe.

»Fahrn Se net so knapp am Abhang«, haww ich mich warnend vernemme lasse, »hier is die Grenz, wo's enunner geht, ganz verwischt.«
»Keine Furcht, junger Mann.«
Der Herr Medizinalrat hat odder den Satz noch net recht ausgesproche, als aach schon unser Gefährt e bedenklich Neigung nach der Senkung zu aagenomme hat.
»Halt, Halt!« hat mei Vatter, der rechts gesesse hat, gerufe un sich an seim Sitz festgeklammert.

»Juh! Juh!« hat der Medizinalrat gekrische un seine Wort mit der Beitsch kräftig Nachdruck verliehe.
Es half awwer nix. Mir mußte aussteige, ich mußt des Hinnerdeil vom Schlitte hochhewe un kräftig nachschiewe, un dann sin merr schließlich mit unserm Fuhrwerk widder glicklich mitte uff der staanige Schossee, von wo aus merr uff Abwege gerate warn, gelandt.
Bis zur Krimmung des Wegs hat der Medizinalrat sein Schimmel gefihrt, dann sin merr widder in den Schlitte gestiche, un pfeilschnell ging's iwwer e prächdig Schneebahn zum Dal enunner.
»Wie weit hawwe merr noch bis Reifenberg?« hat mei Vatter nach erre Weil gefragt.
»Höchstens zehn Minuten«, gab der Herr Medizinalrat zur Antwort. »Der kleine Feldberg und das rote Kreuz liegen bereits hinter uns.«
Un so war's aach, dann kaum hatte merr den Wald verlasse, da sin aach schon in der Fern die Term der Ruin, die den Zwillingsort beherrscht, sichtbar warn, un e paar Aageblick speter hawwe merr bereits vor dem Werttshaus, des dem Herr Borjemaaster geheert hat, gehalte.
Nix hat sich geregt un gerihrt in dem verschneite Dorf; mer hätt glaawe kenne, daß hier schon vor e paar hunnert Jahr alles ausgestorwe un verdorwe wär.
Jetzt hat sich der Herr Medizinalrat uffgericht un von seim Bock aus mit der Beitsch e paarmal widder des nidderige Fenster im ehrschte Stock gekloppt. Es hat dann aach net lang gedauert, da is des uffgange, un der Herr Borjemaaster un Wertt hat sein Kopp erausgestreckt un gesagt: »Wos is los hie?«
»Ich bin es, der Medizinalrat!«
»Su, der Medezinrot, um die Zeit! Es sein doch nix dem Herr Parrer bassiert? Der hot gestern noch dem Esse iwwer Magedricke geklagt.«
»Das nicht, aber die Nagelschmiedswitwe Kätt soll schwer erkrankt sein.«
»Ich habb's gehiert. Do krieht die Gemaa wedder emol zwaa Kin-

ner zu ernehrn. – Un dorim sein Se su spet uff Reifeberg gemacht?«
»Erstaunt Euch das, Bürgermeister?«
»Naa, es geht mich jo nix aa. Do newe in der Gass, im dritte Haus wohnt se.«
»Rechts oder links?«
»Ich komm enunner.« Mit dene Worte verschwann des Gemeindeowerhaupt vom Fenster, um nach e paar Minute im braune Kamisol un klappernde Holzschuh an de Fieß unner der Hausdihr uffzedauche. »Do, im dritte Haus rechts wohnt se. Se hawwe Gesellschaft, Herr Medezinrot?«
»Jawohl, Herren aus Frankfurt, die sich bei Euch einquartieren wollen, bis ich zurückkomme.«
»Als erinn!«
»Gleich«, hat mei Vatter gesagt un hat unserm dampfende Schimmel e Deck iwwergeworfe, während der Herr Medizinalrat den Schlittekaste geeffent, sei Medikamente, die Flasch Wei un des Paket mit Brate erausgenomme hat. »Bitte, junger Stoltze, hängen Sie eine Laterne vom Schlitten ab«, hat er sich dann an mich gewendt.
»Ich derf Ihne awwer aach leuchte?« haww ich gefragt, indem ich die Schlittelatern an mich genomme habb.
»Wenn Sie wollen, gewiß!«
»Da könnt ich Sie gleichfalls begleiten«, hat mei Vatter gemeent.
»Bleiben Sie beim Herrn Bürgermeister, das ist besser für Sie«, erklärte awwer da sehr energisch der Herr Medizinalrat. »Sobald ich mich im Hause der Patientin zurechtgefunden, schicke in Ihnen Ihren Sohn.«
Da mei Vatter gewehnt war, seim Arzt wie e klaa Kind seiner Wärterin ze folge, hat er kaa Wort geredd, sonnern is in die Werttsstubb eigetrete, die der Herr Borjemaaster sofort mit emme Stummel Gutlicht festlich erhellt hat.
Die Seitegass, die mir gesucht hawwe, war leicht ze finne un eweso des dritte Haus rechts. Es war e elend, bloß aus dem Erdgeschoß bestehende Barack, dorch deren Schornstaa e großer Mann von der Gass aus in die Kich hätt gucke kenne. Zwaa rauhe Felsstufe hawwe enunner zu erre morsche Hausdihr gefihrt, die nor aage-

lehnt war un die in ihre verroste Angele geächzt un gestehnt hat, wie merr se uffgemacht hawwe. Ich bin derehrscht in den enge moderische Vorplatz, der fast ganz mit Reisig un Welle aagefillt war, eigetrete un habb mei Ladern hochgehalte.

»Warten Sie einen Augenblick, ich komme gleich zurück«, hat der Herr Medizinalrat gesagt un leise an die Stuwwedihr aagekloppt. Nix hat sich geregt, un als nach emme widderholte Poche awwermals kei Ufforderung zem Eitritt erfolgt is, hat der Medizinalrat vorsichdig uff die Schlink gedrickt un geräuschlos die Dihr geeffent.

Der dicke, rußige Qualm von erre Kichelamp, deren Docht zu emme rotglihende Butze zusammegebrennt war, is uns aus dem halbdunkle Raum entgegegestremt un hat aam fast den Atem genomme.

»Machen Sie eiligst die Haustüre auf!« hat merr der Herr Medizinalrat zugerufe. »In dieser Atmosphäre geht ja ein Gesunder zu Grunde, geschweige ein Patient. – So, und nun leuchten Sie mir!«

Uff de Fußspitze sin merr in die Stubb geschliche, um sofort mit naßgemachte Finger den schmauchende Docht der Ölfunsel auszuduppe un uns dann beim Schei der Schlittelatern die Örtlichkeit neher aazeseh.

Vier kahle Wänd un zwaa mit Babier verklebte Fenstercher hawwe mehr Menscheelend eigeschlosse, als sich die lebhafst Phantasie vorstelle konnt.

E Disch aus Danneholz, uff dem die Lamp un e paar Schissele un Dippe gestanne hawwe, zwaa wackelige Bänk, e alt Komod, des mit seim borzelanerne Kruzefix zugleich als Hausaltar gedient hat, un e weiß aagestriche Bettlad, des war des ganze Möwlement.

Vor dem Schiffmannsofe, der noch warm war, hat uff me verrissene Strohsack e achtjährig Mädche gelege un fest geschlafe. Um sein blasse Mund hat so was wie e zefridde Lächle gespielt, als wann's vom e warme Middagesse träume deet.

Das Bett im Hinnergrund war mit erre wollene Kolter un iwwer un iwwer so mit alte Dicher un abgetragene Klaader verdeckt, daß mer

ehrscht an deren Hewe un Senke wahrnemme konnt, daß jemand drei lag.
Der Medizinalrat trat uff die elend Lagerstatt zu, schlug die Kolter zerick un hieß mich leuchte.
Atemringend lag da e Fraa mit eigesunkene hohle Wange un miede geschlossene Aage. Des gelwe Gesicht mit de vorstehende Backeknoche un dem schmerzverzogene Mund hawwe zwaa verworrene graue Zepp umrahmt. Es war e Bild des Jammers. Sanft hat der Medizinalrat die knecherne Hand der Kranke erfaßt un ihrn Puls gefihlt, dann hat er sei Ohr uff ihr welk Brust gelegt un gehorcht un gehorcht. Endlich war die Unnersuchung zu End, un er hat der Patientin leise zugerufe: »Schmidtin, Kätt seht mich einmal an! Ich bin's, der Medizinalrat.«
Mihsam hob jetzt die Fraa die Aagedeckel un starrte mit weltfremde Blicke dem Dokter ins Gesicht. »Du bist's Kind, Gott sei Dank, daß de wedder do bist!« flisterte sie mit greßter Aastrengung un schloß die Aage uffs neue.
»Ja, ja, sie ist wieder da, und der Arzt ist auch da. Wollt Ihr einen Schluck Wein nehmen?«
Die Kranke gab kaa Antwort. Ihr Atem keuchte schwer un mihsam, un mit de Fingernägel krabbschte se krampfhaft uff der Kolter, als wann se sich eneigrawe wollt.
Der Medizinalrat verließ das Bett un gab merr enn Wink, ihm ins Freie ze folge. Vor der Dihr nahm er merr die Ladern ab un sagte: »Hier muß der Geistliche den Arzt ablösen. Bitte gehn Sie zum Bürgermeister, er soll den Herrn Pfarrer rufen; auch soll er die Tante des Kindes veranlassen, sich sofort der schlafenden Kleinen anzunehmen.«
»Da is also kaa Rettung mehr meglich?« haww ich dief erschittert gefragt.
»Nein, der Kräftezerfall ist schon zu weit vorgeschritten. Machen Sie aber Ihrem Vater keine Mitteilung, er regt sich sonst auf.«
Des Werttshaus war schnell erreicht. Mei Vatter stann uff der Gass, weil er's in der Stubb, wo mer mit Reisig Feuer im Ofe aamache wollt, vor Rauch net aushalte konnt. Ohne mich bei emm uffzu-

halte bin ich zem Herr Borjemaaster, der vor dem Ofe gehockt un eneigeblase hat, gerennt. Er schien von dem Ufftrag, den ich iwwerbracht habb, net besonnerscht entzickt ze sei, wenigstens hat er sich e paarmal in der Ank gekratzt, hat awwer schließlich doch sei Schaftestiwwel aagezoge un des Haus verlasse. Nach zehe Minute war er schon widder zerick un hat gefragt, ob er uns enn Kaffee koche sollt lasse.
»Kaffee«, hat mei Vatter gerufe, »das ist ja direktes Gift für mich.«
Da hat odder der Herr Borjemaaster verschmitzt gelacht un hat gesagt: »Su kaan Kaffee, wie S'enn uff Frankfort trinke; onser Kaffee hot noch kaam wos gedoo.«
»Glaub's schon, aber trotzdem wärn uns zwei Gläser Milch lieber.«
Die kenne Se aach hawwe. Hie in Reifeberg kann mer noch allem froge.«
Mit dene Worte ließ er uns uff der Gass steh, um gleich druff mit dem Verlangte ze erscheine. Die Milch, die er uns gebracht hat, war awwer derart kalt, daß aam die Zäh bis an die Worzele weh gedaa hawwe, wie merr enn Troppe davo iwwer die Lippe gebracht hat.
»Da kann mer sich ja schee draa verkälte«, haww ich gesagt un mei Glas eilig uff den Schlittekaste gestellt.
»Gewwe Se se har, ich mach se e weng worm«, hat der Borjemaaster sich erbotte.
»Nor net, sonst schlägt aach noch der Rauch enei.«
Grad wie jetzt mei Vatter die Zech bezahlt hat, is der Herr Medizinalrat die Gass erunner uff uns zukomme.
»Bürgermeister,« hat er gesagt, »wir haben den Herrn Pfarrer zwecklos bemüht.«
»Wie, die Kranke is – –?« hat mei Vatter gefragt.
»Soeben gestorben.«
Enn Aageblick herrschte diefes Schweige, dann fuhr der Arzt fort: »Das Kind ist bei seiner Tante, wohin auch die ältere Schwester, sobald sie zurückkommt, gebracht werden soll.«
»Do is also alles in Ordnung«, hat der Borjemaaster erklärt.
»Und wir können nach Hause fahren«, hat der Herr Medizinalrat

hinzugesetzt. »Gute Nacht, Bürgermeister. Ich danke Euch für Eure Bemühung.« Un dabei hat er den Schlitte bestiege, in dem mei Vatter un ich bereits Platz genomme hatte.
»Nix for ungut, Herr Medezinrot«, hat der Borjemaaster noch emal des Wort genomme, »weil Se grod do sein. Ich habb do hinne an meim linke Backezah die vorig Woch su e Art Blos gehatt, des hot doch hoffentlich nix mihr ze soge?«
»Ist sie wieder weg?«
»Eweg is se, awwer der Zah dut marr noch weh – er is aach hohl.«
»Dann geht zum Barbier und laßt ihn Euch ausziehen.«
»Des wern ich bleiwe losse, des kost zwelf Kreuzer un mein Zah.«
»Na, dann gute Nacht!«
»Ge Nacht, glickliche Fohrt!«
Vorsichdig hat der Medizinalrat den Schlitte gewendt, un dann ging's im e mäßig schnelle Trapp den Ort enaus un die Schossee enuff. Kaa Wort ward gesproche, jedes war mit seine eigne Gedanke beschäftigt. Bald war des rote Kreuz un der klaane Feldberg erreicht, un nachdem merr noch die schneefrei Streck iwwerwunne hatte, schoß der Schlitte pfeilschnell bergab.
Mei Vatter war eigeschlafe. Von der Heh wehte schon e naßkalte Morjenluft, wie uns bei der Krimmung des Wegs e arm Bauerskind uffiel, das e Arzeneifläschi in dem erstarrte Händche trug un ristig emporstieg.
Der Medizinalrat hielt den Schlitte aa, un des Mädche, des uns erkannt hatte, kam eiligst uff uns zu.
»Ich habb mich net mihr eile kenne; ich habb su lang in der Apedhek warte misse«, hat es engstlich gesagt.
»Schadet nichts«, hat emm leise, damit mei Vatter net wach wern sollt, der Herr Medizinalrat erwiddert.
»Wie giht's dann meim Mutterche?«
»O – gut, mein Herz; besser als es ihr je gegangen.«
Do brauch ich die Arzenei net zem Harr Lihrer ze brenge?«
»Nein, gib sie der Tante, die weiß schon alles.«
Dabei zog er enn lederne Beutel aus seim Belzmantel un gab dem Kind e Geldstick.

So hat mich noch nie die Armut gedrickt wie in dem Aageblick, wo ich nor mit lumbige zwelf Kreuzer dem Beispiel folge konnt – awwer ich hatt net mehr.
Bald war Kenigstaa erreicht. Un wie merr an der Kerch uff des holwerige Plaster kame, is mei Vatter uffgewacht un hat steif un fest behaupt, daß er net geschlafe hätt.
Vorm Hotel de Lion hawwe merr dann de Schlitte verlasse un dem Herr Medizinalrat »aagenehme Ruh« gewinscht. Dann hawwe merr unser Quardier uffgesucht un sin ins Bett gange. E Aag haww ich awwer an dem Morjend net mehr zugedaa.

Der junge Mechaniker schreibt Festspiele

Dorch die Krankheit von meim Vatter is die Ermittlung eines geeigneten Berufs for mich vollstännig ins Stocke gerate. Um dem Zustand fortwährender Ungewißheit e End ze mache, erklärte ich jetzt, Mechaniker wern zu wolle, und fand bald druff in der physikalisch- mechanische Werkstatt von J. W. Albert gege dreihunnert Gulde Lehrgeld un dreijährige Lehrzeit e Unnerkomme. Die Kunnschaft Alberts bestand vorwiegend aus Universideete un hehere Lehraastalte; un Persenlichkeite wie Professer Robert Wilhelm Bunsen un Philipp Reis, der Erfinder des Telephons, sowie annere bedeutende Gelehrte verkehrte häufig im Geschäft un ließe ihre sämtliche Apparate dort neu aafertige odder umarweite. An geistiger Aaregung fehlte es nie, un da ich noch außerdem mathematische un physikalische Privatunnerricht nahm un derrhaam, getreu meine Ideale, mich in die Klassiker vertiefte, war die Lehrzeit for mich im hechste Grad fruchtbringend.
Häufig ward ich mit physikalische Instrumente odder Teile derselwe, die wir in der Werkstatt aagefertigt odder verännert hatte, zum Herr Reis, der uff der Groß Galljegass im Mohrngaarte wohnte, geschickt. Bei Ausfihrung solcher Ufftreg hat sich der speter so berihmt gewordene Erfinder häufig mit merr unnerhalte, mich

Adolf Stoltze im Alter von 21 Jahren.

aach efters an enn Fernsprechapparat, den er im Gaarte uffgestellt un dorch Kupperdreht mit seiner Wohnung verbunne hatt, horche gehaaße, was er in seim Laboradorium sage deet. Als ich des ehrschtemal bei me derartige Versuch erklärte, nix geheert ze hawwe, schien er sehr verstimmt un hat ärjerlich zu merr gesagt: »Sie sind ja auch halb taub.« Speter dorft ich widder emal horche, un als ich jetzt e fernes knisterndes Geräusch vernahm, war er offenbar sehr zefridde, bot merr e Glas Wei aa un erklärte, daß ich bald mehr versteh sollt.

Wann mer um die Zeit jemand gesagt hätt, daß mer zwanzig Jahr speter von Stadt zu Stadt un iwwer weite Länderstrecke spreche kennt, wär mer von Bolizeiwege ins Dollhaus komme. Was der stille Gelehrte zum Sege der Menschheit erfunne, bracht enn zwar in spetere Zeite Ruhm un Anerkennung, awwer der goldne Sege floß in annere Dasche.

Damals trug sich Reis aach mit dem Gedanke, die Sonnestrahle zu Kraftzwecke auszenitze, un in meim Lehrmeister seiner Werkstatt sin bereits verschiedene Apparate un zwaa gewaltige Hohlspichel zu dem Zweck aagefertigt warn; doch ließ er die Idee speter widder falle.

Ich war jetzt achtzeh Jahr alt, un mehr un mehr erwachte in mir des Interesse for des scheene Geschlecht, namentlich als ich im Herbst die Danzstunn mit meiner spetere Fraa, mit der ich schon als zehejähriger Bub gemeinschaftliche Klavierunnerricht genosse hatt, besuche dorft. Mir hawwe dort so lang mitenanner gedanzt, bis merr uns e Dechtelmechtel an den Hals gedanzt hatte.

Da ich äußerst schnell in die Heh geschosse, dabei awwer spindelderr gebliwwe war un häufig an Ohnmachtsaafäll zu leide hatt, riet unser Hausarzt, der Herr Dokter Friedleben, daß ich bei kräftigster Kost däglich in frischer Luft torne sollt.

Mit Begeisterung haww ich des Rezept befolgt un bin in die Frankforter Torngemeinde als Mitglied eigetrete. Jetzt ging merr e neu Welt uff, von deren Vorhandensei ich noch kaa Ahnung hatt. Die Tornvereine der sechziger Jahrn hatte ihr Augemerk net nor uff die Kräftigung der Muskele gericht, sonnern hawwe aach an de Ein-

Adolf Stoltzes Braut Luise geb. Mannberger im Alter von 20 Jahren.

heits- un Freiheitsbestrewunge der linksstehende politische Parteie regen Aadeil genomme. Des war dann aach die Ursach, daß se von de reaktionäre Regierunge weit iwwer ihr Bedeutung gefercht un gehaßt warn.

Schnell hatt ich merr in de Kreis meiner Vereinsgenosse dorch poetische Darbietunge e gewiß Aaseh verschafft, un Persenlichkeite wie Louis Büchner, der Verfasser von Kraft un Stoff; Heribert Rau un J. B. von Schweitzer hawwe jed Gelegenheit benutzt, mich zu weiterem Schaffe zu ermuntern. So schrieb ich dann 1861 mei ehrscht Festspiel »Germanias Trost«, des gelegentlich einer Weihnachtsfeier in der Gemeinde uffgefihrt ward un speter in zahlreiche Tornvereine Nord- un Sieddeutschlands erfolgreich zur Darstellung kam.

Jetzt haww ich merr eigebild, ich hätt merr Bahn gebroche un mich mehr un mehr mit klaane Theaterstickelcher un Gedichte an die Effentlichkeit gewagt. Die ehrscht Endäuschung kam, wie ich aaläßlich des deutschen Schitzefests 1862 e Festspiel »Des Schützen Traum« bei der Direktion des Stadtheaters eireichte un dadruff den Bescheid erhielt, daß merr von erre Aanahm abseh mißt, weil uff dem Festplatz selbst e theatralisch Uffihrung unner Mitwerkung des Fräulein Janauschek stattfänd.

Bei meiner abwechslungsreiche Tätigkeit verginge merr die Jahrn wie Raach, un so nahte die Zeit heraa, wo ich als Mechaniker aus der Lehr entlasse sollt wern. Ich war net wenig erstaunt, wie ich aus meim Zeugnis ersah, daß ich die Lehrzeit mit bestem Erfolg bestanne hätt un de Herrn Kollege uffs wärmste empfohle wern kennt. Sogar mei Vatter war gerihrt davo un hat merr gerate, mich bald nach erre annere Stell umzuseh.

»Vorderhand net«, haww ich emm erklärt, »ehrscht will ich mei finfaktig Drama »König Hiarne« fertig mache un effentlich vorlese.«

Des geschah dann aach. Vier Woche nachdem ich des Geschäft von Albert verlasse hatt, lud ich mittelst Zirkulär die geistig Welt von Frankfort zu meiner Vorlesung in die Harmonie ei. Der Saal war gerackelt voll. Die gesamte Presse, die Vertreter der Kunst un Wissenschaft, sämtliche hervorragende Bihnekinstler, sogar zwaa Bundesdagsgesandte un der ältere Herr Borjemaaster warn erschiene. Mit emme Mut, wie enn nor die Jugend verleiht, bestieg ich des Katheder un habb mei finffießig Jambedrama, vielleicht in der Aussprach net ganz eiwandfrei, awwer mit Feuer un Begeisterung vorgetrage.

Der Erfolg war e vollständiger, un aach mei Vatter hat gesagt: »Ich glaub jetzt selbst, daß du Talent zum Theater hast«, während mei Großmutter vor Glickseligkeit geflennt hat.

Die Kridike am nechste Dag warn eweso freundlich wie des Publikum am Awend vorher, un ich war jetzt fest davo iwwerzeugt, daß die Gestalte meiner Phantasie sich die Bihn erowern deete. Mei nechst Sorg war deshalb, des Drama ins reine schreiwe ze lasse un beim Herr Vollmer, dem artistische Leiter des Stadttheaters, eizereiche. Da der Herr Vollmer des Stick von der Vorlesung her bereits gekennt hat, ließ die Entscheidung net lang uff sich waarte. Im e Schreiwe mit sehr schmeichelhafter Eileidung war ausenannergesetzt, daß leider zu beferchte stind, daß des greßere Publikum for nordische Sage net des winschenswerte Interesse hätt un daß es in unserm Theater emme junge Dichter außerordentlich schwer falle deet, mit Trauerspiele festen Fuß ze fasse. Wann mer sich awwer erlaawe derft, merr enn Rat ze gewwe, so wär's der, mei Drama emme Hoftheater ze unnerbreite, des for derartige Werke der geeignete Boddem wär.

»Gut, reiche merr's in Wiesbade ei«, haww ich gedacht un mei Gedanke sofort in die Tat umgesetzt. Der Erfolg war derselwe. Widder ward im Eigang des Antwortschreiwens des Stick so gelobt, daß in der Fortsetzung die Ablehnung vorauszeseh war. Schließlich awwer ward merr nahgelegt, des Drama bei me ehrschte Stadttheater eizereiche, da des bezieglich seines Repertoirs dorch kaanerlei Ricksichte, die's ze nemme hätt, gebunne wär.

Im Arbeiterbildungsverein

Die Absage hätte mich sicherlich vellig entmutigt, wann ich net bereits e neu Stick unner der Fedder gehabt un net in de politische Vorgäng jener Zeit Aaregung un Tätigkeit gefunne hätt. Der Arweiterapostel Ferdinand Lassalle war mit seim Programm zur Lösung der soziale Frag uffgetrete, un da ich aach Mitglied des Arweiter-Bildungs-Vereins gewese war, haww ich mich nadierlich for die Bewegung gewaltig intressiert.

Es hat damals schon zur gute Sitt geheert, in Versammlunge die Maanung der Gegner dod zu radaue, un so hat aach Lassalle gefercht, bei seim Vortrag im Saalbau uff die Art un Weis widderlegt zu wern. Er hat sich deshalb an den Vorsitzende des Arweiter-Bildungs-Vereins, Dokter Theodor Müller, gewendt und gebitt, Vorkehrunge zu treffe, dorch die die Ordung im Saal während seim Vortrag, soweit meglich, uffrecht erhalte blieb. Dokter Miller hat mich infolgedessen ersucht, mit noch e paar junge Leut iwwer die Aagelegenheit direkt mit Lassalle zu verhannele. So hawwe merr dann zu dritt zwaa Dag vor der große Frankforter Versammlung den gewaltige Agidator un ungewehnlich gelehrte un schlagfertige Redner im Holländische Hof, wo er im zweite Stock mit der Gräfin Hatzfeld gewohnt hat, uffgesucht. Lassalle kam uns mit der Gräfin bis an die Dihr in liewenswerdiger Weis entgege un bat uns Platz ze nemme. Nachdem des geschah, hat er sich in große Zieg iwwer sei Programm verbreit un uff mei Frag, ob die vorgeschlagene Reforme net die republikanische Staatsform voraussetze deete, geantwort: »Diese Frage hat vorerst nichts mit unseren Forderungen zu tun, jede Staatsform, welche diese bewilligt, soll uns recht sein.«

Dann besprache merr die Organisation eines Ordnungskomitees for den Vortragsawend un iwwernahme namens des Arweiter-Bil-

dungs-Vereins die Verpflichtung, dorch iwwer den ganze Saal verdeilte Ordnungsmänner die parlamendarische Redefreiheit gege jeden Aagriff sicherzestelle. Unser Ordnungskomitee bewährte sich iwwrigens brillant, dann so leidenschaftlich aach die Unnerbrechunge un Debatte warn, so hart die Gegner un Anhänger Lassalles aach anenanner geriete, bis zum Skandal kam's doch nie, un kaa Redner ward vollstännig munddod gemacht.
Iwwerall hat sich in Deutschland ums Jahr 1863 politisch Lewe geregt. Die Großdeutsche hatte den Reformverein gegrindt un besorgte die Geschäfte Östreichs; der Nationalverein verhimmelte die preußisch Spitz, die er mit faule Eppel bewarf, un versuchte den im Kyffhäuser schnarchende Barbarossa wachzebabbele; die Arweiter schlosse sich zer Wahrung ihrer soziale Intresse dichter anenanner, un sogar die Ferschte folgte dem Zug der Zeit un trafe sich bei 'me Ferschtekongreß, bei dem se der hohe Senat mit »historischem Ochsebrate« regalierte.
Da ich in demselwe Jahr trotz meiner Jugend zem Vorsitzende der Torngemeinde avangsiert war, ließ mich der Datedrang gleichfalls net ruhe, un es gelang merr, im Vorstand e effentlich Robert-Blum-Feier, die uff den Todesdag des Volkstribun stattfinne un alle freiheitlich gesinnte Männer vereinige sollt, aazerege un dorchzesetze.
Als awwer die Eiladunge dazu in de Zeidunge erschiene, erhielt ich aach sofort e Vorladung zum Herr Senator von Bernus in den Remer. Mei Großmutter, die e Vollblutdemokradin war, witterte nadierlich hinner dere Zitierung enn politische Prozeß un gab merr deswege den Rat mit uff den Weg, merr ewesowenig vom Senat was gefalle ze lasse wie ihr Mann seinerzeit, mei Vatter un mei Dante.
Der Herr Senator von Bernus empfing mich awwer ganz gege mei Erwarte äußerst freundlich, bot merr enn Stuhl aa un begann dann:
»Sie sind der Sprecher der Turngemeinde?«
»Ja, seit der letzte Vorstandswahl.«
»Wie ich aus den Zeitungen ersah, beabsichtigt Ihr Verein eine öffentliche Blum-Feier zu veranstalten.«

»Nach der Reaktion die ehrscht in Deutschland.«
»Sind Sie sich auch klar geworden, was das für Folgen für Sie haben kann?«
»Die Folge schrecke uns net, Herr Senador. Wir lewe gottlob im e freie Staat, in dem des Versammlungsrecht gewährleistet is.«
»Das allerdings, aber trotzdem muß Frankfurt Rücksicht auf die übrigen Bundesstaaten nehmen. Der österreichische Bundestagsgesandte dürfte von Ihrem Vorhaben nicht erbaut sein.«
»Des is sei Sach.«
Da der Herr Senador gemerkt hat, daß nix mit merr aazufange war, is er etwas nerwees warn un hat gesagt: »Ist es schon für den Senat peinlich, daß alljährlich am neunten November von unbekannten Händen an öffentlichen Gebäuden rote Fahnen ausgehängt werden, so ist Ihre Kundgebung geradezu eine Provokation. Wer bürgt dafür, daß sich Soldaten der österreichischen Garnison Ihrer Versammlung gegenüber nicht zu Gewalttätigkeiten hinreißen lassen?«
»Daß des net geschieht, Herr Senador«, haww ich emm ruhig erklärt, »dafor hawwe merr unser Beherde, die den Berjer zu schitze hat.«
»Sie wollen also von dieser Veranstaltung nicht abstehen?«
»Unner kaane Umständ!«
»Dann habe ich Ihnen nichts weiter zu sagen – aber sehen Sie sich vor.«
»Gewiß, Herr Senador; ich danke Ihne for die Warnung.«
Die ehrschte Robert-Blum-Feier fand programmäßig im Saal zur Harmonie statt, den der Eigentiemer Eduard Fay gratis zu dem Zweck hergab un sinnig ausschmicke ließ. Ich ereffnete den Awend uff demselwe Katheder, uff dem einst Robert Blum zem Volk gesproche. J. B. von Schweitzer hielt die Gedächtnisred, un Dokter Siegmund Müller un mei Vatter verfaßte des Telegramm, des die Versammlung der Witwe des Märtyrers deutscher Freiheit geschickt hat. Unner dem Gesang des Lieds: »Auf, Brüder auf, das Schwert zur Hand!« ginge die Teilnehmer ausenanner. Kaan Zwischefall hat die Feier getriebt, un aach die Soldate, uff deren Emp-

fang merr vorbereit warn, sin net erschiene. Nor aans war uffällig, daß trotz der Aawesenheit verschiedener Reporter nix in de Zeidunge von dem Verlauf der Veraastaltung zu lese war.
Schon während des Winters hatt ich mich mit meim Dechtelmechtel, meiner Luwis, verlobt, ohne merr iwwrigens klar ze sei, uff was ich emal mein eigne Haushalt grinde wollt.

Der Bräutigam auf der Musterung

»Un was hat denn dei künftig Frau zu deine Heiratsplän gesagt?« haww ich jetzt mei Lesung unnerbroche.
»Was wollt se viel sage«, hat mei Vatter gemeint. »Wie schon öfters, so habb ich err auch zu ihrm 18. Gebortstag am Weihnachtsawend 1861 e Gedichtche zugesteckt, in dem ich all meine jugendliche Gefühle zum Ausdruck gebracht habb. Des weiß ich noch wie heut un kann's auch noch auswennig.

Schon achtzehn Lenze sind verschwunden,
Schon achtzehn Herbste sind dahin,
Und was als Kind du einst empfunden,
Kommt heut dir wieder in den Sinn.

Du denkst an heitre Jugendspiele,
Denkst froh an Schule und ans Haus,
Denkst auch in schmerzlichstem Gefühle,
Wie man den Vater trug hinaus.

Doch heut zu deinem Jubeltage,
Da mische sich kein ernster Klang,
Vergessen sei der Schmerz, die Klage,
Nur Freude kündt des Herzens Drang.

Nur Lieb und Lust soll dich beglücken,
Der Tugend soll dein Herz sich weihn,
Bis daß dich Silberlocken schmücken,
Soll dir dein Leben golden sein.

Wenn einst die Weihnachtsglocken klingen,
Erglänzt im Kerzenschein der Baum,
Wenn sie dir all dann Wünsche bringen,
Dann gib in deinem Herz mir Raum.

Dann denk an mich, an meine Treue,
Dann denk an deine Jugendzeit,
Die Freundschaft sei sodann aufs neue
Geschlossen für die Ewigkeit.

Ja, ja, hat jetzt mein Vatter gelacht un des Mäulche gespitzt, for des Gedichtche haww ich awwer auch enn extra feste Kuß kricht, denn dei Mama hat schon von Jugend an e besonner Vorlieb for die Dichterei gehabt. Deshalb haww ich auch mit ihr un einer im Newehaus wohnende Schauspielerin, der Luwise Götz, in meim Dachstibbche Awend for Awend Lesunge veranstalt, wobei merr uns bis nach Mitternacht in die Klassiker vertieft hawwe, so daß mei gut Großmutter regelmäßig auf ihrm Sessel eigeschlafe is. For uns gab's ewe nor ei Welt: des Theater.
Awwer, was soll ich derr sage, es kam annerschter. Dei Mutter mußt schneidern lerne, un ich sollt mich zum Kaufmann ausbilde, um speter des Geschäft von meim Luwisi seiner Mutter zu iwwernemme. Ich denk noch immer dran, wie ich mit meim Abgangszeugnis heimkomme bin un glicklich war, mei Mechanikerlehr hinner merr zu hawwe, da is merr mei kinftig Schwichermutter mit de Worte entgegekomme: »Adolf, ich gradelier derr auch herzlich, ich habb schon geheert, daß de so e gut Zeugnis von deim Chef krieht hast. Als Belohnung dafor derfst de dich emal vorläufig for e Jahr in meim Lade betätige.«
Wann merr jetzt einer enn Kiwwel kalt Wasser iwwer den Buckel geschitt hätt, hätt's mich net mehr erschrecke kenne, wie des so gut gemeinte Angebot.
Was sollt ich duh? Nei sage konnt ich net, un so haww ich schon am nächste Dag im Lade gestanne un mich auf e List besonne, wie ich des mir zugedachte Glick abwende kennt, denn mei ganz Welt war doch des Theater, un jetzt sollt ich widder emal auf mei Laufbahn

verzichte. Des ging um kein Preis der Welt. Also mußt enn Streich ersonne wern. In erre schlaflose Nacht is merr auf eimal enn Gedanke komme, der mich von dem mir bestimmte Los befreie könnt. In aller Frih bin ich aufgestanne, hab mich fei gemalmischt un bin siegesbewußt im Lade erschiene. Wie jetzt des ehrschte junge Mädche kam, bin ich err entgegegesterzt, habb die Ladedihr bis hinnewidder uffgerisse, err die Kur geschnitte un err statt emme Viertel Reis gleich e halb Pfund gewoge un err außerdem noch e Dafel Schokolad verehrt – des zweite Mädche hat zu ihre Sache noch e Fläschi Parfum geschenkt krieht – un die dritte Kundin als Beilag zu ihrm Eikauf noch e Päckche Zigarette for ihrn Schatz – – des hat gewerkt. Am nächste Dag war der Lade gerackelte voll, un am drauf folgende hawwe die Mädercher schon Schlange vor der Dihr gestanne, so daß dem Luwisi sei Mutter gesagt hat: »Es is doch sonnerbar, seitdem der Adolf im Lade bedient, steht die Ladeschell net enn Augeblick still.«

»Awwer Mutterche, des is doch ganz nadierlich«, hat jetzt mei Luwisi, des mit merr unner einer Deck gesteckt hat, err entgegent, »die wolle den neue Dichter seh.«

»Unsinn, da stimmt was net«, hat jetzt dem Luwisi sei Mutter eigeworfe, »awwer ich komm dahinner!«

Dann hat se sich heimlich enunner geschliche un die Sach beowacht. Wie err awwer die Geschicht zu doll geworde is, da is se wutschnaubend evorgesterzt un hat gekrische:

»Des is merr ja e schee Wertschaft hier! Enaus aus meim Lade. Von jetzt ab betrittst de mei Geschäft net mehr! Des is ja haarsträubend!«

Schnell bin ich jetzt, wenn auch mit emme böse Gewisse, in mei Stibbche gesterzt un habb Gott gedankt, daß merr der Streich geglickt war un ich von jetzt ab ungestört meine Arweite nachgeh konnt.

Hätt mich dem Luwisi sei Mutter auch damals verkrimmele kenne, so hat se merr doch bei meim zweite Drama »Ferdinand Schill« verziehe un eigeseh, daß ich for den Kaufmannstand absolut net geschaffe war.

Mei greßt Hoffnung war mei neu Drama »Ferdinand Schill«, dessen zeitgemäßer Stoff nach meiner Aasicht merr die Bihne sicher erschließe mißt. Um die Uffmerksamkeit des Publikums awwer von vorne erei uff mei Werk ze lenke, wollt ich desselwe gleichfalls, eh ich's bei'me Theater eireiche deet, effentlich vortrage.
Ich mietete merr also den große Saal in der Loge Sokrates in der Töngesgass, um dort vor'me zahlende Publikum mei Recitation zu veraastalte. Der pekunjäre Erfolg ging weit iwwer mei Erwartunge, dann nach acht Dag warn schon for mehr als siwwehunnert Gulde Karte verkaaft, un ich hätt e glenzend Geschäft gemacht, wann ich net dorch e hartneckig Halsleide dreimal die Vorlesung verschiewe un jedesmal die Spese hätt decke misse. Schließlich blieb merr nix annerschter iwwerig, wie mei Dichtung mit so me heisere Organ vorzetrage, daß selbst der blutdorschtigste Rezensent kaa Mängel draa entdecke konnt, weil der mich kaa Wort verstanne hat.
War schon dorch die Vorlesung mei kinsterlich Erwartung stark erschittert, so sollt se speter dorch die Antworte, die merr von de Bihne iwwer mei Drama zuginge, vollstännig in die Brich geh. Von Berlin ward merr der Bescheid, daß, da in dem Stick die Kenigin Luise vorkäm, an e Uffihrung in Preuße net zu denke wär, weil es verbotte sei, Mitglieder der kenigliche Familie öffentlich darzestelle. Wien dagege erklärte, es handelte sich hier um e spezifisch preußisch-deutsch Drama, enn Stoff, dem mer in Östreich vollstännig gleichgiltig gegeniwwer stind; während die vatterstädtisch Bihn ehrscht die politische Wirrn voriwwergeh lasse mißt, bevor se ihr Entscheidung treffe kennt. Alle Absage warn nadierlich, wie alles, was vom Theater kimmt, so stark verzuckert, daß mer von erre derartige Uffrichtigkeit enn starke Ekel bekam. Da ich aach noch immer vom Winter her leidend war, warf ich jetzt die Flint mißmutig ins Korn un dacht, dorch e gewerblich Unnernehme e sicherer Basis for mei Zukunft zu gewinne.
So haww ich dann meim Vatter mei Absicht, mich zu verheurate, mitgedaalt. Der gute Mann war baff un hat gemeent: »Mit einundzwanzig Jahr, das is doch e bissi gar frih.«
»Jung gefreit, hat niemand gereut«, gab ich zur Antwort.

»Du hast mehr Mut, als ich gehabt hatt, des muß ich sage. Von meiner Seit aus steht derr nix im Weg.«
»Un mit der Mutter meiner Braut haww ich schon geredd.«
In iwwerstremender Glickseligkeit sin jetzt die Vorbereitunge zur Hochzeit, die im Juni stattfinne sollt, getroffe warn. Wie awwer der ersehnte Termin net mehr fern war, kam die wohllebliche Beheerde un hat dausend Gulde Kaution verlangt, weil ich noch kaa finfunzwanzig Jahr alt un mithin noch milideerpflichtig wär.
»Milideerpflichtig!« haww ich ganz erstaunt zu dem Beamte, der merr die wenig erfreulich Mitdaalung gemacht hat, gesagt. »Seit wann gibt's dann in Frankfort e Milideerpflicht?«
»Seitdem der deutsche Bund besteht un noch viel lenger«, hat der Beamte erklärt.
»Es muß awwer doch kaa Frankforter Soldat wern.«
»Weil die Stadt enn Ersatzmann for enn stellt, aus kaam annern Grund.«
»Da besteht des ganze Liniebatallion aus lauter Ersatzmänner?«
»Gewissermaßen.«
»Un wann ich die Kaution net bezahl?«
»Dann wern Se net getraut.«
»Da gibt's aach kaan Ausweg?«
»Wann Ihne der Senat wohl will, kann er ja davo abseh.«
»Un wann ich undauglich zem Milideer bin, was dann?«
»Dann is es meglich, daß merr uff die Kaution verzicht.«
Dausend Gulde hawwe un net hawwe, war for enn junge Ehstand net ohne Bedeutung, des haww ich reiflich bedacht un bin drum zum Herr Dokter Simon Maas gange un haww enn gebitt, in erre Eigab an den Senat zu erklärn, daß ich undauglich wär un daß mer deshalb von der Gestellung einer Kaution abseh sollt.
Schon nach e paar Dag kam der Befehl, daß ich mich im Remer vor der Milideerkommission zur Musterung eizefinne hätt.
Wie ich hiekam, saß da am e lange Disch der Hechstkommandierende von Frankforts bewaffender Macht, verschiedene Offiziern un der Owerstabsarzt Dokter Bärwindt.
Der Herr Dokter forderte dann, nachdem mei Personalie festge-

stellt warn, mich uff, mich puddelnackisch auszeziehe un unners Maß ze stelle. Nachdem mei Körperleng un Brustumfang festgestellt war, ward ich genau unnersucht un schließlich dauglich zur Infanterie befunne.

»Er is zwar noch e bissi derr«, hat der Herr Owerstabsarzt gemeent, »awwer wann er e paar Woche unner de Soldate is, geht er schon ausenanner.«

Mei Gesuch war also abgeschlage; awwer ich habb gedacht, uff aan Hieb fällt kaan Baum, du browierst's noch emal. In erre zweite Eigab haww ich dann dem hohe Senat ausenannergesetzt, daß mei Undauglichkeit vorwiegend in meine nixnutzige Aage ze suche wär, die es mir ganz unmeglich mache deete, die einzle Waffegattunge von enanner zu unnerscheide, un daß ich deshalb widderholt um Erlaß der Kaution bitte deet.

Widder ward ich vorgelade, un widder warn dieselwe Offiziern versammelt, die aach des ehrschtemal die Musterungskomedie mit merr uffgefihrt hatte.

Nachdem merr der Herr Owerstabsarzt verschiedene Brille uffgesetzt un mich allerhand Guckmanöwer hat mache lasse, hat er gesagt: »Trete Se emal ans Fenster un sehn Se dorch die Scheiwe uff die anner Seit der Remergass. So, un jetzt sage Se, was Se da erblicke.«

»E Haus.«

»Ich glaab's, wo's kaa zehe Schritt von hier entfernt is. Ich maan, uff was forn Daal vom Haus Se gucke.«

»Uffs Fenster.«

»Richdig! Des sehn Se. Un was is hinner dem Fenster?«

»Wahrscheinlich e Stubb.«

»Sie gewwe merr immer verkehrte Antworte. Hinner dem Fenster sitzt was, was sitzt da?«

»E Frauenzimmer.«

»Aha, also sehn Se aach des Frauenzimmer. Un was schafft se?«

Gern hätt ich jetzt gesagt, daß ich des net erkenne deet, awwer die Person saß so nah vor merr, daß ich die Lüg unmeglich iwwer die Lippe brenge konnt un geantwort habb: »Ich glaab, sie neht.«

»An was neht se?«
»Des erkenn ich schon net mehr.«
»Da will ich's Ihne sage – an Klaakinnerzeug. Was hat des for e Farb? Is es gewerfelt odder gedippelt?«
»Wann ich des unnerscheide kennt, wär ich froh.«
»Da sin Se also for die Schitze undauglich, awwer for den Train kann mer Se brauche.«
»Ja awwer«, haww ich ganz perplex gerufe, mir hawwe ja gar kaan Train.«
»Des sin doch Ihr Sorje net; was merr noch net hawwe, kenne merr immer noch kriehe.«
So war ich also auch des zweitemal mit meim Gesuch dorchgefalle un mußt mei dausend Gulde bleche. Zwaa Monat speter, am 28. August, haww ich dann geheurat, un seit der Zeit manch glickselig Stunn, awwer aach viel Sorje un schwere Kämpfe dorchgemacht. —

Mein Vatter saß still un versunke in seim Sessel un hat sich verstohle e Trän aus de Aage gewischt. Kei Wunner, daß es enn angegriffe hat, wie all die Erinnerunge aus seiner Jugend an emm voriwwergezoge sin.
Damit er sich von der Anstrengung widder e bissi erhole sollt, haww ich emm vorgeschlage, mit merr enn Spaziergang dorch den Palmegarte zu unnernemme. Wie ich enn dann gleich widder für den nächste Tag festnagele wollt, merr dann weiter zu erzähle, hat er sich energisch gewehrt un gesagt: »Awwer lieb Kind, schließlich soll ich mich ja noch erhole. Mei ganz Lewe zu schildern is e schwer Stick Arweit. Am beste fahr ich damit fort, wenn ich widder ganz auf dem Damm bin un nix Wichtiges sonst zu duh habb. Da haww ich enn dann in Ruh gelasse un mich uff e anner Mal vertröst.
Leider is es awwer nie mehr dazu gekomme, denn der vierunachtzigjährige Dichter hat sich jetzt so in sei Arweite gesterzt, daß er for mich kei Zeit mehr gehabt hat.
Daher is es mir bestimmt worn, an Hand von Tagebuchaufzeichnunge, Briefe, Zeitungsberichte un vor allem durch Miterlebtes in

seiner angefangene Lebensgeschicht fortzufahrn. So will ich denn versuche, sei Lewe weiterzuzeichne un – wie's mein Vatter schon betont, muß auch ich sage, daß er manch glickselig Stunn, awwer auch viel Sorje un schwere Kämpfe durchgemacht hat.

Die erst Gratiszeitung Deutschlands

Jetzt müsse merr awwer noch emal auf die Hochzeit zurückkomme. Der ersehnte Tag kam immer näher, un so gab's für das junge Paar noch allerhand zu tun. Kurz vor der Hochzeit hat der Dichter vor allem dem Vorstand seiner geliebte Turngemeinde mit seiner schenste, reich verschnerkelte Schrift folgende Eiladung zugeschickt:

Löblicher Vorstand der Frankfurter Turngemeinde

Wir beehren uns Sie zu unserer Sonntag, den 28. August 1864 mittags 12 1/2 Uhr in der St. Katharinenkirche stattfindenden Trauung freundlichst einzuladen.

Frankfurt a/M den 26. August 1864
Louise Mannberger
Adolf Stoltze

Nach der Trauung Frühstück in unserer Wohnung Gr. Hirschgraben Nr. 21, 3. Stock, wozu wir löblichen Vorstand freundlichst einladen.
Die Obigen.

Daß se jetzt die glicklichste Mensche auf Gottes Erdboddem warn, versteht sich ja von selbst. Nach der Trauung vom Parrer König hawwe se ausgiewig ihr Hochzeit gefeiert un sin dann zu erre zweidägige Hochzeitsreis nach Bingen am Rhei gefahrn.
Dort hawwe se im Hotel de Belle Vue gewohnt un for e Flasch Ingelheimer, Gänsebrate, Salm, Suppe un zweimaligem feudale Frihstick e Rechnung von sage un schreiwe 6 Mark un 42 Pfennig iwwerreicht kricht.

Das glückliche Hochzeitspaar am 28. August 1864.

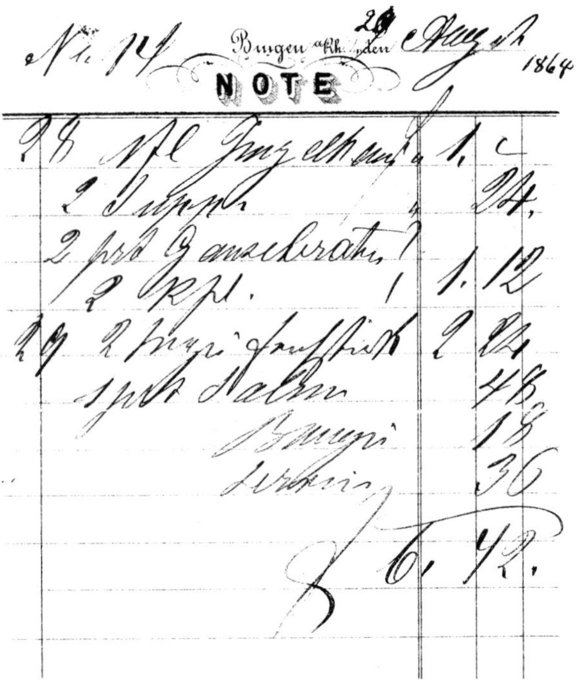

Hotelrechnung von der zweitägigen Hochzeitsreise nach Bingen am Rhein.

Nach dene schee verlebte Dag war's jetzt die hechst Zeit, daß der Dichter sei Phantastereie e bissi zerickgeschraubt un dafür gesorgt hat, sich e Existenz zu verschaffe.

So hat er dann nach langem Hie- un Hersinne des »Erste Frankforter Annonceblatt« gegrindt, um damit for sei Zukunft einigermaßen gesichert zu sei. Des Blatt war die »erst Gratiszeitung Deutschlands«, die bei wöchentlichem Erscheine einzig un allei auf den Erfolg der Inserate angewiese war. Des Blatt, des in erre Auflag von 10000 Exemplar dem Besteller geliefert worde is un des bereits schon siebzeh Nummern hinner sich gehabt hat, ging so lang sehr gut, bis die Behörde die seltene Entdeckung gemacht hat, daß es

eine »politische Zeitung« sei, von der se Kaution un Stempel fordern mißte. Dem Verlange war nadierlich sei Unnernehme net gewachse, un so mußt's widder von der Bildfläch verschwinne, noch bevor es sein erste Jahrgang hinner sich gehabt hat.
Was wollt er duh? Um sich iwwer Wasser zu halte, gab er ei Witzblatt nach dem annere eraus: »Die Sonneflecke-Zeitung«, die »Nachlaafches Zeitung«, un wie se all geheiße hawwe, die mer jetzt noch im Archiv un in der Stadtbibliothek finne kann.
Awwer trotz allem warn emm die Hindernisse in Frankfort zu groß, un er hat sich von seiner junge Frau, die er ja in der Breitegass bei ihrer Mutter in sicherer Hut wußt, sowie seim erste Kindche, seim Ernstinche, losgerisse, um in Wien journalistisch tätig zu sein.
Vor alle Dinge hat er jetzt versucht, an Ort un Stell sei Drame »König Hiarne« un »Ferdinand Schill« unnerzubringe – awwer leider

mit negativem Erfolg. Trotzdem hat er den Kopp net henge lasse un sich gleich widder an e neu Drama »Rosamunde« gemacht. – Awwer auch sei jung Frauche hat unnerdessen in Frankfort schwere Zeite dorchgemacht. Mit kaum finf Monat is err ihr zweit Kindche, ihr Nanniche, genomme worn, un korz danach hat se auch ihr Erstgeborenes, an dem se mit so unendlicher Lieb gehengt hat, hergewwe misse. Beide sin se der Diphtherie zum Opfer gefalle.

Awwer trotzdem hat se noch versucht, ihrn Mann mit emme Gedichtche zu tröste:

Geliebter Adolf!

Ach, kaum gesehen, liebte ich dich schon
Zu meiner Mutter Schmerz und zu der Schwestern Hohn.
Dein treues Herz, das nur in Liebe für mich schlug,
ist schuld, daß allen Schmerz ich mit Geduld ertrug.

Trotz meiner Schwestern Schmähen gegen dich
War meine Liebe dennoch unerschütterlich.
Den schönsten Lohn hab ich dafür errungen,
Denn meiner Schwestern Lieb ist schon verklungen.

Du sprachst, hab nur Geduld, ich halt mein Wort,
Bald führ ich dich aus diesem Hause fort.
Du hieltest Wort, es währte nur noch kurze Zeit
Und dann war unser Herz und Sinnen schon vereint.

Du führtest mich zu Gottes Traualtar
Und unsre Liebe ward besiegelt durch ein lautes »Ja«.
Voll froher Hoffnung sahen wir nun an die Welt,
Daß sich kein neid'ger Blick mehr uns entgegenstellt.

Das Glück genossen wir nur kurze Zeit,
Denn rasch drauf kam das Unglück schon herbeigeeilt.
Doch haben wir das Schicksal mit Geduld ertragen
Und haben ihm getrotzt in allen Schreckenslagen.

Ein Glück vom Himmel ward uns doch beschert,
Wir hatten ja ein Kind, stets unsrer Liebe wert.
Voll stolzer Hoffnung sahn wir es erblühn
Und scheuten weder Last noch Mühn.

Wir lebten so vergnügt, das Kindchen zu besitzen,
Als du dem süßen Antlitz mit Gewalt entrissen.
Du mußtest fort auf unbestimmte Zeit,
Und doppelt kam das Unglück nun herbeigeeilt.

Kaum warst du fort, ward uns ein zweites Kind beschert,
Nicht minder wie das erste unsrer Liebe wert.
Doch kaum, daß es das Licht der Welt erblickt,
Ward es, ohn dich zu sehn, in eine andre Welt geschickt.

Du weiltest fern, du kanntest nicht den Schmerz,
Nie kann ein Mann ihn fühlen wie das Mutterherz.
Doch das raubgierige Schicksal hatte nicht genug,
Es nahm uns auch das Liebste, was tausend tiefe Wunden schlug.

Ernstinchen kannst du nicht mehr lächeln sehn,
Auch sie war schon bestimmt, nach jener Welt zu gehn.
Ihr Herzchen schlug dir nicht mehr warm entgegen,
Denn schon hat sie im kalten Arm des Tods gelegen.

Und still und einsam leben wir nun jetzt
Und hoffen, daß uns einst Ernstinchen wird ersetzt.
Doch stets das Liebste, was wir je besaßen, bleibt
Sie uns immer und in alle Ewigkeit.

Laß uns einander nun jetzt doppelt lieben!
Stets will bemüht ich sein, dein Herz nie zu betrüben.
Wir wollen nun voll froher Hoffnung in die Zukunft blicken.
Gott wird uns einstens auch schon beßre Tage schicken.

Jetzt war's mit seiner Schaffenskraft vorbei. Er konnt un konnt des Schicksal net versteh, des der Herrgott hat iwwer se hat komme lasse. Dief erschittert hat er jetzt, von Heimweh getriwwe, Wien

verlasse, um korze Zeit danach in Frankfort fassungslos sei »leer« Wohnung zu betrete un sei Luwisi zu tröste.
Da se sich awwer beide iwwer den Verlust net ewegsetze konnte un die Aussichte for e Vorwärtskomme in Frankfort äußerst ungin-stig warn, is er mit seiner treue Seel nach München iwwergesiedelt in der Hoffnung, dort e Bleiwens zu finne.

E bescheide Unnerkunft hatte se in der Amaliastraß, wo se 1866 auch die Weihnachte zefridde verlebt hawwe. Still saße se vor ihrm selwer hergestellte Christbäumche, des aus e paar an enn Stock gebunnene Tannezweig un e paar Lichtcher bestanne hat. Um die Zeit hat in München noch kein Mensch enn Weihnachtsbaum ge-kannt. Wenn auch die Monete für Geschenke gefehlt hawwe, so warn se doch glicklich, des Fest gemeinsam verbringe zu könne. Ein Wehmutstroppe fiel allerdings in ihr Glick. Grad an dem Tag kam enn Brief von der siwwenunsiebzigjährig Großmutter, die folgendes geschriwwe hat:

Mein liewer guter Adolf!

O, könnte ich Euch doch nur noch ein einziges Mal in meinem Leben sehen. Von Deinem Vater höre ich nichts. Schreibe mir doch gleich Antwort. Ich verbleibe Deine Dich ewigliebende Großmutter.
Vergiß mich nicht!

Undankbar wär's von emm gewese, wollt er net sei »einzig« Großmutter widderseh – un da emm ja doch for sei Theatersticker wege seiner journalistische Tätigkeit wenig Zeit iwwrig blieb, is er mit seiner Frau, die ihrm ersehnte Glick entgegegeseh hat, widder nach Frankfort gereist, wo enn dann auch im Mai 1867 Ersatz for ihr Ernstinche geschenkt worde is.
Iwwerglicklich dachte se jetzt, sich e neu Lewe aufzubaue, wie im selwe Jahr noch dem Luwisi sei Mutter ihr Auge for immer ge-schlosse hat. Vor zehn Jahr hat se am Grab von ihrm Vatter gestan-ne, un jetzt konnt se den Verlust ihrer Mutter kaum ertrage. Sie mußt sich awwer zusammereiße un hat des Kolonialwarengeschäft ihrer Mutter weitergefihrt, während er in der Zeit ei Blatt nach dem

annere erscheine ließ un sich mit Gelegenheitsgedichte erumgeplagt hat.
Sei gut Großmutter, die immer noch bei enn in der Breitegaß gewohnt hat, war von jeder Zeitung begeistert un hat emm die schönst Zukunft vorausgesagt. Er war un blieb halt ihr alles. Um so schmerzlicher hat'enn berihrt, wie se unnerm Geläut der Weihnachtsglocke am 24. Dezember 1868 im Alter von neununsiebzig Jahr for immer Abschied von emm nemme mußt. Erschittert hat er sich Trost in de Worte gesucht:

Ich weiß, auf meinen Wegen
Bin niemals ich allein,
Stets wird dein treuer Segen
Mir ein Begleiter sein.
Wird treu durchs ganze Leben
An meiner Seite stehn
Und Mut und Kraft mir geben,
Wenn kalte Stürme wehn.

Immer widder mußt er sich mit Gelegenheitsdichtunge iwwer Wasser halte, bis es emm endlich geglickt is, 1871 for lange Jahrn e humoristisch-satyrisch Zeitschrift »Die Schnaken« erscheine zu lasse, bei der er des öfteren angegriffe worde is, awwer trotzdem immer widder bei de Prozesse als Sieger evorgeh konnt.

Un wie er nun gar 1871 e Friedensblatt für das Volk for drei Kreuzer hat erscheine lasse, hat er damit nie geahnte Auflage erlebt un sich dabei enn große Abonnentekreis for sei Schnake gesichert. Selbst in New York hat sei Zeitung unner de ausgewannerte Frankforter viele Leser gefunne.

So hat er dann alle elf Dag e neu Nummer erscheine lasse un an emme Bändche Gedichte gearweit, das er im Jahr 1874 seiner treue Frau voll Dankbarkeit zu ihrm zehnte Hochzeitsdag iwwerreicht hat mit der Widmung:

Als wir vor zehen Jahren heute
Uns sagen durften: »Du bist mein«,

Da strahlte zu des Herzens Freude
Verklärt des Himmels Sonnenschein.
Erfüllt war unser süßes Hoffen,
Da endlich unser Bund geweiht,
Denn vor uns lag die Erde offen,
Bei Gott! es hat mich nie gereut.

Es kamen bittre, trübe Stunden
Und Sorgen stürmten auf uns ein;
Es schlug der Tod uns herbe Wunden
In unsrem lieben, trauten Heim.
Doch schauen wir die guten Wesen,
Die unser sind, voll Freundlichkeit,
Sind wir von allem Leid genesen –
Bei Gott! es hat mich nie gereut.

Drum glücklich, wer nach zehen Jahren
So sprechen kann, wie ich es heut.
Daß ich dich nahm, du sollst's erfahren
O Weib! das hat mich nie gereut.
Wenn dann der Tod in schwerer Stunde
Mir oder dir den Gruß entbeut,
Dann tön noch von dem bleichen Munde:
Leb wohl! es hat mich nie gereut.

Des Geschäft in der Breitegass mußte se mittlerweile aufgewwe, weil der Luwise ihr Geschwister sämtliche Häuser hawwe verkaufe lasse un zum Teil nach Amerika ausgewannert sin.

Fünf Kinner

Für den Dichter, der sich jetzt e neu Heim suche mußt, was er auch in der Sömmeringstraß gefunne hat, gab's bei dem reiche Sege von finf Kinner nur eins: die Ohrn steif halte, un so hat er, wie so oft, zu sich selwer gesagt: »Adolf schaff! schaff! schaff!«
Da hier grad die Redd von de finf Kinner is, solle se dem Leser schon jetzt emal kurz vorgestellt wern.
Da is also am 29. Mai 1867 die Susanna geborn, die in ihrm ganze Lewe zu ihrm greßte Leidwese immer nur Sanna gerufe worn is. Sie war ungewöhnlich musikalisch, wie die Mutter vom Hans Pfitzner, die err die erste Klavierstunne gab, festgestellt hat. Sie hat dann auch Musik und Gesang studiert, war Klavierlehrerin am Raff-Konservatorium un hat auch Privatstunne gewwe, bis se 1922 den Geheime Regierungsrat bei der Reichsbahn Otto Drescher geheirat hat. Auch in ihrer Eh hat se noch fleißig weitergespielt, sogar noch Stunne beim Professor Eduard Jung genomme un war noch mit neunzig Jahr in der Lag, den Klavierpart vom G Dur un Es Dur Konzert von Beethoven auswennig zu spiele. Gestorwe is se erst mit fast achtunneunzig Jahr am 4. Mai 1965, genau an dem Tag, an dem neunzehn Jahr vorher ihr Mann gestorwe is.
Nach der Sanna kam noch e totgeborn Bübche zur Welt un dann am 11. Oktober 1869 der ersehnte Stammhalter Friedrich, der in der ganze Familie immer nur Fritz gerufe worn is. Er hat sich in der Schul schon als sehr eigenwillig erwiese, denn er war net zu bewege, dem Lehrer zu widderhole: »Zwei un zwei is vier.« Als Begrindung hat er gemeint: »Du sagst's ja, du weißt's ja.« Der in der Familie sprichwörtlich gewordene »Stoltzesche Dickkopp« war auch bei ihm besonners ausgeprägt. – In Berlin hat er sich dem Ingenieurstudium gewidmet un is dann in Sachsehause in die Firma Langeloth, die in der ganze Welt Brauereie gebaut hat, eigetrete. 1901 hat

er die Tochter von seim Chef, Marie Langeloth, geheirat un später zusamme mit ihrm Bruder des Geschäft iwwernomme. Von 1906 bis 1933 war er Stadtverordneter der Demokratische Partei un is 1960 zum Stadtälteste ernannt worde. Gemeinsam mit seine zwei Brüder hat er, wie später noch ausfihrlich bericht wird, den Erste Frankfurter Schwimmclub gegrindt un is bis ins hohe Alter der Schwimmerei treu gebliwwe. Zu seinem neunzigste Geburtstag hat er sich noch enn neue Badeanzug gewinscht un enn auch noch ausgiewig benutzt. Am 22. Oktober 1964 is er kurz nach seim finfunneunzigste Geburtstag gestorwe.
Als nächster Bub is dann am 24. Januar 1871 der Adolf geborn worde. Von ihm hat mer sich in der Familie die meiste Streich erzählt, die fast immer des Resuldat seiner iwwergroße Gutmütigkeit un Hilfsbereitschaft warn.
Sei ganz Leidenschaft war die Bauerei. Er hat des Handwerk von Grund auf gelernt, hat dann des Geschäft von seim Prinzipal Peter Walluf iwwernomme un zahlreiche Häuser un Schule gebaut. 1905 hat er Margarethe – genannt Greta – Weber geb. Mannberger geheirat. Sie war sei Cousine, ihrn Vatter un sei Mutter warn Geschwister. Sein Lagerplatz in der Wolfsgangstraß, des sogenannte »Ländche«, war von der ganze Familie als Treffpunkt sehr geschätzt. 1944 starb er, weil er beim Lösche nach emm Fliegerangriff versehentlich in Phosphor getrete is un sich bei der damals unzureichende medizinische Versorgung e Blutvergiftung zugezoge hat.
Der kleine Adolf konnt grad laufe, als am 10. März 1872 sein Bruder Heinrich auf die Welt kam. Er un sei jinger Schwesterche warn e unzertrennlich Gespann. Keins hatt was ohne den annere unnernomme. – Er is Kaufmann geworde, hatte auf der Neue Mainzer Straß e Papierwarngeschäft un hat auch die Werke von seim Vatter Adolf Stoltze verlegt.
1912 heiratete er Luise Weber, die zweiundzwanzig Jahre jünger war als er un trotzdem sieben Jahre vor ihm starb. Luise war die Tochter, die Adolfs Frau Greta aus erster Ehe hatte, un dadurch gab's die merkwürdigste verwandtschaftliche Kombinatione.

Heinrich war also der Vetter un Schwichersohn von seim Bruder Adolf. Auch er konnt noch sein neunzigste Geburtstag feiern un is dann kurz danach am 29. März 1962 gestorwe.
Des jüngste un achte Kindche in neunjähriger Eh war die am 21. Juli 1873 geborene Lydia. Sie war so schwach, daß die Hebamme gemeint hat, des Kleine wär doch net lebensfähig, mer sollt's am beste eischlafe lasse. Da hat sich awwer widder emal gezeigt, was Mutterlieb vermag. Obwohl se selwer sehr schwach un elend war, hat se mit unendlicher Lieb un Ausdauer des Kleine hochgepäppelt un e gesund, sportlich gestählt Menschekind aus emm gemacht, das fast einunachtzig Jahr alt geworde is. Von ihrm Vatter hat se wohl die Begeisterung fürs Theater geerbt un Schauspielunnerricht genomme, dorft awwer auf Grund damaliger Moralvorstellunge net zum Theater geh. So hat se dann in Frankfurt in zahlreiche Recitationsawende klassische Werke un Dichtunge von ihrm Vatter un Großvatter vorgetrage. Auf erre Nordlandreis im Jahr 1908 hat se den grad von erre Iwwerwinterung kommende Polarfahrer Theodor Lerner kenne gelernt, sich auf dem 80. Breitegrad mit emm verlobt un bereits im Februar 1909 geheirat. Nach emme abwechslungsreiche un aufregende Lewe is se am 10. Juli 1954 gestorwe.

Wenn der Leser jetzt so e bissi enn Iwwerblick iwwer die Stoltze-Familie hat, kenne merr widder zerickgeh ins Jahr 1878, wo der Dichter un Familievatter newer seine Schnake enn Band Humoreske un Gedichte unner dem Titel »Kraut und Rüben« im Druck erscheine ließ, wofür emm von Seite seiner Mitberjer un der Presse volle Anerkennung gezollt worn is, was immerhin was heiße wollt, da er doch mit seim Vatter konkurriern mußt.
Mit Stolz hat er dann zwanzig Exemplar davon mit Goldschnitt binne lasse un auf emme Regal in seiner Stubb aufgebaut, se täglich betracht un se dann nach Amerika un an sei gute Freund verschicke wolle.
Doch mit des Geschickes Mächten . . .
Wie er von emme korze Spaziergang – sei Frau hat grad Besor-

gunge gemacht – heimkam, hat er schon von fern e Gejohl von iwwermietige Kinnerstimme vernomme. Wie er dann näher kam, sah er auf der Haustrepp so Sticker zehe Buwe un Mädercher, lauter kleine Knoddele, die kaum lese konnte, sitze un sei neue Bicher mit ihre Dreckpode owwerst de unnerst halte un Männercher eneimale, sodaß se nach Strich und Fadden verschmiert warn.
Sei Sprößling, des Adolfche, hat Schulches mit de Kinner gespielt, un da se kei Bicher gehabt hatte, dem Baba sei neust Errungenschaft, sei »Kraut und Rüben«, dafür ausgewählt. Wie der Dichter voll Entsetze die Bescherung geseh un zu schimpfe angefange hat, sin die kleine Steuweöser nach alle Richtunge fortgesterzt. Wie awwer korz drauf sei Frau nach Haus kam, war se ganz verzweifelt, hat des blond Lockeköppche vorgenomme un emm erklärt, daß es doch e Sind un e Schand wär, so mit dem Baba seine Bicher umzugeh.
Er mißt doch schon versteh, wie schwer's dem Baba gemacht wern deet, Geld zu verdiene, damit er sei Kinner ernährn kennt.
Die Ausenannersetzung hat dem Bubche Koppzerbreche gemacht, un er hat sich besonne, wie er sei Unrecht widder gut mache kennt. Heimlich hat er sei zwei jingere Geschwistercher, des Heinche un des Lidache, aufgefordert, am nächste Morjen, wenn die Mama Eikäuf mache deet, mit emm nach dem Friedhof ze geh.
Dort hat er dann auf enn Dreckhaufe vor dem Friedhof e groß Brett – der Mama ihr Waschbrett, was se aus der Kich geholt un mit großer Anstrengung hierher geschleppt hawwe, gelegt un sich von verwelkte Kränz Lorbeerblätter geholt. Weil er schon dabei war, wie se die Mama im Geschäft gekauft hat, wollt er se jetzt auch verkaufe. Er hat se zusammegebündelt un sei Geschwistercher angelernt, die Sträußercher for finf Pfennig de Leut, die vorbeikomme deete, anzubiete. Er selbst deet se an seim Stand verkaufe. Un unner der Drohung: »Wenn merr se net los wern, kann der Baba kei Brot mehr for uns kaufe«, hawwe se sich all Müh gewwe un sin auch tatsächlich ihrn ganze Vorrat los worn.
Jauchzend sin se dann nach der nur e paar Minute entfernte Sömmeringstraß heimgesterzt un hawwe freudestrahlend ihr Ein-

nahme auf dem Tisch ausgebreit un hawwe gesagt: »So, jetzt brauch der Baba sich net mehr so abzuquäle, jetzt kenne mir helfe Brot verdiene. – Wenn se auch die Mama ausgeschimpft un enn erklärt hat, daß mer so was doch net mache derft, hat se se doch in ihr Ärm genomme un unner Träne abgekißt.
Der kleine Adolf hat durch seine Gefälligkeit iwwerhaupt immer für Aufregung in der Familie gesorgt.
An emme schöne Frühlingsabend hat der Dichter zu seiner Frau gesagt: »Luwise, komm un geh doch emal e bissi mit merr spasiern, so iwwer den Röderberg nach Seckbach; du weißt, des is doch mein Lieblingsweg.«
»Awwer liewer Mann, des geht doch heut net. Ich habb noch so viel zu dun, un vor alle Dinge muß ich de Kinner noch die Haarn schneide. Guck emal, wie die aussehn, so kann ich se doch morje net in die Schul schicke.«
»Paperlapapp, dir tut e Ausspannung auch emal gut. Un wenn merr's auf morje verschiewe, wer weiß, was dann for e Wetter is.«
Also hat die Mama ihr Arweit steh lasse un des Haarschneide auf den Awend verschowe. Nach eindringliche Ermahnunge, ja recht lieb un artig zu sei, sin die Eltern dann fortgedappt. Am Anfang ging daheim auch alles gut. Die Sanna war zum Geburtstag bei erre Freundin. Der Fritz hat sich zerickgezoge un in emme Buch gelese, nur der Adolf hat sich widder emal den Kopp zerbroche, wie er denn der Mama was von ihrer Arweit abnemme kennt.
Endlich kam der zündende Funke, un er hat gerufe: »Heinrich, hol doch emal e Scher, un Lida, du bringst enn Kamm mit. Wenn die Mama müd heimkommt, is se bestimmt froh, wenn ich euch schon weil die Haarn geschnitte habb.
Jetzt ging die Prozedur los. Ein Haarbuschel nach dem annere is in die Höhe gezoge un dann abgeschnitte worn. Daß sei Opfer manchmal sehr energisch »autsch« gekrische hawwe, hat den Friseur net weiter beeidruckt.
»Seid net so wehleidig, die Mama macht's grad so, un da kreischt err auch net.«
Nachdem er dann auch noch den Fritz un sich selwer verschönert

hat, hat er erleichtert gemeint: »So, jetzt bin ich fertig. Holt emal enn Besen un e Schipp, damit merr die Haarn aufkehrn könne, da merkt's die Mama erst gar net un is umso freudiger iwwerrascht, wann se uns sieht.«
Kaum war die Arweit beendt, als die Eltern freudestrahlend zurückkame.
»Kinner, war des enn herrliche Spaziergang, des nächste Mal müßt err mit. – Ja seid err's denn odder seid err's net? Wie seht ihr denn aus? Was is denn bassiert?«
»Des war widder mal der Adolf, der Olwel«, hat der Fritz, der sei Clownfrisur im Spichel sah, gerufe un emm e fest Ohrfeig versetzt. Adolf, auch net faul, hat se erwiddert, un schon war e Keilerei im Gang.
»Wollt err jetzt Ruh halte, ihr Bälg«, hat die arm Mama ganz entnervt gerufe un dann auf ihr klei Lida geguckt, die gebitt hat: »Gell Mama, der Adolf krieht awwer kei Hieb, der hat derr doch die ganz Arweit abgenomme.«
»Ja, was mache merr denn jetzt? So kann ich se doch net in die Schul geh lasse. Hättst de mich daheim gelasse, wär alles net bassiert.«
»Wie konnt merr denn auch an sowas denke. Da hilft alles nix, du mußt jetzt noch mit enn zum Friseur geh.«
»Ja, kannst de merr dann auch Geld dafor gewwe?«
»Ei nadierlich. Hier sin finfzig – sechzig – siebzig – achtzig – finfunachtzig Pfennig, des reicht doch.«
»Awwer liewer Mann, des reicht vielleicht for ein, awwer net for vier!«
»Dann mußt du's halt schuldig bleiwe. Morje wird ja des Tischlied abgeholt, da hast de widder zwanzig Mark, odder weißt de was? Verlang fünfunzwanzig, dann bist de deim Schadde widder bei.«
»Also kommt Kinner, setzt euer Mütze auf, denn so kennt err net iwwer die Gass geh.«
Der Friseur war sehr erstaunt, so spät noch so enn große Kundekreis bei sich zu seh, konnt sich awwer, nachdem er die entblößte Köpp geseh hat, die Sach sehr schnell erklärn. Laut lachend nahm

er sich dann als ersten den kleine Adolf vor, is awwer ganz nachdenklich worn, wie er die blutverschmierte Haarn geseh hat. Jetzt mußt sei Frau erst emal de Buwe vorsichtig die Köpp wasche, un da hat sich erausgestellt, daß se all ganz diefe Schramme hatte. »Da is nix zu mache, ich muß die Haarn ganz abrasiern. Setze se de Buwe heut nacht e weiß Häubche auf, un wenn se Wundfiewer kriche sollte, müsse se enn Arzt zuziehe. Sonst komme Se morje widder, da kleb ich enn e Pflaster drauf. Bei dem Mädche is es net so schlimm.«

Die Mutter hat ein iwwer des annere Mal den Kopp geschittelt un konnt sich gar net an ihr kahlköpfige Kinner gewöhne, un der Vatter hat sich heftige Vorwürf gemacht, daß er se zum Spaziergeh verleit hat.

An die kleine Kahlköpp hat mer sich awwer schließlich gewöhnt, un nach e paar Woche sahn se schon widder ganz manierlich aus. –

Eine seiner Haupteinnahmequelle hat sich der Dichter im Frühjahr in seine sogenannte Aprilsbrief erschlosse, die sich erre besonnere Beliebtheit erfreut hawwe. Massenweis sin die gekauft worde, um se am 1. April anonym an Freunde un Verwandte zu schicke. (Siehe Seite 130.)

Newer dem Gelegenheitskram hat er auch weiter die »Schnake« im Selbstverlag erscheine lasse un deshalb die Wohnung in der Sömmeringstraß mit einer vertauscht, die günstiger in der Innestadt gelege un auch billiger war.

Die Wohnung auf dem Kleine Kornmarkt war kei schön Behausung un nach hinne raus so dunkel, daß ei Zimmer ganz leer blieb. Nur e Tauwepärche hat hier gewohnt, das enn wohlmeinender Onkel de Kinner geschenkt hat. Mit großer Freud wurde die gehegt un gepflegt, was se'n mit zahlreiche Nachkomme gedankt hawwe. Allmählich is awwer die Tauwezucht doch recht beschwerlich worn. Sie hawwe enn scheußliche Dreck gemacht, viel Wicke gebraucht, die wöchentlich zweimal auf der Brückemühl geholt wern mußte, un hawwe durch ihr fortwährend Geruckel besonners den arme Baba bei seine Arweite mordsjalisch gestört. Deswege

Dr. jur. Schlingenberger

Geh. Justizrath.

BERLIN O. W.

Sprechstunden v. 3–5 Uhr.

Geehrter Herr!

Durch das k. Consulat zu Rio de Janeiro mit der Regulirung des Nachlasses, des im Jahre 1837 nach dorten ausgewanderten und am 1. April v. J. ohne directe Erben, daselbst verstorbenen Plantagen-Besitzers J. J. Schmidt beauftragt, finde ich Sie, laut Stammbaum, unter der Zahl der in *fünfter* Linie Erbberechtigten aufgeführt. *Die Grossmutter der kinderlos verstorbenen Ehefrau des fragl. Schmidt war, wie aus den Akten hervorgeht, eine Stiefgrosstante Ihres Grossonkels mütterlicher Seits, daher Ihre Ansprüche.*

Die Zahl der bis dato festgestellten Erben beträgt *77* und entfallen auf Ihren Antheil, nach Abzug aller Spesen circa

Mk. 39.387. 71 Pf.

Behufs gewissenhafter Zustellung, übersandte ich dieses Schreiben einem dortigen Collegen, der es Ihnen, nach Ermittlung Ihrer genauen Adresse sofort durch die Post behändigen lassen wird.

Umgehender Einsendung einer Vollmacht oder persönlicher Vorstellung in meiner Schreibstube entgegensehend, zeichne

hochachtend

Dr. jur. Schlingenberger

hawwe sich die Eltern entschlosse, die ganz Gesellschaft allmählich abzuschaffe un hawwe enn Metzjer bestellt, der siwwe Stick schlachte sollt.
Wie die Kinner aus der Schul kame, warn se ganz aufgeregt wege dem herrliche Brategeruch, den se sonst gar net gewöhnt warn, un hawwe sich heut besonners feierlich an den Tisch gesetzt. Als dann die Mutter auf erre Platt die goldgelb gebratene un mit Petersilie schön dekorierte Täubcher reinbrachte, is es auf einmal ganz still geworde, eins hat den annern angeguckt, un dann is der große Jammer ausgebroche. Unner Schluchze hat jedes behaupt, sei Lieblingstäubche zu erkenne un sich energisch geweigert, was davon zu esse. Allmählich is auch de Eltern der Appetit vergange, un so is die Mutter aufgestanne, hat die schön hergericht Platt genomme un se de Nachbarsleut gebracht, die mit Begeisterung driwwer hergefalle sin. Die Dichtersfamilie awwer is hungrig vom Tisch gange. Daß sich sowas net mehr widderhole dorft, war klar, un so hat der Onkel, der wohlmeinende Urheber des ganze Dramas, der in Sachsehause e groß Gartewirtschaft betrieb, alle mögliche Stallunge un enn große Tauweschlag besaß, die ganz Gesellschaft gekricht.
Im Grund war die Familie doch froh, daß widder Ruh ins Haus eigekehrt is un sich der geplagte Dichter endlich auf sei Arweite besinne konnt. Die Tauwestubb is grindlich gereinigt un dann dem arme Poet als Arweitszimmer iwwergewwe worde. E klei Dischi, e Lamp un enn Stuhl, mehr bräucht er net, hat er gemeint, un vor alle Dinge Ruh. Da er ja jetzt e eige Stubb hätt, könnt er auch nachts arweite, dann deet enn wenigstens keiner störn.

»Was hältst de davon«, so kam er eines Tags zu seiner Frau in die Kich, »wenn ich emal e abendfüllend Stück im Frankfurter Dialekt schreiwe deet? Ich mecht zu gern emal die altfrankfurter Verhältnisse schildern.«
»Awwer ich bitt dich, in der Dunkelkammer kannst de doch kein gescheite Gedanke fasse«, hat drauf sei Frau erwiddert.
»Ach was, ich brauch nor Ruh, alles annere is merr egal. Ich bin ja

so voller Hoffnunge, vielleicht hawwe merr hier in der bescheidne Wohnung auf dem Kleine Kornmarkt Glick.«

Bis sei Stibbche in Ordnung gebracht is worn, hat er enn kleine Spaziergang gemacht, um sich zu sammele. Heimkomme, hat er sich noch den Schiller an die Wand gehengt un voller Freud seiner Frau enn herzhafte Kuß gewwe. Kei Mensch konnt jetzt glicklicher sei wie er. Gleich hat er sich ans Dichte gemacht un is alle Schlag zu seiner Frau in die Kich komme, um err sei neuste Eifäll mitzudeile. Sogar sei Kinner hawwe sich jetzt for des neue Stick intressiert. An emme scheene Awend – es war schon ganz dunkel – hat er in seiner Stubb gehört, wie e Kinnerstimmche ängstlich gesagt hat: »Horch doch emal, Mama, wie's widder in der Dodekammer diwwert un lacht!«

»Da brauchst de dich doch net zu ferchte, des is dei Baba, der spielt sich den erste Akt aus seim Stick vor un lacht so iwwer sei eigne Witz. Wenn emal des Publikum bei erre Auffihrung nor halb so viel lacht, sin merr gemachte Leut.«

Daß emm die Arweit nadierlich am beste von der Hand gange is, wenn die Kinner awends im Bett warn, emm sei Frau enn starke Kaffee auf sei Öfche gestellt un er Ruh gehabt hat, war sonneklar. Glickstrahlend hat er dann, nachdem er seiner Frau Akt for Akt vorgelese hat, schon nach sechs Woche des schöne Wort »Ende« schreiwe kenne. Sei treu Frau hat sich's net nemme lasse, des ganze Stick »Muffel un Co.« noch emal abzuschreiwe, was auch dringend notwendig war, denn e paar Dag speter is e Brand im Haus ausgebroche, un sei Kinner hawwe vor alle Dinge des Manuskriptekästche mit seim neue Stick gerett.

Geschriwwe war's, awwer jetzt mußt's unnergebracht wern. Bevor er nach e paar Dag zum Intendant Claar geh wollt, hat enn sei Frau erst noch emal gemustert un gesagt:

»Zeig emal her, ob dei Bindche auch grad sitzt un ob dei Hosebei net erumgekrempelt sin. Da, da hast de enn Kamm, fahr derr erst noch emal iwwer dei Haarn un steck derr e paar Fennig in dei Dasch! Sag awwer ja dem Intendant, daß er's gleich lese un bald auffihrn sollt.«

»Ach Luwise, wenn's klappt, brauchst de net mehr an der Wäschbitt zu steh.«
»No also, jetzt geh nor, ich halt der die Daume.«
Mit dene gutgemeinte Winsch is er vorsichtigerweis erst emal zum Intendant Claar seim Sekretär, dem Strohecker, gange un hat den gefragt, ob er glauwe deet, daß der Intendant e Frankforter Dialektstick annemme deet. Die Antwort hat enn ermutigt, des Stick auch eizereiche. Bis es awwer zur Auffihrung kam, hat's noch viele Aufregunge gewwe, wie uns der Dichter in seiner Erzählung »Zwei Premieren« selwer bericht.

Das erste Stück – ein Durchfall

»Am e scheene Dag haww ich enn Brief vom e Frankforter Komponist krieht, in dem merr der geschriwwe hat, daß er mich gern persenlich kenne lerne wollt un daß es emm e groß Vergniege wär, e paar Lieder von mir in Musik zu setze.
Infolgedessen bin ich am nechste Awend, mit mindestens dreivertel Pund Versch belast, nach dem vorgeschlagene Rendezvous-Ort geschowe, wo ich den Gotthold Kunkel getroffe un sei Bekanntschaft gemacht habb.
All mei Lieder, die ich emm gezeigt, fande sein Beifall, un for jedes hat er merr gleich e Melodie vorgesummt. Es kam merr awwer immer vor, als wann die so pletzlich entstannene Vertonunge friher emal e anner textlich Unnerlag gehabt hätte. Doch schon nach e paar Woche ward ich eines Besseren belehrt, dann da erschiene im Verlag von André verschiedene Gedichte von mir mit der Musik von Kunkel, die bald druff in Vereine un Konzerte gesunge sin warn. Dorch den Erfolg ermutigt, schlug ich meim Komponist vor, gemeinschaftlich e Volksstick zu schreiwe, ich den Text, er die Musik.
Kunkel war Feuer un Flamm, weshalb ich mich sofort an die Arweit gemacht habb. Es war e Komedie im alte Volksstickstil, die uff die

Trenedriese dricke un des Zwerchfell erschittern sollt. E Schauspiel, in dem die Tugend triumphiert un des Laster sein Dappe krieht, un in dem bewiese werd, daß Geld allaans net glicklich macht un daß mer's mit Fleiß un Sparsamkeit aach zu was brenge kann. Des also dorch un dorch moralische Stick hat »Eine gute Partie« gehaaße un sich iwwer finf Akte erstreckt.
Kunkel war von Sujet un Ausfihrung entzickt, hat awwer doch gemeent, der Musik wär e zu klaaner Spielraum eigeräumt.
»Ja, wieso dann?« haww ich ganz erstaunt gefragt. »Es enthält siwwe Couplets, drei Lieder, zwaa Chör, Overtür un Schlußmusik.«
»Das is alles recht, aber der Walzer fehlt«, erklärte Kunkel.
»Der Walzer?«
»Allerdings, dem Dreivierteltakt gehört die Welt.«
»Gut, brenge merr noch enn Walzer unner.«
»Mit Chor.«
»Mit Chor?«
»Ich hab ihn schon im Kopf. Passen Sie mal auf.« Un dann hat er merr e sehr kompliziert Musikstick vorgeträllert, des er net nor im Kopp, sonnern aach bereits dahaam in seim Pult gehabbt hat.
»Ich schick Ihne morje den Text«, haww ich beim Abschied gesagt.
»Nicht nötig«, hat er schnell erwiddert, »der Walzer steht schon fest. Sie müssen den Text der Partitur unterlegen.«
Wohl odder iwwel, ich habb in den sauere Appel gebisse un zu der vorhandene Musik den Text gemacht.
Bereits am nechste Sonndagnachmiddag is in Gegenwart von verschiedene Kridiker die Klangwerkung von dem Chorwalzer erprobt warn. Acht Konservatoristinne hatte den gesangliche Teil iwwernomme, während der Komponist am Klavier saß.
Die Werkung war großardig un hat sogar iwwer den nachfolgendende Tee aagehalte, bei dem der Dokter Ferdinand Neubürger erklärt hat, die Nummer wär e Schlager ehrschten Rangs. Schon wollt ich mei Manuskript zem Reinschreiwe weitergewwe, wie mich mei Mitarweiter druff uffmerksam gemacht hat, daß in dem Stick e Hauptsach vergesse wär.

»Wie meine Se das?«
»Das Melodram fehlt«, hat Kunkel erklärt. »Sie werden kaum ein zweites Volksstück ohne Melodram finden.«
»Aufrichtig gesagt, mecht ich mich aach gar net an des Kochrezept halte, dorch des annern Bihnedichter ihr Volkssticker schmackhaft mache.«
»Sie übersehn das Publikum, es ist an eine solche Nummer gewöhnt.«
»Da muß ich e ganz Szen ännern«, haww ich gesagt, »un Sie hawwe widder enn Berg Arweit.«
»Auf mich brauchen Sie keine Rücksicht zu nehmen, das Melodram ist fix und fertig.«
»Fix un fertig?«
»Jawohl, ich habe immer Musik auf Lager. Sooft mir eine Melodie durch den Kopf geht, schreibe ich sie nieder.«
Korz entschlosse haww ich mich hiegesetzt un aach noch den Text zu 'me Melodram geschriwwe. Weil odder des Musikstick e fermlich Tongemäld gewese war, in dem aach enn Frauechor e Roll gespielt hat, so hat mei Arweit iwwer drei enggeschriwwene Seite ausgefillt.
Endlich war alles in Ordnung, un merr hawwe uns gegeseitig die denkbar greßte Komplimente iwwer unser Leistunge gemacht. Aach die zu erwartende Tantieme sin erwoge warn, un Kunkel war fest entschlosse, sei Lehrerstell uffzegewwe un kinftighie nor noch der Kunst ze lewe, während ich mich nach emme geeignete Bauplatz zur Errichtung von erre gemietlich Villa umgeseh habb. Dann daß des Stick enn goldne Sege brenge mußt, des stand bombefest.
Kunkel war e vorsichtig Nadur un als Kritiker des »Frankfurter Beobachters« net ohne Eifluß. Ich habb mich deshalb seine Ratschläg willig gefiegt un noch, bevor ich die Komedie eigereicht habb, die Hauptdarstellerin dafor intressiert un aach von dere Seit Ermunterung erfahrn.
Jetzt kam der große Aageblick, wo ich des gemeinsame Werk der Intendanz iwwerreiche sollt. Mit e Paar neue Glacéhandschuh, ge-

stutzte Locke un sauwer rasiert haww ich den Weg zem Opernhaus aagetrete. In dem Vorzimmer hat mich der Theaterdiener empfange odder vielmehr net empfange, dann der hat e Stubb voll Mensche um sich gehabbt, dene er uff alle denkbare un net denkbare Frage Antworte gewwe mußt. Nachdem ich e ganz Weil vellig unbeacht dagestanne habb, is merr die Geschicht zu dumm warn, un ich habb merr dorch den Knäul Leut den Weg gebahnt un den Theaterdiener unner Iwwerreichung meiner Visitekart gefragt, ob ich vielleicht den Herrn Intendant spreche kennt.
Ohne enn Blick uff die Karte zu werfe, hat merr awwer der Theaterdiener korz erwiddert: »Heut is der Herr Intendant for niemand da, uff e annermal.«
»Un wann is des annermal?« haww ich ebbes verwunnert iwwer die Art der Auskunft bemerkt.
»Waaß ich's?«
»Ich denk doch, Sie mißte's wisse.«
»Ich waaß es awwer net. Ewe hat er Konferenz, morje Prob, iwwermorje Repertoirsitzung. Was wolle Se dann von emm?«
»Ich wünsche ein Stück einzureichen«, haww ich im reinste Hochdeutsch gesagt, weil ich merr vorgestellt habb, mei Frankforter Dialekt deet emm net genug imponiern.
»So, schon widder aans!«
»Sie irren sich offenbar in der Person, ich habe iwwerhaupt noch nichts eigereicht.«
»Noch net? Da wern Se aach schwer aalande.«
Jetzt is merr odder der Geduldsbennel gerisse un ich habb enn uff gut Frankorterisch erklärt: »Nemme Se merr's emal net iwwel, awwer Sie hawwe e komisch Manier, mit Autorn ze redde.«
Des schien ze werke, dann wesentlich freundlicher hat er gesagt: »Sie hawwe mich falsch verstanne, ich wollt sage, wann aaner noch net mit seine Sticker hier bekannt is, dann geht's net so schnell mit dem Uffihrn.«
»Mache Se sich kaa Sorje dadriwwer. Wann kann ich Ihrn Chef spreche?«
»Komme Se emal bis Mondag.«

»Um welche Zeit?«
»So gege elf.«
Mit milidärischer Pinktlichkeit bin ich am nechste Mondag im Büro erschiene. Ich hatt odder noch net recht den Fuß iwwer die Schwell gesetzt, da hat merr aach schon der Theaterdiener zugerufe: »Ewe is der Herr Intendant fortgange.«
»Hm! des is awwer sehr ärjerlich«, haww ich gesagt.
»Er muß uff den Remer.«
»Wann denke Se dann, daß ich enn spreche kann?«
»Heut uff kaan Fall, un morje verrraast er.«
»Er kimmt awwer doch widder zerick.«
»Nadierlich, wann Se heut in acht Dag komme wolle, da werd er da sei.«
Widder haww ich mei Manuskript unnern Arm genomme un bin, net besonnerscht erbaut von der Auskunft, aus dem Tempel des »Wahren, Schönen, Guten« geschowe.
Mei Freund Kunkel, der am Uhrtermche uff mich gewaart hat, um des Resuldat meiner Mission zu erfahrn, war nadierlich aach sehr verstimmt, hat merr awwer doch den gute Rat gewwe, mei Glick noch emal zu versuche.
»Ich denk, ich schick's mit der Post un schreib e paar Zeile dazu«, haww ich entgegent.
»Alles in der Welt, nur das nicht! Tausend Stücke werden jährlich eingereicht, fast alle brieflich. Wenn Sie unser Werk nicht persönlich empfehlen, können wir warten, bis es gelesen wird.«
»Alle gute Dinge sin drei«, haww ich gesagt, »ich will's noch emal prowiern.«
Un ich habb's noch emal prowiert un habb merr sage lasse, daß die Intendanz un die Kapellmaaster un des Sekretariat dorchenanner wärn, weil e Sängerin abgesagt hätt un e anner Oper eigeworfe wern mißt. »Ganz unmeglich heut!« hat der Theaterdiener erklärt, »ich waaß net, wo merr der Kopp steht.«
»Dann komm ich morje!« haww ich entschiede erwiddert, dann nix hat mei Zähigkeit mehr gestärkt, als wann merr e Hinnernis in Weg gelegt is warn.

»Wie Se wolle«, hat der Theaterdiener gerufe un is mit kolossaler Wichtigkeit nach dem Büro von seim Chef gestermt.
Wie ich awwer am Awend geseh habb, daß gar kaa anner Oper aagesetzt war, sonnern daß for die erkrankt Sängerin e Kollegin eigesprunge is, haww ich meim Mitarweiter korz un bindig erklärt, daß ich des Stick unner gar kaane Umständ persenlich eireiche deet.
»Versuchen Sie es doch nur noch einmal«, hat mich mei Freund Kunkel gebitt. »Vielleicht bändigen Sie den Cerberus an der Intendantentür mit einem Trinkgeld.«
Des is merr eigeleucht, un ich habb deshalb gefragt, wieviel er maane deet, daß ich emm in die Hand dricke sollt.
»Zehn Mark, denke ich, sind genug.«
»Zehe Mark, um aan aazemelde?«
»Die Leute sind verwöhnt.«
»Meinetwege.« Un obgleich ich net in der Lag war, derartige Trinkgelder ze gewwe, haww ich doch des Opfer gern gebracht, weil ich merr gesagt habb, daß des an de Tantieme dausendfach widder erausspringe deet.
Am nechste Morjen hat mich mit meim Heft unnerm Arm widder des Theaterbüro geseh. Der Theaterdiener war offfenbar in Verlegenheit, womit er mich jetzt abspeise sollt, un hat mich deshalb gebitt, Platz ze nemme.
»Der Herr Intendant sin seit gestern net ganz wohl un hat eigentlich befohle, niemand vorzelasse«, hat er merr ausenannergesetzt.
»No, wann's heut net is, is es morje – ich will seh, was ich duh kann.«
»Des erwart ich aach«, haww ich erwiddert un emm des Goldstikkelche in die Hand gedrickt.
Ohne es zu betrachte, hat er's eigesteckt wie e Mann, der an so Sache gewehnt is. Dann awwer hat er mei Visitekart genomme, hat e paar Mal mit de Achsel gezuckt un is dann hinner erre Dihr verschwunne.
Gleich druff kam er widder un hat gesagt: »Der Herr Intendant lasse bitte.«
Der Intendant war die Liewenswerdigkeit selwer. Un wie ich enn

Adolf Stoltze im Alter von 50 Jahren.

gefragt habb, ob er widder ganz in der Reih wär, hat er mich zwar etwas verwunnert aageguckt, awwer doch erwiddert: »O ja, ich fühle mich heute recht wohl.«
Un des schien aach der Fall zu sei, dann er war besonnerscht guter Laune un hat mich gefragt, was es in der Stadt Neues gäb un ob merr enn Wetterumschlag zu beferchte hätte, kam aach zwischedorch uff des Volksstick zu redde un daß er's gleich lese wollt un daß er iwwerzeugt wär, e brauchbar Werk vor sich ze hawwe.
»Bis wann, Herr Intendant, derf ich annähernd Ihr Entscheidung erwarte?« haww ich etwas verlege gefragt.
»Ich werde Ihr Stück sofort lesen, weil ich mich sehr dafür interessiere, sagen wir also in vierzehn Tagen.«
Mit herzlichstem Dank for die in Aussicht gestellte rasche Erledigung haww ich die Vorhall des Ruhms verlasse, um meim Mitarweiter Kunkel, der schon e Weil am Uhrtermche uff mich gebaßt hat, Bericht zu erstatte.
»Wenn er sich dafür interessiert, ist es so gut wie angenommen«, hat der freudestrahlend erklärt.
»Jetzt sorje Se awwer aach dafor, daß die Instrumentierung bald fertig werd«, haww ich gedrängt.
»Machen Sie sich keine Sorgen, ich weiß, daß, wenn es angenommen ist, es auch bald herauskommt.«
Wie ich odder nach verzeh Dag die Entscheidung eihole wollt, haww ich zu meim Leidwese erfahrn, daß der Intendant uff einige Zeit verreist war un daß merr der Theaterdiener net sage konnt, wann er zerickkäm.
Ich habb mich also mit Geduld gewappent un habb, sobald ich sei Rickkunft erfahrn habb, uffs neue dem Opernhaus enn Besuch abgestatt.
Des Vorzimmer war wie friher widder voll Mensche. Regisseur un Kapellmaaster kame un ginge, Schauspieler un Sänger, Schauspielerinne un Sängerinne hawwe sich lebhaft unnerhalde un uffs Repertoir gewaart. Alle Aageblick hat die elektrisch Schell gerappelt un den Theaterdiener zu seim Chef gerufe, un alle Aageblick is jemand in eiliger Mission fortgeschickt warn odder zerickkomme.

»Heut werst de schwer aakomme«, haww ich zu merr selwer gesagt un wollt mich schon zum Geh wende, wie die Dihr im Hinnergrund uffgange is un der Sekredär Strohecker, der merr flichtig bekannt war, uff der Schwell erschiene is.
»Ettling! Ettling! Wo steckt dann nor der Olwel? Des is ja heut zem narrisch wern«, hat der Strohecker gerufe.
»Der is ewe zem Fräulein Walter gefahrn«, hat aans erwiddert.
»So, no dann is es gut«, hat der Strohecker wesentlich ruhiger gesagt un e Pries genomme. »Des is heut e Repertoirsitzung, da kann mer sei Sinde abbieße. Finf Absage in der Oper, zwaa im Schauspiel, vier Urlaub! Was merr gewwe kenne, wolle die Abonnente net, un was die wolle, kenne merr net gewwe. – No, wo komme Sie dann her?« hat er sich uff aamal an mich gewendt.
»Ich wollt den Herrn Intendant gern spreche, des werd awwer heut net gut geh«, haww ich enn erwiddert.
»Net gut! Des geht heut iwwerhaupt net. Der sitzt drei un waaß sich net ze rate un ze helfe in dere Maikäwwernschachtel von Opernhaus. Kann ich Ihne vielleicht was besorje?«
»Net gut. Ich komm wege 'me Stick.«
»Von Ihne?«
»Ja.«
»Wie haaßt's dann?«
»Eine gute Partie.«
»Gut Partie – ich glaab, die haww ich gestern registriert.«
»Ich wollt merr gern die Entscheidung hole.«
»Entscheidung – ich sag Ihne doch, ich habb se ehrscht gestern mit noch finfunverzig neue Sticker von dem Monat ins Archivbuch eigetrage.«
»Da is es am End noch gar net gelese?«
»Wie kann dann des schon gelese sei – des geht alles sein Instanzeweg.«
»Ja awwer der Herr Intendant hat gesagt – – –«
»Ich waaß schon, was er gesagt hat«, hat mich der Strohecker unnerbroche. »Wann der alle Sticker gleich lese mißt, die er gleich lese wollt, mißt der Dag neunzig Stunne hawwe un er derft net von de

Bicher uffsteh. Warum schreiwe Se dann net emal enn Frankforter Eiakter, wo aach was for mich drei is?«
»Glauwe Se dann, daß ich den unnerbrächt?«
»Warum dann net! Es gibt ja kaa Stadt in der Welt, wo des Publikum so an de vatterstädtische Sticker hängt wie in Frankfort. Ob reich odder arm, der Alt- un der Neufrankforter hat sei Dialektstikker mindestens eweso gern wie der Östreicher odder der Bayer sei.«
»Des is richtig, un ich will mich werklich emal gelegentlich dahinner mache. – Bis wann glaawe Se dann, daß die ›Gut Partie‹ gelese sei kennt?«
»Des is schwer ze sage. Frage Se emal in sechs Woche nach; uff jeden Fall will ich den Intendant draa erinnern.«
Es warn net grad die erhewenste Gefihle, mit dene ich den »Maikäwwernkaste«, wie der Strohecker des Opernhaus genennt hat, verlasse habb, awwer trotzdem haww ich die Hoffnung net ganz sinke lasse, daß schließlich noch alles nach Wunsch geh kennt.
Un werklich is aach alles nach Wunsch gange, dann, nachdem ich noch vier- bis finfmal vergeblich vorgesproche hatt, bin ich des sechste Mal, gege e Entrée von finf Mark, des ich dem findige Theaterdiener in die Hand gedrickt, vorgelasse warn un habb von der Intendanz die Zusicherung erhalte, daß mei Stick in der nechste Saison erauskäm.
Mei freudig Erregung war gewaltig, wie ich meim Freund Kunkel die beglickend Nachricht mitgeteilt habb, awwer sei war noch greßer. Der sonst so ruhige Mann war ganz aus dem Häusi un hat merr aa- iwwers annernmal die Hand geschittelt un sich bedankt for die Energie, mit der ich die Sach verfolgt hätt. »Jetzt noch eine Abschrift an eine andere Bühne geschickt, und Sie werden sehen, wie rasch der Stein ins Rollen kommt.«
Der Vorschlag hat merr eigeleucht, un verzeh Dag speter lag »Eine gute Partie« aach in der Kanzlei des Hamborjer Stadttheaters, wo se nach korzer Zeit gleichfalls zur Uffihrung aagenomme is warn. Also zwaa Micke mit aam Schlag.

So kam der Herbst eraa un mit emm die neu Theatersaison. Die ehrschte paar Monat ließ ich verstreiche, dann awwer haww ich mindestens jed Woch aamal beim Sekredär Strohecker, mit dem ich mittlerweile neher bekannt geworde war, aagefragt, ob noch kaan Termin festgelegt wär, an dem mei Stick erauskomme sollt. Dazwische haww ich den Intendant brieflich so mit Bitte um Beschleunigung bestermt, daß es net mehr schee war. Der Erfolg war awwer immer negativ, un ehrscht im nechste Jahr im Februar war uff dem Repertoirentworf zu lese: In Vorbereitung »Eine gute Partie«.

Gleich druff kam awwer aach dieselb Nachricht von Hamborg, un unser schon stark geknickte Hoffnunge hawwe sich widder ganz gewaltig gehowe. Mir sahn im Geist unser Stick als Schlager der Saison; un ich habb meiner Fraa erklärt, daß jetzt alle Sorje e End hätte, daß ich nor meim Beruf lewe un unser drei Buwe studiern lasse kennt.

Unmittelbar druff hawwe die Prowe im Frankforter Stadttheater aach werklich ihrn Aafang genomme, un schon war der Dag der ehrschte Uffihrung festgesetzt, wie der pletzlich widder verschowe ward, weil kontraktliche Verpflichtunge der Intendanz annern Autorn den Vortritt lasse mußte. Nach e paar Woche kam mer widder uff des Stick zerick, awwer aach diesmal konnt der bereits vereffentlichte Termin der Premiere net eigehalte wern, da des Orchester an dem Awend außerhalb des Theaters beschäftigt war.

Endlich, am 19. März 1884 war der große Aageblick erschiene, der unser Erwartunge kröne sollt. Am Dag vorher war Generalprob, die enn glatte Verlauf nahm un an deren Schluß merr von de aawesende Kritiker zu unserer wohlgelungene Arweit lebhaft beglickwinscht sin warn. Namentlich des Melodram fand allgemeine Beifall, un mer schien sich allseitig dariwwer aanig ze sei, daß des Stick was mache mißt. Hierdorch veraalaßt, hat sich mei Mitarweiter Kunkel noch schnell e neue elegante Rausruf-Frack aageschafft un mich so lang gedrängt, desgleiche zu duh, bis ich merr wenigstens aan gebumbt habb.

Am Nachmiddag vor der Uffihrung trafe merr uns noch emal im Café, um unser Hoffnunge un Beferchtunge gegeseitig auszedausche.
»Wieviel Karten haben Sie sich für heute abend geben lassen?« frug mich mei Freund Kunkel.
»Sechs, nor for mei Familie, ich geh auf die Bihn.«
»Sie warten aber, wenn wir gerufen werden, bis ich komme.«
»Mitgefange, mitgehange«, des is selbstverständlich.
»Unter uns: Haben Sie gute Freunde im Theater?«
»Wissentlich gar kaa. Woher aach?«
»Na hoffentlich geht es auch ohne das«, hat mei Komponist e bissi enttäuscht gemaant.
»Ich denk aach, sonst deet ich liewer uff den ganze Erfolg verzichte. Freundschaftsclaque is mir grad so zuwidder wie bezahlte. Liewer enn solide Durchfall wie enn Barmherzigkeitstriumph.«

Der Awend kam. Umschlosse vom e etwas weite Frack mit langem Schwalweschwanz, den Hals in e weiß Krawatt gezwängt un die Händ in funkelnagelneue Glacéhandschuh versteckelt, bin ich finf Minute vor Beginn der Vorstellung uff die Bihn geschluppt un habb mich meglichst unbemerkt zwische die vorderste Kulisse gestellt. Schon warn die Hauptvertreter der Komedie versammelt un sin, in ihre Rolle lesend, uff- un abgange. Jetzt kam aach der Regisseur, un gleich druff is des ehrschte Glockezeiche erklunge. Alles is uff sei Plätz geeilt, un ich habb mich gebickt, um dorch e Kulisseloch uff die Bihn gucke ze kenne. Wie odder des zweite Zeiche ertönt un der Vorhang in die Heh gange is, da war merr's, als wann merr finfdausend Ameise im Stormschritt iwwer die Werwelsäul laafe deete. Doch net lang hat der Schauer aagehalte, dann die Vorgäng uff der Bihn hawwe bald mei ganz Uffmerksamkeit in Aaspruch genomme. Schon beim ehrschte Couplet hat der Beifall schichtern eigesetzt un sich von Versch zu Versch gesteigert. Die nachfolgende komische Szene hawwe dann so gewerkt, daß, wie der Vorhang gefalle is, des Publikum die Hauptdarsteller mehrmals stermisch gerufe hat. Die zweit Hälft vom ehrschte Akt war widder von Beifall begleit, un wie der Kunkel zu merr uff die Bihn kam, hawwe merr uns bedeutungsvoll aageguckt, als wann merr sage wollte, morje reiße sich die Theater in alle Länder deutscher Sprach um unser »Gut Partie«. Der zweite Akt bracht zwar e klaa Abschwächung in der freundliche Uffnahm, awwer des schien merr nor vorteilhaft for den dritte ze sei, der alle Glanznummern enthielt.

Jetzt erhob sich der Vorhang widder, un der von Schäfer un Schäferinne gesungene un gedanzte Walzer gefiel, awwer merkwerdigerweis verflaute die Stimmung mit jedem Aageblick mehr. Schon daß e Bauer im Dialog »Mist« statt »Dünger« sagte, verschnuppte empfindsame Seele, die sonst die ordinärste Ehekomedie, ohne mit der Wimper ze zucke, iwwer sich ergeh ließe. Un als gar im e Couplet e Lokalstroph vorkam, die in emm vielbesprochene Raubiwwerfall nor e verunglickt Liewesawenteuer vermutete, e Aasicht, die speter aach die Staatsanwaltschaft vertrat, da konnt merr zwische dem Beifall aach recht deutliche Zischlaute vernemme. E paar Jahr speter hawwe dieselwe Leut, die sich verletzt gefihlt hawwe, der allermodernst Richtung, die in ihre Ausdrick gewiß kaa Blatt vor den Mund nahm, stermisch Beifall geklatscht.

Die ehrscht Abteilung vom dritte Akt war also ins Wasser gefalle, awwer noch immer blieb ja die zweit Hälft mit dem Melodram, der Glanznummer nach dem Urteil aller Sachverständige. Werklich war aach die Stimmung im Publikum widder e dorchaus freundliche, un als sich der Held des Stickes uff des Sofa gelegt hat, um iwwer sei Schicksale un Zukunftsplän, unner Begleitung vom e vollbesetzte Orchester nachzedenke, erreichte die Spannung ihrn Hehepunkt.

Un der Held uff dem Kannabee deklamierte dreißig Sekunde, e Minut, zwaa Minute, drei Minute.

»War dann die Nummer immer so lang?« haww ich vor mich hingestehnt un merr den Schweiß von der Stern getrockent. Vier Minute!

»Ich wollt, er deet uffheern, es werd merr angst un bang.« Awwer so weit war er noch lang net, im Gegedaal, die Musik hat jetzt

ehrscht aagefange, sei schlecht memorierte Gefihle mit Wucht zu vertone.
Finf Minute!
»Des Melodram is zu groß, der Darsteller kann's net behalte«, haww ich vor mich hiegemormelt.
Sechs Minute!
»Gott sei Dank, er schwimmt dem End zu!«
Doch noch bevor der deklamierende Held in den Hafen des Erfolgs eilief, is emm des Tau der Erinnerunge vollstennig gerisse, un er hat deshalb hilfesuchend nach dem Souffleurkaste gesturt, um sich von dorther die rihrendst Stell der ganze Dichtung eiblase ze lasse. Wie er sich odder so mit gespitzte Ohrn horchend vorgebeugt hat, hat des ganze Publikum, wie vom e erdrickende Bann erleest, erleichtert uffgeatmet un is dann in e ferchterlich Lachsalv ausgebroche.
Der große Schritt war gemacht, der Schritt vom Erhawene ins Lächerliche. Die Leut hawwe sich vor Lache die Bäuch gehalte, wo se flenne sollte, un hawwe Leichebittergesichter geschnitte, wo se lache mißte. Der Akt, ja des ganze Stick war an der melodramatisch Klipp gescheitert, un »Eine gute Partie« war in des Wortes bester Bedeutung mit Pauke un Trompete dorchgefalle.
Mir hawwe in dem Aageblick die Haarn ze Berge gestanne. Nach alle Seite haww ich mich zwische de Kulisse umgeseh, ob net wenigstens e Wolkeschiewer käm, um mich zu versichern, daß ich mich verheert hätt un daß des vernommene Geräusch vom e Trewasserfall un net vomme Gelächter hergerihrt hätt; awwer net aaner is komme. Da ich unne uff de Bretter, so die Welt bedeute, kaan Trost gefunne, haww ich die Aage nach dem Schnierboddem uffgeschlage, un grad iwwer merr hat die wild Sau aus der Wolfsschlucht gehonke, awwer aach die schien mit emme schadefrohe Lächle zu grunze: »Dorchgefallle! Dorchgefalle! Dorchgefalle.«
Was hat's gebatt, daß die folgende Couplets e zindend Werkung hatte, was hat's genutzt, daß im Verlauf des Awends noch oft lebhafter Beifall eigesetzt hat? Die Komedie war dod, mausedod. Un damals war's noch net Mode wie heut, e Stick zerickzeziehe, um

sei Mängel auszumerze, kaa Direkter hätt sich bei so me renovierte Werk zu erre Widderuffihrung verstanne.
Am meiste hat mich jetzt mei gebumbter Frack gedrickt, dann ich bin merr lächerlich drin vorkomme un habb eigeseh, daß ich in meim Gehrock ewesogut dem Leichebegängnis hätt beiwohne kenne.
Wie dann des letztemal der Vorhang fiel, gab's noch enn liewevolle Abschiedsgruß von Zische un Beifall, un wie ich mich e paar Sekunde speter umgeguckt habb, stand ich im Halbdunkel allaans uff der Bihn, die Darsteller un Darstellerinne hatte bereits ihr Gardrowe uffgesucht.
Langsam un nachdenklich bin ich enaus in den Theaterhof getrete un habb merr die Ursach der Nidderlag klar zu mache versucht. Lag's am Buch, an der Musik, an der Darstellung odder an allem zusamme? War kinstlich Stimmung gege des Stick gemacht warn odder hat merr's an wohlmeinende Freund gefehlt? Ich bin merr net driwwer klar warn. Wie ich odder des Hofdor uffgemacht habb un uff die Straß getrete bin, da haww ich sofort eigeseh, daß der Mißerfolg net uffs Konto der Lauheit von meine Bekannte ze setze war, dann da hawwe wenigstens dreißig uff mich gewaart, um merr ze sage, daß se schon viel schlechtere Sticker geseh hätte un daß der Prophet nix in seim Vatterland gelte deet, wann er aach e dausendmal besser Werk wie meins geschriwwe hätt.
Mei Familie war uff dem Haamweg dorch die Ablehnung, die mei ehrscht Komedie erfahrn, sehr niddergeschlage. Warn doch an dem aanzige Awend all die viele Luftschlesser, die ich err seit zwei Jahr uffgebaut, eigesterzt. Annerschter war's bei mir. Wie ich den sternhelle Himmel iwwer merr geseh, frisch Luft geatmet un die teilnehmende Freund hinner merr gehabt hatt, kam mei alt Energie widder iwwer mich. Un getreu meim Wahlspruch »Beharrlichkeit fihrt zum Ziel« haww ich mich noch in derselwe Nacht hiegesetzt un enn Einakter »Das Orakel des Telephon« aagefange, der e paar Woche speter im Hamborg-Altonaer Stadttheater erfolgreich zur Uffihrung kam un den aach Rudolf von Gottschall im Leipziger Tagblatt dorchaus lowend besproche hat.

Ich war nadierlich sehr gespannt, wie die Zeitunge mei dorchgerasselt Komedie beordeile deete. No, ich konnt zefridde sei. Die Besprechunge hätte noch viel härter ausfalle kenne, wann mer bedenkt, daß von de damalige Kridiker bis uff e paar Ausnahme, jeder e selbstverfaßt, awwer unaagenomme Stick in seim Pult verwahrt hat un daß doch schließlich jedem Autor sei »Recht uff Dorchfall« gewahrt wern muß. Die Musik kam schon aus Vorsicht glimpflicher eweg, dann ihr Urhewer war selwer Kridiker un konnt also Gleiches mit Gleichem vergelte.
Ausgerist mit dem wertvolle Material der Besprechunge haww ich am folgende Morjen mein Mitarweiter uffgesucht un enn noch lewendig vorgefunne. Er hat gemeent, ich sollt des Stick umarweite, des Melodram erausschmeiße un des Werk dann mit verennertem Titel annerswo eireiche.
Ich konnt mich awwer mit dene Vorschleg net eiverstanne erklärn, weil ich von Umarweitunge nix gehalte habb un weil merr e neuer Titel wie e klaaner Betrug vorkomme is. Merr ließe also die Sach uff sich beruhe un hawwe neue Arweite, die awwer nie zur Uffihrung kame, ins Aag gefaßt.

»Alt-Frankfurt« – der Durchbruch

Nachdem der Storm sich gelegt un annere Novidete e besser odder e ähnlich Schicksal erfahrn hatte, haww ich die Intendanz widder uffgesucht, um se auszeforsche, wie se iwwer die Uffihrung von meim Lokalstick »Muffel un Comp.« denke deet.
Da der einnehmende Theaterdiener net mehr uff seim Poste war un da ich mich dem Sekredär Strohecker mehr un mehr befreund gehabt hatt, ward ich aach gleich vorgelasse. Des Resuldat der Unnerhaldung war net grad vielversprechend, dann der Intendant hat erklärt, daß mer nach so me Mißerfolg mindestens drei Jahr verstreiche lasse mißt, bis mer dem Publikum widder was von demselwe Autor vorsetze kennt.

Mit dem Bescheid bin ich abgezoge, mußt merr awwer noch oft im Verlauf der Zeit sage, daß wann jeder Autor, dem emal e Stick dorchgefalle is, drei Jahr lang waarte mißt, bis er widder zu Wort käm, die beste neuzeitliche Bihnedichtunge wahrscheinlich niemals des Rampelicht erblickt hätte.
Da also vorerst net an e Uffihrung ze denke war, haww ich mei Komedie dem Druck iwwergewwe un meine »Heiterkeite«, die damals erschiene sin, eiverleibt. Niemand hat des Buch weiter beacht, aach die Press hat kaa Nodiz davo genomme.
So sin e paar Jahr vergange, bis merr emal am e scheene Dag der neuengagierte Regisseur Anton Roll, den ich dorch den Strohecker kenne gelernt hatt, begegent is un zu merr gesagt hat: »Sie haben da ein Stück »Muffel und Compagnie« geschrieben, auf das mich meine Frau aufmerksam gemacht hat. Ich verspreche mir von demselben etwas, wenn Sie den Titel in »Alt-Frankfurt« umändern und den einzelnen Bildern Namen geben.«
»Ich glaub awwer kaum, daß es je erauskimmt«, haww ich zweifelnd gesagt.
»Dafür lassen Sie mich sorgen. Damit wir aber ganz sicher gehen, rate ich Ihnen, irgend ein Gelegenheitsstückchen zum bevorstehenden deutschen Schützenfest zu schreiben, wodurch wir erfahren, wie die Stimmung Ihren Produktionen gegenüber ist.«
Des haww ich dann aach gedaa un hatt die Genugduung, daß der harmlose Gelegenheitsschwank »Zum Schützenfest« so freundlich uffgenomme ward, daß e paar Dichterkridiker es for gut fande, iwwerhaupt nix driwwer zu schreiwe.
Was merr der Regisseur Roll im Sommer zugesagt, hat er im Winter getreulich gehalte. »Alt-Frankfurt«, des bereits drei Jahr im Archiv begrawe lag, is ausgescharrt un uff den Repertoirentworf gesetzt warn.
Mei Freund Strohecker, der seither nor mittlere Rolle gespielt hat un damals noch net von sich behaupte konnt, daß er der erklärte Liebling des Publikums wär, hat die Darstellung des Muffel iwwernomme.
Die Prowe nahme ihrn Aafang, un ich sah mit innerer Befriedi-

gung, wie alle Mitwerkende mehr un mehr in ihre Uffgawe eneigewachse sin un mit Lust un Lieb bei der Sach warn. Awwer war des net alles aach bei meim ehrschte Stick gewese, des mit dem ferchterliche Kladderadatsch geendigt hat?
Ich war engstlich, uffgeregt, unsicher; un wann e Prob net so ging, wie se geh hätt kenne, verlor ich alles un jedes Vertraue.
So kam die Uffihrung neher un neher, un schon war in de Zeidunge ze lese, daß die Premiere am Silvesterawend stattfinde sollt. Awwer jetzt hawwe sich aach die bei dem Theater net seltene Intrigante geregt un ihr Maulworfsarweit begonne. Haamlich, ohne daß es jemand ahne konnt, hawwe die Jammerlappe die Intendanz umkroche un se zu bestimme versucht, des Stick, des bereits den nechste Dag eraussollt, widder abzesetze un dafor die Komedie vom e annern Autor, deren Uffihrung for speter vorgeseh war, eizuschiewe.
Also wann's erjend aaging, »Alt-Frankfurt« zu mißkredidiern un emm aus dem Hinnerhalt den ehrschte Fußtritt zu verabfolge.
Wie hoch der Judasloh for den Liewesdienst war, waaß ich net, des awwer waaß ich, daß, wie der Regisseur Roll uff der letzte Prob von der hinner seim Ricke inszenierte Armseligkeit Kenntnis erhalte hat, er sofort die Prob uffhob, enn Fiaker nahm un zem Intendant fuhr. Dort hat er freimietig erklärt, daß e Verschiewung der Uffihrung in dem Fall nix annerschter wär, wie des Stick von vornerei beim Publikum erabzesetze, un daß er um sei Entlassung bitte deet, wann »Alt-Frankfort« net gefalle sollt. Des hat gewerkt, un es blieb beim aagesetzte Termin.
Elf Grad kalt war's, wie ich mich mit meiner Familie am Samsdagawend, den 31. Dezember 1887, nach dem Schauspielhaus begewwe habb. Während mei Leut, vor Frost schnappernd, gleich ihr Proszemiumslog uffgesucht hawwe, bin ich ehrscht noch e paarmal dorch die Biewergass gelaafe, um mich abzekihle un die Meglichkeite einer awwermalige Nidderlag abzewäge. Mei Hoffnunge warn nemlich dorchaus net iwwerspannt, un ich hatt mich deshalb for den Awend aach net in e Festgewand mit weißer Bind geworfe, wie bei der Uffihrung von meim ehrschte Stick.

Frankfurter Schauspielhaus.

Samstag den 31. December 1887.

Abonnement B, 16. Vorstellung.

Abends 7 Uhr: Zum ersten Male:

Alt-Frankfurt.

Frankfurter Lokal-Schwank in 8 Bildern von Adolf Stoltze.

I. Bild.

Muffel & Compagnie.

Hieronymus Muffel, Inhaber der Firma Muffel & Compagnie . . Herr Strohecker.
Euphrosine, sein Frau . . Frau Ernst.
Heinrich, beider Sohn . . Herr Reffie.
Frau Schnippel, Wittwe, Theilhaberin d. Firma Muffel & Co. . . Frau Freund.
Theophil Haspel, Friseur . . Herr Stritt.
Peter Schnuckes, Lehrling bei Muffel & Compagnie . . Fräulein Graf.
Babette Strampel, Büglerin . . Frau Schäfer-Leis.
Frau Wuppdich . . Frau Bickhardt.
Ein Schusterjunge . . Fräulein Westrupp.
Eine Bauersfrau . . Herr Stolzenberg.
Ein Knabe . . Kl. Stolzenberg.
Ein Mädchen . . Kl. Wolf.

Ort der Handlung: Frankfurt a. M.
Zeit 1862.

II. Bild.

Franz Moor in der Klemme.

Hieronymus Muffel . . Herr Strohecker.
Euphrosine, seine Frau . . Frau Ernst.
Heinrich, beider Sohn . . Herr Reffie.
Frau Schnippel . . Frau Freund.
Agathe, ihre Tochter . . Fräul. Eichenberg.
Teophil Haspel, Friseur . . Herr Stritt.
Peter Schnuckes, Lehrling . . Fräulein Graf.

III. Bild.

In Sachsenhausen.

Hieronymus Muffel . . Herr Strohecker.
Euphrosine, seine Frau . . Frau Ernst.
Heinrich, beider Sohn . . Herr Reffie.
Teophil Haspel . . Herr Stritt.
Babette Strampel . . Frau Schäfer-Leis.
Frau Funk, Gärtnerin . . Frau Meyerer.
Lorchen, ihre Tochter . . Fräulein Wendorf.
Nikles Spengler . . Herr Reitz.
Gretchen Eiser . . Fräulein Drexel.
Bärwelche Dauth . . Fräulein Ihm.
Gärtnerinnen.

Ort der Handlung: Sachsenhausen.

IV. Bild.

Auf der Mehlwaag.

Hieronymus Muffel . . Herr Strohecker.
Frau Schnippel . . Frau Freund.
Agathe, ihre Tochter . . Fräul. Eichenberg.
Purzler, Direktor einer wandernden Schauspielertruppe . . Herr Grün.
Dappler, Verwalter des Schuldgefängnisses auf der Mehlwaag . . Herr Desprez.
Schnuckes, Lehrling . . Fräulein Graf.
Haspel, Friseur . . Herr Stritt.

V. Bild.

Beim Aepfelwein.

Hieronymus Muffel . . Herr Strohecker.
Euphrosine . . Frau Ernst.
Heinrich . . Herr Reffie.
Frau Schnippel . . Frau Freund.
Agathe . . Fräul. Eichenberg.
Frau Funk . . Frau Meyerer.
Lorchen . . Fräulein Wendorf.
Teophil Haspel . . Herr Stritt.
Babette Strampel . . Frau Schäfer-Leis.
Gretchen Eiser . . Fräulein Drexel.
Bärwelche Dauth . . Fräulein Ihm.
Nikles Spengler . . Herr Reitz.
Dappler . . Herr Desprez.
Onkel Blotzer . . Herr Hamm.
Ein Bretzelverkäufer . . Herr Wertheim.
Herr Wuppdich . . Herr Karlmüller.
Bürger, Soldaten.

Ort der Handlung: Sachsenhausen.

VI. Bild.

Die unterbrochene Verlobung.

Hieronymus Muffel . . Herr Strohecker.
Euphrosine . . Frau Ernst.
Heinrich . . Herr Reffie.
Frau Schnippel . . Frau Freund.
Agathe . . Fräul. Eichenberg.
Teophil Haspel . . Herr Stritt.
Onkel Blotzer . . Herr Hamm.
Gretchen Eiser . . Fräulein Drexel.
Fräulein Essig . . Frau Albinus.
Buchhalter Schnabel . . Herr Kracht.
Fräulein Rotheborger . . Frau Feichtinger.
Schnuckes . . Fräulein Graf.
Mägde.

VII. Bild.

Wäldchestag.

Hieronymus Muffel . . Herr Strohecker.
Euphrosine . . Frau Ernst.
Heinrich . . Herr Reffie.
Frau Schnippel . . Frau Freund.
Frau Funk . . Frau Meyerer.
Lorchen . . Fräulein Wendorf.
Teophil Haspel . . Herr Stritt.
Babette Strampel . . Frau Schäfer-Leis.
Jungfer Essig . . Frau Albinus.
Gretchen Eiser . . Fräulein Drexel.
Bärwelche Dauth . . Fräulein Ihm.
Nikles Spengler . . Herr Reitz.
Herr Wuppdich . . Herr Karlmüller.
Frau Wuppdich . . Frau Bickhardt.
Schnuckes . . Fräulein Graf.
Eine Italienerin . . Fräulein Thomas.
Ein bayrischer } Unteroffizier { Herr Ritzgen.
Ein frankfurter } Unteroffizier { Herr Schwarz.
Erster } Liederkränzler { Herr Dietrich.
Zweiter } Liederkränzler { Herr Puff.
Dritter } Liederkränzler { Herr Friedenberg.
Vierter } Liederkränzler { Herr Ruß.
Ein Bretzelverkäufer . . Herr Wertheim.
Ein Bärenführer. Ein Drehorgelspieler. Eine Bänkelsängerin. Ein lahmer Bettler. Eine blinde Bettlerin, Bürger, Mägde, Soldaten, Kinder.

Ort der Handlung: Der Frankfurter Wald am Forsthaus.

VIII. Bild.

Am Römerberg.

Hieronymus Muffel . . Herr Strohecker.
Euphrosine . . Frau Ernst.
Heinrich . . Herr Reffie.
Frau Schnippel . . Frau Freund.
Agathe . . Fräul. Eichenberg.
Frau Funk . . Frau Meyerer.
Lorchen . . Fräulein Wendorf.
Teopfil Haspel . . Herr Stritt.
Nikles Spengler . . Herr Reitz.
Babette Strampel . . Frau Schäfer-Leis.
Gretchen Eiser . . Fräulein Drexel.
Bärwelche Dauth . . Fräulein Ihm.
Fräulein Essig . . Frau Albinus.
Ein preußischer Unteroffizier . . Herr Tochtermann.
Ein Schusterjunge . . Fräulein Westrupp.
Eine Bauersfrau . . Herr Stolzenberg.
Ein Hausirer . . Herr Feichtinger.
Die gemischte Patrouille. Volk. Hockerinnen. Kinder.

Große Eintrittspreise (einschließlich Billetsteuer.)

1 Platz Fremdenloge 1. Ranges	M 6.90.	1 Platz Loge 1. Ranges	M. 5.30.	1 Sperrsitz od. 1 num. Pl. i. Orch.	M. 3.80.
1 „ Prosceniumsloge 1. Ranges	„ 6.80.	1 „ Parterreloge	„ 5.30.	1 Platz Numerirtes Parterre	„ 2.20.
1 „ Fremdenloge 2. Ranges	„ 5.30.	1 „ Mittelloge 2. Ranges	„ 3.50.	1 „ im Steh-Parterre	„ 1.40.
1 Prosceniumsloge 2. Ranges	„ 5.30.	1 „ Seitenloge 2. Ranges	„ 2.50.	1 „ Numerirte Gallerie	„ 1.–.
				1 „ Seiten-Gallerie	„ –.80.

Anfang 7 Uhr. **Ende 10 Uhr.** **Cassenöffnung halb 7 Uhr.**

Opernhaus.

Samstag den 31. December 1887:
Nachmittags 3½ Uhr: Vorstellung bei ermäßigten Preisen:

Max und Moritz.

Hierauf:

Kalif Storch.

Ausser Abonnement.
Ermäßigte Preise. Anfang halb 4 Uhr.

Abends 7 Uhr:

Amelia, oder: Der Maskenball.
(Un ballo in maschera.)
Große Oper in 5 Akten von Verdi. Text von Grünebaum.
34. Vorstellung im Abonnement.
Gewöhnliche Preise. Anfang 7 Uhr.

Schauspielhaus.

Sonntag den 1. Januar 1888:
Zum ersten Male wiederholt:

Alt-Frankfurt.

Frankfurter Lokal-Schwank in 8 Bildern von A. Stoltze.

Abonnement C, 9. Vorstellung.
Große Preise. Anfang 7 Uhr.

Jetzt war's Zeit, mei Promenad zu unnerbreche, wann ich de Aafang der Vorstellung net versäume wollt. Uff de Fußzeh bin ich iwwer die Hinnertrepp nach meiner Log geschliche, dann uff die Bihn hätte mich kaa zehe Gäul mehr gebracht, um dort erre Premiere beizewohne.
Des Haus war ziemlich gut besetzt, wie ich aus dem dunkle Hinnergrund meiner Log sehe konnt. Die meiste Leut hatte awwer ihr Winterklaader aagelasse, dann die mangelhafte Heizvorrichtunge in dem alte Haus warn net imstand, bei der ungewehnliche Kält den große Raum geniegend zu dorchwärme.
Langsam erhob sich der Vorhang. Die ehrschte Vorgäng uff der Bihn spielte sich glatt ab, ohne awwer des Publikum in e besonner Stimmung zu versetze, ehrscht in der Szen, wo der Lehrbub den Liewesbrief kopiert, setzte Gelächter ei, un als der Vorhang fiel, wurde die Darsteller dreimal gerufe.
Während dem ganze Bild hatt ich mit verhaltnem Atem mei Blick net von der Bihn gewendt. Jed ungeschickt Bewegung da unne, die geringst Verännerung am e Satz trieb merr des Blut ins Gesicht un enn Schittelfrost iwwern Buckel. Als sich der Applaus gelegt, trat ich an die geklefft Logedihr, um ze horche, wie die uff dem Gang promenierende Leut orteile deete.
»Nach aam Bild kannst de gar nix sage«, hat e Mann mit emm ferchterliche Stockschnuppe seiner bessere Hälft ausenannergesetzt. »Der hat schon emal e Komedie geschriwwe, die ganz lustig aagefange hat, bis hinnedrei des dicke End kam. Gleich druff hat e ferchterlich uffgedonnert Madamm ihrer spindelderre gute Freundin klar gemacht, daß es mit dem Frankforter Dialekt seit dem Hassel iwwerhaupt vorbei wär. »Wer spricht enn dann noch? Koin Mensch möhr.«
»Aach ich habb meuner Dochter streng befohle«, hat die Spindelderr erklärt, »wie ich nor hochdeutsch zu redde. Kömmt die kürzlich heum un segt: »Der Maa is awwer e klaaner Fluß, Mama.« »Was!« haww ich se awwer da gezankt, »es heußt nicht, der Maa is klaa, es heußt der Mei is klei. Un dabei gibt mer so Sticker, wo die Sprach verdorwe wird.«

Schlußszene aus »Alt-Frankfurt«. Titelbild der »Kleinen Presse«, nach der Natur gezeichnet von Hermann Junker.

Des Glockezeiche hat mich widder in mei Log zerickgerufe. Des zweite Bild nahm sein Aafang, un mehr un mehr erwärmte sich die Darsteller, un immer empfänglicher war des Publikum. Unner allgemeinem Beifall fiel der Vorhang, um sich widder viermal zu erhewe.

Jetzt kam des dritte Bild. Gleich in der ehrschte Szen ging der Strohecker aus sich eraus, jeder Satz von emm ward zem Schlager, un sei trockener Humor steckte aach sei Partnerin aa. Des Publikum amesierte sich un kam net aus dem Lache. Da! Was war des? Der Strohecker fiel aus der Roll un babbelte Zeug, was net im Buch stand. Statt: »Mei Fraa kimmt, was fihrt dann die her? Un wie se sich umguckt!« ze sage, rief er: »Gottverdeppelt! Mei Fraa geht ja da vorbei, jetzt kann ich aach net aus dem Hefche enaus!« un verschwand dann, wie vorgeschriwwe im Keller.

Wann merr aans in dem Aageblick Ader gelasse hätt, wär kaan Troppe Blut komme, awwer noch greßer ward mei Entsetze, wie die Fraa Muffel iwwerhaupt net erschien un aach dem Lorche sei Mutter net, un wie die Zankszene ausfiel, die for des Verständnis der folgende Bilder doch unbedingt netig war. Also widder war e Werk von merr hiegericht, widder mei Hoffnung zertrimmert! Awwer naa! Des Publikum hat in seiner frehliche Stimmung gar net die Lick gemerkt; un als der Vorhang nidderging, brach enn Applaus los, wie enn des alte Schauspielhaus net oft erlebt hat. Sechsmal warn schon die Darsteller gerufe warn, wie mich der Roll aus meiner Log hole ließ, un noch achtmal bin ich mit dem Personal vor der Ramp erschiene.

Wie ich mich einigermaße von dem Aastorm uff mei Gemiet erholt hatt, haww ich sofort gefragt, was bassiert wär, daß ganze Szene ausgefalle wärn. Die Darstellerin der Fraa Funk war bei Beginn des dritten Bilds zusammegebroche un schwer erkrankt, des Stick hätt also net weiter gespielt wern kenne, wann mer die Szen net iwwerhippelt hätt. For die iwwerige Akte hat dann e willig Mitglied die Roll schnell iwwernomme un so gut wie meglich dorchgefihrt.

Des nechste Bild, die Mehlwaag, fand gleichfalls die freundlichst Uffnahm, die sich bei dem folgende, der Äppelweiwertschaft, zem Juwel steigerte. Im sechste Bild, der Verlowung, erreichte der Stroheckersche Humor sein Hehepunkt, un alle Mitwerkende bemihte sich, es ihm gleich ze duh. Jetzt kam der Wäldchesdag, der dorch sei brillant Inszenierung des Publikum sofort gefange nahm,

Gallerie lebenswahrer drastischer
Bühnengestalten No. 8.
Herr J. A. Strohecker als Muffel
in A. Malß's „Alt Frankfurt“

un als zem Schluß des Transparent mit der Inschrift: Hoch Frankfort! sichtbar ward, da konnt mer in dem tosende Beifall laute Hochrufe uff die geliebte Vatterstadt heern. Aach des letzte Bild, der Remerberg, blieb im Erfolg net hinner seine Vorgänger zerick, un so hatte des ehrschte awendfillende Lokalstick sei Lewensfähigkeit dorch alle acht Akte bewiese.
Gerihrt haww ich dem Intendant Claar gedankt, daß er trotz alle Aafeindunge, die er deshalb erdulde mußt, merr den Weg zur Bihn geewend hat. Gedankt haww ich awwer aach dem Roll, der in entschiedener Weis for mei Arweit eigetrete war, un alle Darsteller, die err zem Sieg verholfe hatte.
Un wie ich dem Strohecker die Hand geschittelt un zu emm gesagt habb: »Häckerling, ich hoff, es hat gefalle«, da sin dem die Träne in die Aage getrete un er hat erwiddert: »Ich glaab's, wann nach de Aktschliß neunundsechzigmal der Vorhang in die Heh geht.«
Zwaa glickliche Mensche hawwe an dem Awend die Bihn verlasse. Der aane war ich, der sich endlich Bahn gebroche, der annere der Strohecker, der von der Stund aa der erklärte Liebling des Publikums un der populärste Schauspieler Frankforts war. –«
Der Schilderung des Dichters kann ich nur noch hinzufüge, daß, wie er jetzt zu seine Leut auf die Gass komme is, im Gegesatz zu seiner »Gute Partie« kei Mensch da war, der emm die Hand gedrickt hat; und so hat er dann mit seiner Familie fröstelnd, ohne e Wort ze redde, den Heimweg nach der Alte Mainzergass, wo merr inzwische hiegezoge sin, aagetrete.
Gegesse hat keiner was von der Familie, un so is die Lamp ausgeblase worde, un alle sin stillschweigend in die Better gange. Am nächste Morjen hat sich niemand drum gerisse, die Zeitung aus dem Kaste zu hole, nur sei tapfer Frau hat's gewagt un dann im gedämpfte Ton die Kritik vorgelese. Iwwerschwenglich war se net, awwer doch einigermaße aastennig.
Der weitsichtige Regisseur Roll hat nach dem große Erfolg jetzt des Stick ei- iwwer des anneremal aagesetzt, so daß es in korzer Zeit sei finfunzwanzigst Aufführung erlewe konnt. Jetzt is awwer auch die Press noch emal lowend drauf zurickkomme un hat sogar dem

Dichter sei Bild un des Schlußbild vom Remerberg gebracht. Sei greßt Freud awwer war, wenn schon morjens an der Kass des Schild »Ausverkauft« erausgehengt is worn.

Ein Erfolg nach dem andern

Nach dem große Erfolg von »Alt-Frankfurt« war der Dichter auf einmal der Mann beim Theater, un sei guter Roll hat enn verfihrt, sei Wohnung aufzugewwe un nach dem Weste zu ziehe, um bessere Verbindunge mit dem Theater zu hawwe.
Un so is er dann auch von seiner schöne Mainwohnung 1888 mit seiner Familie nach der Staufenstraß gezoge. Die Mama hat besonners der schöne Aussicht auf den Fluß mit seine viele Schiffe un Bootcher nachgetrauert. Awwer wie se ihr ganz Lewe ihrer Familie un der Arweit von ihrm Mann unnergeordnet hat, so auch hier. Der hat sich in dem neue Heim gleich wohl gefühlt un zu seiner Frau gesagt: »Siehst de, des is e Haus for mich, denn erstens emal wohnt mei Regisseur Roll drin un dann newer dem e Altistin von unserer Oper un unner der e erst Sopranistin, un dann wär noch e Pianistin im Haus, die ich awwer noch net kenn.«
»Ja«, hat enn jetzt sei Frau unnerbroche, un mir hat mer gesagt, daß e Direkter im erste Stock noch an zwei Konservatoristinne vermiet hätt, die den ganze Dag klimpern deete.«
»Des kann mir ja worscht sei, die heer ich hier owwe net. Auf jeden Fall bin ich hier in emme richtige Kinstlerhaus. Du sollst emal seh, wie merr hier die Arweit nor so von der Hand flutscht.«
Un so war's auch. Sei Weihnachtsmärche »Schönklärchen« is emm nur so von der Fedder geflosse, so daß er's bald seim Komponist Gustav von Rößler, der e entzückend Musik dazu geschriwwe hat, Akt für Akt vorlese konnt. Während seiner Dichterei is er dann alle Augeblick zu der Altistin odder der Sopranistin enunnergeschluppt un hat sich von dene die drin vorkommende Lieder, bald des Froschquartett, bald des Heinzelmänncherlied, bald den

Das Künstlerhaus Staufenstraße 37, in das Adolf Stoltze 1888 einzog. Hier wohnten noch der Regisseur Anton Roll, eine Altistin und eine Sopranistin von der Oper, eine Pianistin und zwei Konservatoristinnen.

Abendreige vorsinge lasse, un war dann ganz in sei Märche versunke, bis enn auf eimal der Roll auf der Trepp verwischt un zu emm gesagt hat:
»Lieber Stoltze, es ist doch sehr wichtig, daß Sie nach dem großen Erfolg von »Alt-Frankfurt« einen ebensolchen Dialektschwank »Neu-Frankfurt« schreiben. Sobald Sie ihn beendet haben, werde ich ihn direkt im nächsten Jahr zur Aufführung bringen.«
Jetzt hat's geheiße: »Adolf, setz dich auf dei Hose!«
Un so is es emm dann auch gelunge, daß sei »Schönklärchen« zu Weihnachte fertig war un enn selten große Erfolg gehabt hat un bei seine finfzig Aufführunge jedesmal von de Kinnercher bejuwelt worde is.
Um enn von seiner ständige Dichterei als emal e bissi abzulenke, hawwe's sei mittlerweile großgewordene Kinner net an Abwechslung fehle lasse. So hawwe se zu ihrm Viehzeug, was schon aus emme Hund, errer Katz, verschiedene Vögelcher un erre Ringelnatter bestanne hat, noch enn zahme Has un enn zahme Rab mit heimgebracht. Wollt sich's der Dichter mittags e bissi bequem mache un hat sich auf sei Sofa gelegt, kam der Has zu emm gehippt un hat emm die Brill von der Nas gezoppelt, als wenn er sage wollt: »Jetzt wird emal e bissi genuckt.« Dann hat er sich gemütlich bei emm eiquartiert.
Unser gut Mutter, die auf jeden Spaß eigange is, hat sich hingesetzt, dem Has e Telramundkostüm genäht un enn so nach der Lohngrinaufführung der Altistin enunnergeschickt. Awwer auch die Sopranistin sollt net zu kurz komme. Dere hat se den Rab, der alles hat mit sich mache lasse, kostümiert, un zwar hat se den als Lohngrin erausgebutzt, enn mit emme lange Mantel verseh un enn Helm auf sein Kopp gestülpt. Hat se dann vom Fenster aus die Sopranistin nach der Vorstellung heimkomme seh, hat se den Rab schnell vor die Tür gesetzt, wo er die »Elsa« mit emme laute Rab! Rab! empfange hat. Die Freud von dene Künstlerinne war riesengroß, un so hat im ganze Haus das beste Einvernehme geherrscht.
Voll Begeisterung hat jetzt der Dichter sei neu Stück »Neu-Frankfurt« angefange un sich grad die erste Szene dazu ausgedacht, wie

die Dihr aufgange is un sei Frau zu emm gesagt hat: »Du, der Roll hat schon e paarmal eraufgeschickt.«
»Der Roll, was will er dann?«
»Er lädt dich for ein Uhr zu erre Wagefahrt nach Iseborg in den Frankfurter Hof ei.«
»Nach Iseborg?«
»Ja, er hätt schon alles telefonisch vorausbestellt, un for den Awend sollst de dann noch e Flasch Cognac un enn Familiehaspel besorje lasse – er käm nach dem Theater heim un wollt noch dei neu Stick mit derr bespreche. Geld hat er merr nadierlich keins dafor gewwe.«
»Da kann mer nix mache, dafor is es der Roll. Die Hauptsach is, daß er merr mei Sticker erausbringt.«
»Komm, eß erst noch enn Bisse, damit de kei Koppweh krichst.«
»Ich werd mich hüte, wo mich der Roll eigelade hat.«
»No, dann mach dich fertig, es is die hechst Zeit. Zeig emal her, ob de auch aastännig aussiehst. Hast de auch e paar Fennig bei derr?«
»Nei, net enn rote Heller.«
»Hm, was mache merr denn da? Ich habb auch nix mehr außer des Mietgeld, un morje is der Erste. – No, da steck derr liewer emal auf alle Fäll zwanzig Mark davo ei. Daß de merr awwer ja nix davo ausgibst!«
Noch net ausgeredd, hat's die Trepp eraufgerufe: »Herr Stoltze, sind Sie fertig? Der Wagen ist da.«
»No also, adschee, Mann, un viel Vergniege!«
Wie se im Wage gesesse hawwe, hat der Roll erklärt, daß noch e ganz Klübche Schauspieler, darunner der Strohecker, des Strittche un der Grün erauskäme.
»Na, lieber Stoltze«, hat er jetzt gutgelaunt des Gespräch fortgesetzt. »Was sagen Sie zu dem bleibenden Erfolg von ›Alt-Frankfurt‹?«
»Ich bin baff. Allawendlich ausverkauft, des hätt ich merr net träume lasse.«
»Warum nicht? Glauben Sie mir, je älter das Stück wird, desto wertvoller wird es, und desto größer wird sein Erfolg sein. Solange

Anton Roll (1835-1906), Schauspieler und Regisseur.

der Frankfurter Dialekt gesprochen wird, wird das Stück sein Recht behaupten.«

»Ja, liewer Roll, die Mundart wird nie austerwe, sich höchstens etwas verännern. Sie is halt emal der lewendige Odem der Volksseele.«

»Ja, und deshalb glauben Sie mir, wenn uns alle schon der grüne Rasen deckt, wird man sich noch mit Begeisterung an Ihrem ›Alt-Frankfurt‹ erfreuen. Was unserem Theater fehlt, sind Volksstücke.«

»Stimmt, ich hatt schon draa gedacht, e Frankforter Volkstheater ins Lewe zu rufe. Es glaubt ja kei Mensch, wie sehr der Alt- un Neufrankforter an seiner Mundart hängt.«

»Drum machen Sie, daß Sie mit Ihrem Stück bald fertig werden. Vielleicht können Sie mir schon heute abend etwas davon vorlesen.«

Unner dene un ähnliche Gespräche sin die zwei dorch den herrliche Stadtwald gefahrn un in Iseborg im Frankforter Hof gelandt. Dort hawwe se sich ihr Mittagesse, bestehend aus erre Markklösjersupp, Forelle mit Butter, Sparjel mit Lendebeefsteak un enn drauffolgende Mokka mit de beste Havanna, die der Roll mit Vorlieb geraucht hat, gut schmecke lasse. Korz danach hat se awwer auch schon des Klübche Schauspieler begrüßt mit de Worte: »Da seid err ja, ihr Schlemmer, ihr Söffer, ihr Tunkenbolde!«

»Ower, Ower, merr hawwe Dorscht!« hat jetzt der Strohecker gerufe. »Bringe Se uns emal vorderhand Kaffee un Kuche un lege Se gleich e paar Bodelle aus de Weiberg der freie Stadt Frankfort uffs Eis!«

»Und für uns«, hat sich jetzt widder der Roll gemeldt, »zwei Flaschen Mosel.«

Bald drauf hat jetzt e allgemei Sauferei aagefange, un des Gejohl bei de Erzählunge von Witz un Kalauer hätt noch lang kei End genomme, wenn net auf eimal der Roll auf sei Uhr geguckt un gesagt hätt: »Meine Herren, es ist die höchste Zeit, daß wir uns verabschieden, ich muß um sechs Uhr auf der Bühne sein.«

Noch net ausgeredd, is er auch tatsächlich aufgestanne un hat nach der Werttsstubb gerufe: »Ober, zahlen, wir müssen gehen!« Dann is er ins Freie gange un hat geguckt, ob der Kutscher noch da wär. Wie er awwer als net widderkam, is es dem arme Dichter auf eimal siedendheiß iwwern Buckel gelaufe, un er hat sich sein Hals bald nach rechts un bald nach links verrenkt, um zu gucke, ob sein Freund Roll immer noch net zerick käm. Vor lauter Gucke hat er gar net gemerkt, wie sich enn baumlanger Kerl an enn erangemacht un gesagt hat: »Bitte, mein Herr, die Rechnung.«

»Was? Wie? Jaso, die Rechnung. Was macht dann die Sach?«

»Neunzeh Mark un verzig Fennig.«

»Was, wie meine Se, neunzeh Mark un verzig Fennig?« hat er jetzt gestehnt un sich den Schweiß von der Stern gewischt un schweren

Herzens sei Goldstickelche dem Kellner mit de Worte iwwerreicht: »Na, dann stimmt's ja gerade.« Kaum awwer daß er sei paar Trumbele los war, wobei er an sei arm Luwise daheim gedacht hat, is auch schon der Roll widder am Tisch erschiene un hat dem Schauspielerklübche zugerufe: »Also, adies, meine Herren, bis später. Kommen Sie, Herr Stoltze!«

»Ach was, des gibt's net, der Adolf bleibt jetzt erst emal e bissi bei uns«, hat der Strohecker gemeint. »Jetzt fängt's ja erst aa, gemietlich zu wern. Der dappt später auf Schusters Rappe mit uns dorch den griene Wald. Zudem hawwe merr auch noch soviel Projekte mitenanner zu bespreche. Newahr, Adolf, du bleibst doch bei uns?«

»Ach was, heute ist Herr Stoltze *mein* Gast, *ich* habe ihn eingeladen, folgedessen kehrt er auch mit mir zurück.«

»So – na dann winsch ich viel Vergnüge!« hat enn jetzt der Strohecker sehr bedeutungsvoll nachgerufe. –

Die Heimfahrt verlief weniger animiert, denn der Wein hat den Roll müd gemacht; auch wollt er sich noch e bissi for sein »Lear« vorbereite, un so sin se beide ziemlich abgespannt am Theater aakomme.

»Lieber Herr Stoltze, bleiben Sie nur ruhig sitzen, der Kutscher fährt Sie noch nach der Staufenstraße 37. – Also leben Sie wohl – bis heute abend!«

Kaum daß emm der verblüffte Dichter was erwiddern konnt, war er verschwunne. Widder war's emm, als wenn emm einer enn Kiwwel kalt Waasser iwwern Buckel schitte deet, besonnerst wie der Wage an seim Haus gehalte un der Kutscher emm erklärt hat, daß er for die Fahrt mit Wartezeit von ein bis sechs Uhr sechzehn Mark zu kriehe hätt.

»Was, sechzehn Mark? Ei so viel Geld haww ich ja gar net mehr bei merr. Warte Se enn Augeblick, ich bring's Ihne gleich erunner.«

Wie er owwe ankam, hat enn sei besser Hälft mit de Worte empfange: »Ei um Gottes wille, wie siehst de dann aus? Der Angstschweiß steht derr ja auf der Stirn. Es is derr doch nix bassiert?«

»Ach was, Unsinn! Sag emal, kannst de merr vielleicht noch sechzeh Mark gewwe?«

»Sechzeh Mark? Ich habb derr doch erst vor e paar Stunne zwanzig gewwe.«
»Frag net, die Sach pressiert, später erzähl ich derr alles.«
»Du mußt grad meine, ich hätt enn Dukateschisser – ich habb nix, da mußt de derr's halt widder vom Mietgeld nemme. Wer reißt denn da die Schell wie narrisch? Guck doch emal am Fenster, da kreischt als einer was erauf, was will dann der?«
»Ich lauf schnell enunner.« Awwer kaum daß er an der Dihr war, hätt enn der mißtrauische Kutscher, der stermisch sei Geld verlangt hat, beinah iwwern Haufe gerennt.
»So, auch den wär ich los, un jetzt will ich derr sage, wo des Geld hiekomme is.«
Wietend hat emm awwer jetzt sei Frau entgegent: »Des is ja e Sind un e Schand, an eim Middag sechsundreißig Mark zu verblitze – un des nennt mer e Eiladung - fui Deiwel!«
»Du hast ja recht, awwer jetzt laß merr vor alle Dinge mei Ruh. Der Roll will heut awend schon enn Deil von meim Stick vorgelese hawwe, un ich bin merr iwwer vieles noch gar net im klare.«
»Nadierlich widder bei erre Eiladung mit Haspel un Cognac, die ich bezahlt habb.«
»Beruhig dich doch nor, wenn der mei Sticker erausbringt, sin merr gemachte Leut. Wenn ich ja nor mehr Ruh zum Arweite hätt, manchmal kennt ich rein verzweifle. Der Roll dut merr die leiblich Ruh net lasse, er verspricht sich von meim neue Stick, des e Parallelstick zu meim »Alt-Frankfort« sei soll, den größte Erfolg. – Dag un Nacht derf ich jetzt net mehr iwwer mich gucke, um beim Roll mei Verspreche eizuhalte.
Un so is es emm auch wirklich gelunge, seiner Frau bald des bedeutende Wort »Ende« zu zeige, des er immer mit besonnerer Freudigkeit zum Schluß von emme neue Stick geschriwwe hat.
Erleichtert hat er's dann dem Roll, der schon die erste Akte gekennt hat, erunnergebracht, un tatsächlich hat er's schon e paar Monat speter, im Frühjahr 1889 erausgebracht. Der Erfolg blieb hinner dem von »Alt-Frankfurt« net zerick. Der Strohecker un auch die iwwerige Schauspieler hawwe sich in ihre Darbietunge iwwertrof-

fe, so daß se sich zum Schluß dutzendemal vor dem Publikum verneige konnte. Auch die Kritik hat den Verfasser diesmal verwöhnt un enn dorch ihr Liewenswerdigkeit so freudig gestimmt, daß emm schon widder enn neuer Stoff zu me Ausstattungsstick vorgeschwebt hat, des auch iwwer Frankfort enausgeh sollt.

Awwer bevor er sich dafor sammle konnt, hat sei Frau zu emm gesagt: «Laß doch erst emal unser silwern Hochzeit voriwwer sei, dann kannst de hoffentlich an deine Arweite bleiwe.«

»Ich bitt dich, stell merr nor net widder die ganz Wohnung auf den Kopp – am beste is, ich reiß aus un nemm merr e Notizbuch mit auf die Gass, bis ihr fertig seid, denn in dem Käwwernkaste kann mer ja kein gescheite Gedanke fasse.«
»No ja, da mach's so. Wenn merr noch die Vorhäng gewäsche un aufgehängt hawwe, werd's ja auch gleich widder gemietlicher.«
Un so war's auch. Nach korzer Zeit war die Butzerei erum, un der große Dag war erschiene. – Dodmüd un abgerackert hawwe se sich, nachdem se erst noch verschiedene Vereins-Ständcher iwwer sich ergeh hawwe lasse, in ihr Better gelegt. Kaum odder, daß se e bissi eigenuckt warn, hat auf einmal morjens um finf Uhr e mächtiger Posaunechor, der sich auf der Trepp postiert hat, mit aller Kraft zu schmettern aagefange »Das ist der Tag des Herrn«. Mit beide Fieß sin se jetzt widder aus de Better gehippt, hawwe die Vorplatzdihr e bissi geklefft un grad gehört, wie fast sämtlich im Nachthemd erschienene Hausbewohner ihr Dihrn aufgerisse un laut schimpfend widder zugeschnisse hawwe. Sie selwer hawwe noch bald e halb Stund lang die Posaune, die am jüngste Dag net kräftiger ertöne könnte, iwwer sich ergeh lasse, bis dann endlich die schwarze Gestalte von emme Jünglingsverein nach schwungvollste Gratulatione abgeschowe sin.
»Ich will derr was sage«, hat jetzt sei Frau gemeint, »des beste is, merr bleiwe gleich auf, denn an e Ruh is doch net mehr zu denke.«
Un wie recht hat se gehabt, denn schon in aller Früh hawwe sich die Gratulante, darunner viele Vereine, for die er ständig Prologe, Dischlieder un Szene geschriwwe hat, zur Gratulation eigefunne. Gege Awend sin dann außer der Verwandtschaft noch viele Theatermitglieder, Maler un sonstige Kinstler erschiene un hawwe sich bei 'me gute Esse besonners wohl gefühlt. Nach verschiedene Dischredde is bei offenem Fenster gedanzt, gelacht un gesunge worn, so daß keiner gehört hat, wie's an der Vorplatzdihr geschellt un einer gekrische hat: »Die Nachtruh so ze steern, des is ja enn Skandal. Wenn der Tumult net augenblicklich uffheert, wer ich enn Strafaatrag stelle.«
»Da hawwe Se awwer recht«, hat emm der Dichter enausgerufe.

Schlußszene des fünften Bildes von »Neu-Frankfurt«. Titelbild der »Kleinen Presse« vom April 1889, gezeichnet von Hermann Junker.

»Liewer Mann, komme Se doch erst emal erei un betrachte Se sich die animiert Gesellschaft un trinke Se mit uns e Glas Wei auf des Wohl der »Silwerbraut.«

Des hat sich der Hieter des Gesetzes nadierlich net zweimal sage lasse. Aus dem eine Glas sin zwei, aus dene zwei sin drei, aus dene drei sin vier Gläser geworde, bis auf eimal der gar so Gestrenge gestammelt hat: »Hätt ich gewußt, Herr Stoltze, daß Sie der Gefeierte sin, wär ich iwwerhaupt net eraufkomme.«

Un unner ständigem Stottern hat er gemeint: »So enn Dag, der muß ja gefeiert wern«, un nachdem er noch emal e Glas geleert hat, hat er dem Dichter ausenannergesetzt, daß die Gesellschaft ja ruhig bis um vier, ja sogar bis um sechs zusammebleiwe kennt – er hätt nix dagege, nor sollte merr'm net bees sei, wenn er gesteert hätt. »Ja wisse Se, meine Herrn, so enn Dag kommt nor einmal im Lewe vor. Drum nix for ungut, meine Herrn.«
»Prost, prost«, hat's jetzt von alle Seite gerufe. »Jetzt stoße Se auch noch emal mit dem Juwelpaar an.« Un widder hat er mit emme voll gefillte Glas angestoße un aus Leiweskräfte gesunge: »Hoch solle se lewe, hoch solle se lewe, dreimal hoch.« Dann is er die Trepp enunner geschwankt, un mer hat enn noch auf der Gass singe hörn. Jetzt is die Stimmung bei witzige Redde aufs äußerste gestiche, un erst nach emm starke Kaffee hat dann die vergniegt Gesellschaft so gege siwwe Uhr des Haus verlasse.
»Des war doch werklich e schee Fest«, hat er jetzt zu seiner Frau gesagt un err enn herzhafte Kuß gewwe, »da hat mer widder emal so richdig gemerkt, wieviel liewe Mensche mer doch kennt. – Ins Bett zu geh lohnt sich ja jetzt net mehr, da könne merr am beste gleich emal mei Stubb widder e bissi in Ordnung bringe, damit ich an mei Arweit komm. Du weißt doch, daß der Roll jetzt sei verzigjährig Bihnejubliäum feiert, da will ich emm doch was schreiwe. Un so hat er sich mit emme große Gedicht bei seim gute Freund bedankt un mit folgendem Vers geschlosse:

Glick uff den Weg zu alle Stunne!
Glick uff den Weg zu jeder Zeit!
Bleib innig mit der Kunst verbunne,
Der de dei Lewe hast geweiht.
Die Zukunft sollst de noch genieße,
Gesundheit mach dich stark un froh!
»Alt-Frankfurt« hat dich einst gepriese,
»Neu-Frankfurt« macht's jetzt eweso.

Der Roll, der jetzt abwechselnd sei beide Lokalsticker auf dem Repertoir gehalte hat, wollt enn stännig zu seim neue Stick »Die gemeinschaftliche Hochzeitsreise« antreiwe, weil er, wie er behaupt hat, widder enn neue Schlager hawwe mißt. Kaum awwer, daß der Dichter sich widder enei verdiefe konnt, hat enn der Vorstand vom Kaufmännische Verein gebete, zu seim finfzigjährige Jubiläum e Theaterstick zu schreiwe.

Auch den Wunsch hat er erfillt un enn Schwank in eim Aufzug unner dem Titel »Durch den Kaufmännischen Verein« verfaßt, der dann 1890 im Saalbau unner der Leitung vom Schauspieler Zademack mit so großem Erfolg aufgeführt worde is, daß enn die hiesige Bihne aagenomme un andem noch fuffzigmal des Publikum damit erfreut hawwe.

Damit awwer net genug , hat er newer seim Ausstattungsstick auf Wunsch auch noch zum Carneval 1891 e Posse »Theatralischer Unsinn« erausgebracht, die im Februar un März die Mensche in carnevalistische Stimmung versetzt hat.

So hat er jetzt vor lauter Arweit kaum mehr aus un ei gewußt, un da emm der Roll stännig von wege dem Schlager im Ohr gelege hat, zu sich selwer gesagt: »Adolf, jetzt zeig, was de kannst« un hat net iwwer sich geguckt, bis er auf einmal Mitte in seiner Arweit dorch e groß Leid draa gehinnert worde is.

Sei guter Vatter, mit dem er sei ganz Jugendzeit verlebt, hat am 28. März 1891 unnerm Geläut der Osterglocke sei Auge for immer geschlosse. »Ja, ja«, hat jetzt der Dichter geseufzt un sehr niddergeschlage gesagt: »Mei armer Vatter, es is emm nix erspart gebliwwe. Finf Buwe hat emm der Tod genomme – drum muß ich jetzt als sein ältester Sohn doppelt bedacht sei, des Erwe von emm weiterzetrage un seh, daß mei Sticker net nor in Frankfort, sonnern auch außerhalb Erfolg hawwe.«

So hat er sich gleich nach dene schwere Dage, an dene ganz Frankfort mit emm getrauert hat, widder an die Arweit mache misse un's auch fertig gebracht, daß bereits im Mai 1891 sei neu Ausstattungsstick »Die gemeinschaftliche Hochzeitsreise« unner stermischem Juwel im hiesige Schauspielhaus aufgefihrt worde is. Die Kritik hat geschriwwe: »Stoltze schüttelt nur so die Stücke aus dem Ärmel heraus, doch was er schüttelt, das ist gut. Die Heiterkeit war stel-

lenweise geradezu unbändig, und nur mühsam ließ sich wieder einige Ruhe im Zuschauerraum herstellen.«
Kaum awwer, daß der Dichter jetzt e bissi iwwer sich gucke konnt, hat enn der Intendant brieflich gebete, doch zu dem große Ausstattungsballett »Excelsior« von Manzotti enn verbindende Text zu schreiwe.
»Hm!« hat er zu seiner Frau gesagt, »er lobhudelt emal widder, um mich draa ze kriehe. Des Ballett deet schon geprobt wern un müßt vertraglich noch im Juli erauskomme, ich soll emm doch den Gefalle duh un mich möglichst gleich mit dem Roll, der die Regie fihrn soll, in Verbindung setze.«
»Ach, des is ja ganz unmeglich, des kannst de ja gar net in der Geschwindigkeit fertig bringe.«
»Ja, du hast recht, awwer ich kann doch den Intendant net sitze lasse, ich muß halt seh, wie ich's mach.«
Nach erre schlaflose Nacht is er schon morjens in der Frih vom Roll erunner gebete worn, un sie hawwe sich e Iwwersicht iwwer des Ballett gemacht, so daß er jetzt einigermaße im klare war, wie er den Text gestalte kennt.
Mitte in seiner Arweit hat sich's sei Frau mit de Kinner net nemme lasse, emm zu seim neununverzigste Gebortsdag am 10. Juni, den er in aller Stille verlewe wollt, mit emme Fässi Äppelwei, des se mit Tannegrie geschmickt un heimlich in sei Arweitszimmer bugsiert hawwe, zu iwwerrasche. Wie er in sei Stubb komme is, war er sprachlos un hat voll Rihrung sei Familch betracht un kaum Worte gefunne, so daß emm sei Frau zugerufe hat:

»Guck uns doch net so olwern aa,
Schlag schnell den Spunde ei,
Es is kei Wasser net vom Maa,
Es is was anners drei.

Es is vom beste Äppelwei,
Der Fritz hat enn bestellt,
E Göttertrank ja soll der sei,
Er kost auch ganz viel Geld.

Wann widder dei Gebortsdag is,
Soll's net so lumbig sei,
Da kriehst de dann, des is gewiß,
E ganz groß Faß voll Wei.«

Voller Dankbarkeit hat er sich dann widder an sein Schreibdisch gesetzt un is nor widderwillig zum Esse aufgestanne. Stännig hat enn jetzt der Roll gefuchst, bei emm geschellt un enn gefragt: »Lieber Herr Stoltze, wie weit sind Sie mit der Textdichtung gekommen? Der Intendant drängt. Kommen Sie doch bitte bald mit Ihren Entwürfen zu mir herunter, damit wir alles weitere besprechen können.«

Nach e paar Dag is dann der Dichter mit emme Stoß Babier zu emm erunnergekomme, un gleich drauf hawwe se sich in die Textdichtung vertieft:
»Also Herr Roll, ich möchte die Dichtung mit einem Prolog beginnen lassen. Denken Sie sich, die Bühne ist vollständig in Wolken gehüllt. Im Vordergrund, an eine geborstene Säule gelehnt, steht die Geschichte. Die lasse ich nun sprechen«. Da hat emm der Roll des Blatt aus der Hand genomme un für sich die erste drei Vers gelese. Dann awwer konnt er sich net enthalte, den letzte laut zu deklamiern:

So schau ich auf Jahrtausende zurück:
Derselbe Kampf zu allen, allen Zeiten!
Wann endlich naht das hohe Völkerglück,
Der Sieg nach langem wechselvollem Streiten?
Wann endlich darf mit goldnem Griffel ich
Ins Buch der Menschheit »Friede« schreiben?
Du schneller Geist der Zeiten führe mich
Und laß mich nah dem Kampf und Siege bleiben.

»Ja, gut so. Wie soll's dann weitergehn?«
Der Dichter hat emm nun skizziert, wie sich der Kampf zwische dem Dämon der Finsternis als dem zerstörende Element und dem Genius des Lichtes, der mit dem Fortschritt der Wissenschaft die

Menschheit weiterführt, durch die Geschichte hinzieht. Aus dem Theaterzettel des Frankfurter Opernhauses vom 7. September 1891 kann mer die Folge der zwelf Bilder ersehn. Das letzte schließt der Dichter mit folgender Regieanweisung: Die Völker des Erdballs haben sich zu einem Friedens- und Verbrüderungsfest zusammengefunden, denn die Feindin der Menschheit, die Finsternis, ist durch die Macht des Geistes, des Lichtes, für immer von der Erde verbannt. In einem grandiosen Tanze kommt die Eintracht aller Rassen symbolisch zum Ausdruck.

Heut könnt mer sich frage, ob die Menschheit in de letzte neunzig Jahr dem Ziel, wie's dem Dichter damals vorgeschwebt hat, werklich e Stickelche näher gekomme is. –

Der Roll hat gemeint: »Ja, so wird es auch sicher den Beifall des Intendanten finden. Also, dann weiter fest drauf los, damit wir zu den großen Ferien das Stück herausbringen können. Ich muß jetzt zur Probe, wenn Sie Zeit haben, kommen Sie heute abend nach dem Hamlet noch etwas herunter. Also adies, lieber Herr Stoltze.«

Noch net hat der Roll richtig ausgeredd, is auch schon der Dichter die Trepp enaufgestiwwelt, hat sich gleich widder an sein Schreibdisch gesetzt un ununnerbroche an dem Ballett gearweit, so daß schon in korzer Zeit mit de Prowe begonne wern konnt. Der Intendant Claar, der mit dem Roll die Prowe gehalte hat, war von der Bearweitung so hingerisse, daß er de Darsteller erklärt hat: »Wir können glücklich sein, in Stoltze einen so befähigten Dichter gefunden zu haben, der durch seine Textbearbeitung dem Ballett sicher zu einem großen Erfolg verhilft.«

Awwer auch des ganze Personal war derart begeistert bei der Sach, daß des Stick schon zu de Opernferie 1891 mit großem Erfolg iwwer die Bihn gange is.

Nachdem des nun stännig bei ausverkaufte Häuser gespielt worde is, sin auch die Berliner Intendante auf des Stick aufmerksam worde. Un wie's der Intendant vom Luisen-Theater im Opernhaus geseh hat un gemerkt, daß es bei dicht besetztem Haus immer den gleiche Erfolg erzielt hat, is er zu dem Dichter in sei Wohnung komme un hat emm nahgelegt, daß er'n unner äußerst ginstige Be-

dingunge als Theaterdichter nach Berlin hawwe mecht. Er sollt dort wie hier die Sticker eirichte – auch wollt er sich verpflichte, sämtliche Neuerscheinunge von emm unner beste Bedingunge erauszubringe. Nadierlich hawwe mir Kinner iwwer des Aagebot gejuwelt un unsern Baba gebitt, doch ja den Vertrag abzeschließe. Nach einiger Zeit, die unser Baba dazu benutzt hat, erst mit unserer Mama, dem Intendant, dem Roll un dem Strohecker die Sach zu bespreche, is er zu dem Resuldat komme, daß es undankbar wär, wenn er jetzt sei Frankforter, die enn mit ihrer Lieb so verwehnt hätte, im Stich lasse wollt. Auch brächt er's net fertig, sei Vatterstadt, der er geschworn hätt, bis zum letzte Atemzug treu zu bleiwe, zu verlasse. Un so hat er unner dem Beifall seiner Theaterleut trotz dem Prostest seiner Kinner auf des seltene Aagebot verzicht. Jetzt hat's sein Ehrgeiz net ruhe lasse, auch ernste hochdeutsche Sticker zu schreiwe, die er dann bestimmt auch an annere Bihne unnerbringe kennt. Des ging auch alles soweit ganz gut, wenn er net stännig mit dem Gelegenheitskram belästigt worde wär un enn auch der Strohecker net immer mit neue Aaliege in de Ohrn gelege hätt. Alle Schlag besucht enn der Fuchsdeiwel mit de Worte: »No Adolf, wie weit bist de dann mit meiner Humoreske, ich acht Dag is mei Vortragsawend, un noch immer haww ich net die versproche »Silwerne Hochzeit«, die de merr doch schreiwe wollst – un dann vergeß net, zu deim fuffzigste Gebortsdag muß ich doch auch e neu Stick von derr hawwe. Ich weiß gar net, seitdem de in deim hochdeutsche Kram mechst, hast de scheint's nix mehr for die Dialektsticker iwwerig.«
»Schwätz doch so kei Blech! »Alt- un Neu-Frankfort« sowie die »Hochzeitsreis« stehn doch immer noch auf dem Repertoir. Awwer beruhig dich, zu meim Gebortsdag versprech ich derr widder e Dialektroll.«
»No also, merr wolle's hoffe. Ich muß auf die Prob. Morje läßt de mich awwer net widder umsonst komme, sonst kann ich dei Humoresk net mehr vorbereite. Also bis morje!«
Noch net war der recht der Dihr drauß, is sei Frau ereikomme mit de Worte: »Du sollst emal nunner zum Roll komme. Der sitzt

scheint's widder emal in Schwulidäte. Laß dich awwer net widder zu erre Fahrt eilade.«
Kaum hat er e paar Worte mit dem Roll redde kenne, hat's kräftig an de Dihr geschellt, un wie er aufgemacht hat, war's e Schneidergesell, der e Rechnung iwwerreicht hat.
»Was soll ich damit?« hat der Roll gefragt.
»Ei bezahle solle Se. Mei Prinzipal hat gesagt, ich mißt unner alle Umstänn so lang vor der Dihr steh bleiwe, bis ich mei Geld hätt.«
»Das haben Sie nicht nötig«, hat der Roll erwiddert, enn Stuhl genomme un vor die Dihr gestellt mit de Worte: »Sie können sich ruhig setzen.« Dann hat er die Dihr zugemacht un sich nix mehr um den Borsch gekimmert.
Net lang drauf hat schon widder die Schell, die ja am Erste jeden Monats in besonnerer Bewegung war, gerabbelt. Diesmal war's e Lehrbub von emme Zigarrngeschäft, der dem Roll erklärt hat, sei Prinzipal ließ emm sage, er mißt jetzt endlich bezahle, denn von jetzt ab deet er nix mehr aufschreiwe, worauf der Roll trocke erwiddert hat:
»Sagen Sie Ihrem Prinzipal, wenn er es *so* behalten könne, wäre es mir auch recht.«
Drauf hat er sein Hut aufgesetzt, un mit de Worte: »Bei diesem Lumpenpack ist an ein ernsthaftes Arbeiten doch nicht zu denken« fluchtartig des Haus verlasse.
Der Dichter awwer war glicklich, frei zu sein, denn er hat sein Ehrgeiz drei gesetzt, zu seim fuffzigste Gebortsdag den erste Band seiner gesammelte Werke erscheine zu lasse. Trotz der stännige Unruh in seim Haus, is es emm gelunge, daß an dem Dag der erste Goldschnittband erscheine konnt. Jetzt hätt er mit keim Kenig gedauscht, denn der Aablick von dem Band hat emm mehr Freud gemacht wie die wertvollste Geschenke. Hat er sich for den Dag auch jegliche Ovatione verbete, hawwe'n doch sei Freund un Verehrer seiner Kunst widder stark verwehnt.
Am Awend ging dann des dem Strohecker zulieb geschriwwene Dialektstick »Verspekuliert« mit großem Juwel for den Strohecker un Ovatione for den Dichter iwwer die Bihn. Wie glicklich war jetzt

unser Baba, daß auch der Awend voriwwer war un er sich widder mal seine annere Arweite widme konnt, zunächst kam awwer noch e Gedicht zum Claar seim fuffzigste Geburtsdag dran.
Der Intendant Claar un sei Frau, die bekannt Schauspielerin Claar-Delia, warn mit der Familie Stoltze net nor durchs Theater, sonnern auch durch e ganz ungewöhnlich groß Tierlieb verbunne. Eines Abends schellt's bei Stoltzes, un vor der Dihr steht im tadellose Anzug, e grau Lumpepaket im Arm, der Intendant hechstpersenlich: »Liebe Frau Stoltze, sind Sie nicht böse, wenn ich störe, aber denken Sie, als ich zum Schauspielhaus ging und unter Donner und Blitz gerade in das Haus eintreten wollte, stieß ich mit meinem Fuß an einen weichen Gegenstand. Ich bückte mich und sah in der Floßrinne jenes – un dabei wickelte er sei Bündel ausenanner – arme, verhungerte und durchnäßte Geschöpf. Die gute Lina Schott lieh mir dies Tuch, damit ich das Tier überhaupt nur anfassen konnte. Ich hätte es meiner Frau gebracht, aber sie und die Mädchen sind nicht zu Hause, und so fürchtete ich um das Leben diese armen Findlings. Liebe Frau Stoltze, wäre es möglich, dem armen kleinen Kerl gleich ein warmes Bad zu machen und ihm etwas Kräftigendes einzuflößen? Wenn Sie wollen, lasse ich ihn dann morgen oder übermorgen von Martha abholen.« Un damit is er schleunigst fort ins Theater.
Die Mama hat nadierlich den Findling in ihr Obhut genomme. Gleich is der häßlich riechende, verzottelte, zitternde Gesell in e warm Bad gesteckt worde un hat e Löffelche Cognac eigeflößt kricht.
Bei der Aufregung un dem Spekdakel konnt auch der Baba sei Neugier net bremse un stand mit de Kinner um die Bütt, um zu seh, was denn schließlich bei dere Aktion erauskäm. Un o Wunner, aus dem häßliche schwarze Köter is e hellgrau klei Hundelche geworde, dessen Rass noch net festzestelle war. Erst nach emm zweite Bad am nächste Dag hat sich e blüteweißer Bologneser mit große schwarze Auge un emm selten schöne Ohrbehang erausgeschält. Bei guter Betreuung un Verpflegung hat er sich dann auch in seim neue Heim schnell eigelebt. Da der Intendant bereits fünf

Hunde gehabt hat, dorfte Ami – wie er ihn getauft hatte – bei der Familie Stoltze bleiwe un hat sich bald zum Liebling der ganze Familie entwickelt, um dessen Gunst sich jeder riß. Auch der Baba hat enn manchmal verstohle beim Esse mit emme extra gute Bisse verwöhnt.

Nach der Ami-Affär beowachtete Claar öfters arme herrenlose Hund un kam so auf die Idee, e Tierasyl ze gründe. Frau Claar schnorrte in ihrm wohlhawende Bekanntekreis e ganz schön Sümmche Geld zusamme, un der Intendant veranstaltete e Matinee, wobei auch des Lyderl, wie ich bei Claars genannt wurde, mitwirke dorft.

In korzer Zeit kam soviel Geld zusamme, daß auf der Ginnheimer Höh mit dem Bau des Asyls begonne wern konnt. Frau Liebener mit ihrm Mann, dessen Eltern bereits den Schopenhauer-Pudel geschorn un gepflegt hawwe, wurd als Leiterin des Heims verpflicht. Sie verstand's ausgezeichent, mit de Diern umzugeh, un so wurd des Asyl unner der Aufsicht von zwei Dierärzt von Jahr zu Jahr beliebter un größer. Nadierlich sin jetzt manchen Nachmiddag auch die Stoltze-Döchter mit mords Futterpakete unnerm Arm auf die Ginnheimer Höh gewannert, um die Diern, die se bald all gekannt hawwe, zu besuche un zu füttern.

Froh warn jetzt auch die Stoltze-Eltern, daß alle herrnlose Hund gut aufgehowe warn, denn besonners Sanna hat manchen armen Köter mit heim gebracht, was die Gemütlichkeit un Ruh im Haus net grad vergrößert hat. Die hat awwer der Dichter bitter nötig gehabt, zumal der Intendant jetzt widder mit emme neue Aaliege an enn rangetrete is.

Nach dem große Erfolg von Excelsior hat's enn gereizt, e heiter Ballett mit Text im Opernhaus zu gewwe. Mit der Behauptung, daß er sich kontraktlich verpflicht hätt, des komische Zauberballett von Taglioni »Flick un Flock« im Sommer 1893 erauszubringe, hat er sein Theaterdichter dringend gebete, auch hierzu enn begleitende Text zu schreiwe. Was wollt unser Baba da mache? »Nei« sage konnt er net, wollt er sich die Gunst vom Intendant net verscherze. Also mußt er widder alle annern Arweide liche lasse, um dem neue

Ballett zu emme Text zu verhelfe. Die zweimonatige Opernferie mußte zur Einstudierung ausgenutzt wern. Also war's sei Aufgab, die Neubearweitung un die Textdichtung, die der Opernregisseur Kreibig in Szene setze sollt, in Aagriff zu nemme.
Des war leichter gesagt wie getan. – E schwer Influenza, von der auch sei Frau betroffe worde is, hat enn mit hohem Fiewer ans Bett gefesselt. Jetzt war der Kreibig außer sich un hat sich däglich erkundigt, ob er dann noch net aufsteh könnt.
Was blieb unserm arm Baba da annerster iwwerig, als im Bett zu arweite. Kam dann der Dokter, der emm des Aufsteh strengstens verbotte hat, verschwande schleunigst alle Aufzeichnunge, Zettelcher un Manuskripte unnerm Koppkisse. Awwer wie mer manchmal Pech hat, so ging's auch hier. Er mußt sich aufrichte, um besser unnersucht wern zu könne, wodorch der Dokter »des halwe Ballett entdeckt hat«. Der hat die Händ iwwerm Kopp zusammegeschlage un erklärt: »Aber lieber Herr Stoltze, unter diesen Umständen können Sie doch unmöglich gesund werden! Da ist es kein Wunder, daß das Fieber nicht heruntergeht.«
»Ja, awwer Herr Dokter, da is doch nix zu mache. Alle Schlag schickt merr der Kreibig un läßt sich die Aufzeichnunge von meim Text hole.«
»Ja, ja, das verstehe ich alles – aber kann Sie denn niemand vertreten?«
»Ausgeschlosse! Wenn ich mit der Arweit fertig bin, kann ich mich dann ja auch widder erhole.«
»Das ist Unsinn! Der Intendant soll die Aufführung auf das nächste Jahr verschieben. Jedenfalls übernehme ich keine Verantwortung – zudem kann es dem so drängenden Herrn Kreibig ja auch passieren, daß er mit diesen in Ihrem Bett herumfahrenden Zettelchen noch das ganze Ballett ansteckt. Richten Sie dem Herrn Kreibig einen schönen Gruß aus, das ließe ich ihm sagen.«
Jetzt hat enn awwer auch sei Frau, die der Dokter ängstlich gemacht hat, gebitt: »Sei doch verninftig un schreib dem Intendant, daß er die Auffihrung verlege sollt.«
»Ach was, Unsinn! Des geht doch net. Des Stick muß eraus. Ich

kann doch unmeglich nach dene Vorbereidunge den Intendant sitze lasse.«
»Es is awwer auch schrecklich; schon widder schickt der Kreibig un will e paar Zettelcher von deim Text hawwe.«
So ging des Dag for Dag, bis des Stick soweit beisamme war, daß die Prowe dazu beginne konnte. Awwer auch dabei hawwe se den Dichter net verschont. Sie hawwe enn Wage geschickt, enn Sessel auf die Bihn stelle lasse, enn in warme Decke eigehüllt un so mit dem Aufbau von dem Stick begonne, zudem auch nadierlich noch so manches geännert wern mußt. Selbst der Theaterarzt hat's for sei Flicht gehalte, öfter nach emm zu gucke.
Sei Frau, der's mittlerweile auch widder besser gange is, war jedesmal glicklich, wann se'n widder daheim gehabt hat. Fast in derselwe Aufregung wie bei seim »Alt-Frankfurt« is die ganz Familch zur Premier awends ins Theater gestiwwelt un war selig, wie des Ballett den gleiche Erfolg wie »Excelsior« erzielt hat. Awwer dadorch, daß enn die Kritiker zum meistaufgeführte Dichter Frankforts erklärt hawwe, hat sich, besonners in Kinstlerkreise, herumgesproche, daß er jetzt dorch die Einahme von seine Tantieme ungemei reich sei mißt, was zur Folge gehabt hat, daß enn die Schnorrande net mehr in Ruh gelasse hawwe. Besonners zwei von dere Sort hat der Dichter gern geschildert: Der eine war enn großer, wohlgenährter Kerl mit erre schwarze Lockemähn, bekleidt mit emme elegante Pelzmantel un mit erre diamantene Busennadel geschmückt. Der wollt unbedingt die Bekanntschaft von so me »berühmte Dichter« mache, un eh ich mich verguckt habb, war er in meiner Stubb. Dort hat er, schon bevor ich enn dazu aufgefordert hatt, Platz genomme, e perlebestickt Zigarrnetui aus seim Rock gezoge un, nachdem er merr vergeblich e Riesebauchbandzigarr aagebotte hat, sich selwer ei aagesteckt un mir den Rauch ins Gesicht geblase. Daß ich Nichtraucher war, wollt emm gar net in den Kopp enei, da doch e fei Zigarr e Genuß wär, der gleich nach »der Wonne der Liebe« käm. Jetzt hat er nadierlich von seiner so iwweraus erfolgreiche Pianistelaufbahn un seine großartige Konzerte in Amerika, Rußland, un de romanische Länder erzählt. Ja sogar in Japan

warn sei Erfolge iwwerwältigend, was er merr dorch e verknittert Blatt, die »Tokio Nichi Nichi Shimbun«, beweise wollt.
Merkwerdigerweis hätt er nor in dem verwinschte Deutschland noch kein Boddem fasse kenne. E Konzert im Gewandhaus in Leipzig hätt sich zerschlage, weil er bei 'me gemietliche Umtrunk in »Auersbachs Keller« mit e paar Studente hinnerenanner gekomme wär un sich auf der Gass mit enn geprichelt hätt. Damit warn die Aussichte auf sei Konzert vorbei.
Des zweite Mißgeschick hätt sich in Köln ereignet, wo er bei Glatteis in der Hochstraß gesterzt wär un sich dabei den vierte Finger seiner rechte Hand verstaucht hätt. Un wie er mit Schmerzensquale in sei Hotel komme is, war der Impressario mit de letzte Monatseinnahme verschwunne. –
Jetzt wußt ich, was enn zu mir gefihrt hat. Wenn er auch unmöglich dritter Klass zu seim nächste Konzert nach London fahrn un dort auch net in emme Hotel zweiten Ranges wohne kennt, haww ich emm doch net mehr wie zeh Mark gewwe kenne un wolle. Nachlässig hat er se in sei Rockdasch gestoppt un sich dann schleunigst verabschiedt, net ohne merr zu versichern, wie sehr ihn mei Bekanntschaft erfreut hätt. –
Kei Wunner, denn als ich am Awend nach erre Theatervorstellung mit dem Theaterdirektor in emme erstklassische Hotel noch e Glas Bier getrunke habb, saß e paar Disch weider der bekannte Klaviervirtuos, der merr morjens die zehn Mark abgekneppt hat, un labt sich an Austern un erre Flasch Rüdesheimer Auslese. Den Theaterdirektor hatt er auch bereits um zwanzig Mark erleichtert.
E paar Woche speter hat mich der dramatische Dichter un Poet Daniel Schmetterer besucht un mich, da ich enn net gekennt habb, auf die Seite 1439 des Deutschen Literaturkalenders verwiese. Da ich awwer immer noch net wußt, was er eigentlich dichte deet, hat er ganz treuherzig gemeint, sei ältere Werke wärn schon vergriffe un die neue noch net erschiene. Nadierlich wär er gestern awend in der Uraufführung von meim neue Stick gewese un hätt tüchtig geklatscht. Es wär ja auch ganz geschickt gemacht, merkwerdig wär nur, daß der Intendant es für ein Schmarrn halte deet, wie er zufäl-

lig aus erre Unnerhaltung gehört hätt. Jetzt bin ich wietend aufgesprunge, denn zu mir hat der Direkter gesagt, es wär das beste Werk der Saison.
»Ja Ihnen«, hat mein Gast gemeint, »Sie vergessen, der Mann schreibt selbst Stücke.«
Nachdem er mich so in Rage versetzt hat, wollt er sich auch noch bei mir zum Mittagesse eilade, was ich emm awwer mit der Begrindung, daß merr schon um 11 gesse hätte, abgelehnt hab.
Jetzt mußt er mit der Sprach erausricke. Er hat merr von seiner Villa am Comer See erzählt, wo er vor kurzem sein sechzigste Geburtstag gefeiert hätt. Bei der Gelegenheit hätt sich e Comité von Maler, Dichter un Komponiste gegründt, des emm zu seim Ehrentag e besonner Geschenk iwwerreiche wollte. Sie hätte auch enn Schatzmeister gewählt, der dafür bei de Mitglieder sammle wollt. Wie's awwer das Unglück wollt, wär der Schatzmeister im See ertrunke. Un bei erre neue Sitzung hätt des Comité ihn zum Nachfolger gewählt.
Jetzt war ich awwer platt. Der Herr Schmetterer Schatzmeister von dem Comité, das für ihn Geld sammelt. Wie er mei Zweifel geseh hat, is er gleich zu seim Mantel gesterzt un hat merr e List mit viele Name un ganz ordentliche Beträg vorgelegt. Unner zwanzig Mark war keiner dabei. Ich habb merr enn Augeblick iwwerlegt, ob ich den Jubilar net zur Tür rauswerfe sollt, dann hat awwer der Herdesinn iwwer mich gesiegt, un ich habb mich mit fuffzeh Mark eigetrage un se auf sein Rat auch gleich bezahlt. Nachdem die Sach erledigt war, hat er sich verabschiedt mit de Wort: »Also verehrter Kollege, wenn Sie jemals Ihr Weg nach dem Comer See führt, suchen Sie mich auf; und bin ich zufällig nicht zu Hause, treffen Sie mich sicher diesseits der Alpen in Genf.«
Noch net war der Kerl der Dihr drauß, hat der Dichter seiner Frau gerufe un zu err gesagt: »Ich habb widder emal draa glauwe misse. Hoffentlich bewahrt uns des Schicksal vor solche Kostgänger bis zur nächste Premier!«
»Ich kann dich auch net versteh«, hat jetzt sei Frau eigeworfe, »daß de die Dagdieb stännig unnerstitzt. Unsereins plagt sich um jeden

Emil Claar (1842-1930), 33 Jahre Intendant der Städtischen Bühnen.

Fennig, un die Kerl schmeiße's nor so zum Fenster enaus. In Zukunft läßt de mich öffne, mehr wie fuffzig Fennig bis e Mark krieht keiner von dene Lumpe mehr. Immer verschwendst de dei kostbar Zeit an die nixnutzig Gesellschaft, wo de doch weißt, daß de dei Schauspiel »Die Schwestern« unbedingt fertig hawwe willst, bevor de dem Strohecker zu seim fünfunzwanzigjährige Jubiläum, des doch vor der Dihr steht, noch enn Vers zu seim silwerne Becher mache un eigraviern lasse willst.«

»Ja, ja, das weiß ich ja alles. Des Stick werd die Nacht fertig, un den Vers habb ich bereits im Kopp un laß enn morje eigraviern.«
So kam der Dag, wo der Strohecker sich for den Awend sei Lieblingsroll, den Bohneberjer in »Neu-Frankfurt« ausgesucht hat! Awwer auch schon am Morjen fand e Feier in unserm alte Schauspielhaus statt, bei der nadierlich sein Leibdichter net fehle dorft. Auf prachtvoll geschmickter Bihn is dann Frankforts Lieblingsdarsteller bei dichtbesetztem Haus gefeiert worn. Nachdem der Intendant, die Stadt un verschiedene Kinstler ihr Gratulatione hinner sich hatte, is auch der Dichter auf enn zugeschritte. In der rechte Hand enn silwerne gefillte Pokal, hat er'n mit erre feurige Redd beglickwinscht un emm dann den Pokal mit de Worte iwwerreicht:

»Sorgenzecher sei der Becher – – nee, Unsinn!
Sorgenbecher sei der – – widder Blödsinn!
Sorgenbecher sei der Zecher —— Donnerwetter,
Sorgen —— widder falsch!«

»Gebb doch acht«, hat enn jetzt der Strohecker unnerbroche, »du verschwabbelst ja noch den ganze Wei!« Jetzt is des vollbesetzte Haus in e stermisch Gelächter ausgebroche.
»Du kannst scheint's emal widder dei eigne Versch net behalde. Komm her, ich les derr se vor.« Widder allgemeiner Juwel.
»Geh eweg, ablese kann ich selwer, du Olwel, des is kei Kunst!«
»So gebb merr doch endlich emal den Becher her, der is doch mei!« hat jetzt der Strohecker gemeint un emm den Becher aus der Hand reiße wolle.
»Nei, bis jetzt is er noch mei!« hat sich der Dichter gewehrt – wobei sich des Publikum vor Lache geschiewelt hat. Drauf hat er dann voll Schwung sein Vers abgelese:

»Sorgenbrecher sei der Becher,
Jeder Tropfen Heil und Glück!
Und du selbst ein froher Zecher
Bis zum letzten Augenblick!

Prost Adam! So, un jetzt geheert er dir!«
Jetzt hat sich des Publikum net mehr halde lasse, hat laut bravo gerufe un aahaltend geklatscht, während sich der Strohecker die Träne aus de Auge gewischt un dann in Gemeinschaft mit seim Freund Adolf auf des Wohl ihrer Vatterstadt den Becher geleert hat. –
Nadierlich hat dann auch am Awend der Strohecker mit seim Bohneberjer in »Neu-Frankfurt« bei ausverkauftem Haus enn net enden wollende Beifall erzielt.
Glicklich war jetzt auch unser Baba, daß der Dag so gut voriwwer gange is, un er hat mehr un mehr eigeseh, mit welcher Lieb die Frankforter an ihrm Dialekt hänge.

Premiere in Wien

Nach dem Awend konnt er sich endlich emal e bissi Ruh gönne un is zur Premiere von seiner »Hochzeitsreis«, die noch im selwe Jahr stattfand, nach Wien gefahrn.
E bissi komisch Gefihl is er jedoch net losgeworde, weil emm der Brief vom Carl-Theater immer widder dorch den Kopp gange is. Da schreibt emm der Sekretär unner annerm:
»Wie ich schon mitgeteilt, hat die Direction zu Ihrem Werk eine entsprechende Musik eigens komponieren lassen und zudem sich entschlossen, auch ganz neue Dekorationen speziell anfertigen zu lassen.«
»Ob des wohl in mei Stick paßt?« hat sich der Dichter mehr als eimal gefragt, un daß von der ersehnte Ruh iwwerhaupt kei Redd sei konnt, erfährt man aus de Briefe, die er nach Haus an sei Frau geschriwwe hat.

Liebe Luise! Bin gestern 18 Stunden Eisenbahn gefahren und heute morgen 6.20 todmüde in Wien angekommen. Nachdem ich 2 1/2 Stunden mit dem schweren Koffer herumgelaufen, fand ich endlich ein preiswertes Hotel. Meine Adresse ist: Hotel L'Europe, Praterstraße, Wien II. Mein Blick

fällt aus der 5. Etage auf das Carl-Theater und die Aspernbrücke. Mein Vertrauen zu einem wirklichen Erfolg ist nach Anschauung des Theaterzettels im Schwinden – es macht nämlich auf mich den Eindruck, als wenn gerade das 5. Bild (an der Donau) beseitigt wäre. Sobald ich mich etwas gewaschen, gehe zum Theaterdirektor und beendige alsdann den Brief mit Bleistift, irgendwo nur nicht bei mir über 5 Treppen.
Komme eben 1/2 2 Uhr von der Probe, habe seit gestern mittag außer einer Tasse Kaffe überhaupt noch nichts gegessen – schreibe trotzdem. Mit Ausnahme des 2. Bildes (Schwabenland) erinnert nichts an mein Stück. Der Witz ist verduftet, ich zittere vor Erfolg oder kenne den Wiener Geschmack nicht. Die Musik ist stellenweise hübsch. Die Bearbeitung rührt von dem Regisseur her. Heute abend 7 Uhr wieder Probe, schicke Dir den Zettel gegen Abend – kann nicht mehr, muß schlafen und essen, sonst werde ich ohnmächtig.
Gruß und Kuß Adolf.

Am Tag der Premiere, am 16. September 1893, schreibt er dann folgendes:

Um drei Uhr will ich nach Schönbrunn fahren, um sechs Uhr zurück, damit ich rechtzeitig zu meiner Hinrichtung komme. Ich bin noch keiner Premiere mit größerer Ruhe und innerer Überzeugung, daß sie nichts macht, entgegengetreten. Mein guter Stern ist sicherlich weit von hier. Na Geduld, in acht Stunden ist alles entschieden . . .
Ich wollte nach Schönbrunn fahren, habe aber eine Stunde geschlafen. Nun ist es 1/2 4 Uhr, und ich will sehen, wo ich etwas zu Mittag zu essen bekomme. Der Teufel hole die Premieren, sie sitzen doch nicht in den Kleidern.
Abends 3/4 auf 6 Uhr. Mindestens 100 Menschen stehen vor dem Carltheater. Wie mir die Kassiererin sagte, wird das Haus ausverkauft. Aufrichtig gestanden, bin ich seit einigen Stunden in hochgradiger Aufregung. Es kommt mir vor, als wenn weder die Direktoren noch sonst jemand Vertrauen zu dem Stück hätte. Niemals mehr lasse ich mir ein Stück bearbeiten. Muß ich durchfallen, soll es nicht auf fremde Rechnung geschehen. Nun genug des grausamen Spiels – ich will mir ein neues Hemd anziehen.

Nach der Vorstellung, geschrieben 1/2 12 Uhr.

Ich bin ruhig. Was ich vorausgesehen hatte, was kommen mußte, kam. In Berlin wäre das Stück in dieser Bearbeitung ausgepfiffen worden, hier hat man applaudiert, und nach jedem Bild ist der Vorhang mehrmals in die Höhe gegangen. Ein »Achtungserfolg« sagte mir ein Herr, ich möchte es einen »Verachtungserfolg« nennen. Das Wiener Publikum lacht gern und leicht, und wenn das »Alt-Frankfurt« oder »Fatale Geschichten« im Urtext gesehen hätte, morgen wäre ich sein beliebtester Humorist. Die Presse wird ihre Schuldigkeit tun, denn erstens bin ich kein Österreicher und zweitens »dichtet« wie bei uns jeder Journalist.

Die Presse berichtete aber ganz objektiv, wie man aus der Kritik in »Die Neue Freie Presse«, Wien, vom 17. September 1893 entnehmen kann. Hier heißt es:
»Direktor Blasel eröffnete heute das Carl-Theater mit der Posse »Die gemeinsame Hochzeitsreise« von A. Stoltze und hat damit eine freundliche Aufnahme, aber nicht den gewünschten Erfolg erzielt. Das Sujet wäre an und für sich drollig genug. Zwei junge Paare (bei Stoltze ein älteres und ein junges), welche gemeinsam ihre Hochzeitsreise machen, werden durch einen Zufall getrennt, und zwar in der Weise, daß jeder Ehemann die junge Frau des anderen an seiner Seite hat. (Bei Stoltze reist der fünfzig Jahre alte spendierfreudige Rentner mit der zwanzigjährigen Frau des anderen und der achtundzwanzigjährige sehr geizige Ehemann der jungen Frau mit der vierzig Jahre alten Ehefrau des Rentners, was natürlich viel mehr Anlaß zu Konfliktsituationen gibt.) Durch eine Reihe von Zufällen kommen sie sich wiederholt nahe, werden aber immer wieder getrennt, ehe sie sich finden. Sie reisen vom Rhein (bei Stoltze von Frankfurt) ins Schwabenland, besuchen in München das Hofbräuhaus, besteigen Berge, um in Sennhütten einander zu suchen, kommen nach Sachsen (bei Stoltze spielt dazwischen noch ein Akt in einem Ort an der Donau, wo wegen des Bäkkertags kein Quartier zu bekommen ist) und finden sich endlich in Wien auf dem Graben (bei Stoltze auf einem Rheindampfer). Der ursprünglich vielleicht recht heitere Schwank, der hier zu einer

Gesangsposse umgestaltet wurde, hat durch die vielen und mancherlei Zuthaten, welche die Handlung nur verwirren, gewiß nichts gewonnen. Es fehlt allerdings nicht an einer Reihe heiterer Scenen, welche mit lebhaftem Beifall aufgenommen wurden, wenn auch manche der Figuren, welche vorgeführt wurden, nicht mehr Anspruch auf Neuheit oder Originalität machen darf. So die energische Berliner Köchin (fehlt bei Stoltze), welche wir schon aus dem deutschen Volkstheater und der Ungar (bei Stoltze ein Engländer), den wir aus dem Theater an der Wien kennen. Was die Leistung der Darsteller anbelangt, so boten alle ihr Bestes, wenn auch die vielen Dialekte – schwäbisch, bayrisch, sächsisch u. s. w. – nicht immer Anspruch auf Echtheit machen konnten. Was die sächsische Mundart anbelangt, so gelangte sie durch die Herren Knaak und Lechner zu vollem Glanze. Herr Blasel, welcher vom gut besuchten Haus lebhaft begrüßt wurde, bewahrte seine komische Kraft wie immer . . . (es werden weitere Schauspieler lobend erwähnt). Fügen wir noch bei, daß die Posse außer den musikalischen Genüssen auch Sonnenschein, Alpenglühen und Donnerwetter bietet und mit einem veritablen Gewitterregen auf dem Graben schließt, so haben wir wohl nichts von dem Gebotenen vergessen. Das Stück würde sehr gewinnen, wenn man einen Teil des mit viel gutem Willen, aber wenig Glück angehängten Aufputzes, fallen lassen würde. Aussicht, ein kräftiges Zugstück zu werden, hat es allerdings auch dann nicht. Das Publikum war übrigens beifallslustig und begrüßte jede heitere Scene mit lautem Applause. – Die elektrische Beleuchtung des Zuschauerraumes ist eine gelungene, es steht nur zu erwarten, daß auch die Bühne in kurzer Frist des elektrischen Lichtes theilhaftig wird.«

Einen ähnlichen Eindruck von der Aufführung hatte ja auch der Dichter, wie man aus dem Schreiben an seine Frau ersehen kann:

Bitte sage Roll, die Bearbeitung wäre es gewesen, daß alle Situationskomik und aller Wortwitz beseitigt und mit Glockengebimmel und Sentimentalität ausgefüllt worden wäre. Das Bild »an der Donau« ist ganz ausgefallen und das letzte Bild durchaus Bearbeitererfindung. . .

Entweder Dienstag oder Mittwoch reise ich ab und bin sehr froh, wieder in Frankfurt zu sein. Vielleicht finde ich Gelegenheit, mit Ruhe zu arbeiten. Mich hat nämlich der Wiener »Erfolg« nicht nur nicht abgeschreckt, sondern im Gegenteil gezeigt, daß, wenn ich meine eigenen Wege gehe, sie zum Siege führen.
Sehr froh bin ich übrigens, daß ich in Wien gewesen, um die Entwicklung und alles mit anzusehen. Am Abend der Aufführung war ich auf der Bühne. Eine kleine Schauspielerin, die mich nicht kannte, sagte mir: »Sehn's halt, des Stück steht auf schwachen Füßen.«
»So«, antwortete ich, »kennen Sie das Original?«
»Naa, i hab mir denkt, es kummt hier zuerst – wenn's aber zugereist is, na, dann is es halt ausgricht.«
Das »Ausrichten« von Stücken scheint hier also Mode zu sein. Drum verliere ja den Mut nicht! Wien ist mein, so sicher wie Frankfurt mein geworden ist, aber nie mehr soll mir ein Fremder sein Wasser in meinem Wein gießen . . .
Die Wiener müssen mir kommen, wie mir die Frankfurter gekommen sind. Ein Publikum, das so leicht lacht, ist sicher zu gewinnen, natürlich darf man es nicht einschläfern wollen.

Berlin ruft vergebens

Nach seiner Rückkehr konnt er sich endlich mit seine gesammelte Werke befasse. Während der Korrekturleserei sin emm Hunnerte von Ideen for Theatersticker in seim Kopp erumgeschwirrt, un so ging sei Bestrewe hauptsächlich dahin, sich nochemal außerhalb Frankfurts zu erprowe. So hat er dann sein hochdeutsche Schwank »Fatale Geschichten« fertiggestellt, der gleichzeitig mit Frankfort auch an verschiedene andere Bühne sehr freundlich aufgenomme wurde. Jetzt war sein greßter Ehrgeiz, auch emal e Schauspiel zu schreiwe, das er schon lang mit sich erumgetrage hat.
Da er awwer am Dag kei Ruh fand, hat er meist nachts odder auf der Gass odder gar auf dem Friedhof gearweit.

Wie er an emme scheene Dag mit de beste Gedanke heimkomme is, sich an sein Schreibdisch gesetzt hat un grad so schee an der Arweit war, hat enn der Strohecker widder gepiesackt.
»Adolf«, hat er beim Eintrete gesagt, »bist de auch in Stimmung, ich will emal ebbes mit der bespreche.«
»Ach, der Heckerling, ja in Stimmung bin ich, awwer erumdrehe kann ich mich net, ich hab nämlich enn Hexeschuß im Gnick.«
»Gebb emal acht, wie schnell ich derr den Hexeschuß vertreib, e kräftig Ohrfeig – un schnell wendst de den Kopp nach der annern Seit, un vorbei is der Hexeschuß.«
»Redd so kei dumm Zeug un setz dich mindestens zwei Meter von mir entfernt un komm merr net in mei Näh.« Un in seiner steife Haltung beharrend, rief er: »Luise, bring doch emal e Flasch Mosel, der Heckerling will was Wichtiges mit merr bespreche, des geht bei emme Gläsche Wei noch emal so gut.«
Der Strohecker war net abgeneigt, goß ei un trank auf des Wohl der lieben Hausfrau.
»Also Adolf, was ich sage wollt, was hältst de davon, wenn ich hier in Frankfort un Umgewung Vortragsabende im Frankforter Dialekt halte deet?«
»Des is e gut Idee.«
»Ich hab merr die Sach so gedacht: Mir zwei mache des Geschäft gemeinsam. Ich trag vor, un du erledigst des Iwwrige, also die Saalmiet, den Karteverkauf, die Reklame un was so drum- un dranhängt. No ja, un jetzt kommt erst die Hauptsach, dann mißt de merr zu jeder Veranstaltung zwei neue Humoreske schreiwe, die ich dann als Zugnummern benutze will, denn Manuskripte aus deiner Feder intressiern des Publikum. Was hältst de davon?«
»Wie gesagt, die Idee is net schlecht.«
»Ich habb merr schon verschiedene Programme zusammegestellt, vorwiegend nadierlich Sache von dir un dem alte Stoltze. Es hannelt sich also hauptsächlich dadrum, die Kritik auf die Abende aufmerksam zu mache, un um Manuskripte, die de merr schreiwe sollst. – Un außerdem wollst de doch auch widder emal e Dialektstick for mich schreiwe.«

Wie enn dann der Dichter erwiddert hat: »Ja, du kommst auch noch an die Reih, sobald ich mei Schauspiel »Die Schuld der Schuldlosen« fertig habb, hat der Strohecker etwas verletzt gemeint: »Ich kann dich gar net versteh, daß de immer ehrscht annern Arweite mache willst. Du siehst doch, wie populär du dorch dei Dialektsticker wirst. Es hawwe sich sogar in Amerika Vereine gegrindt, die dei Sticker aufführn.«
Jetzt hat enn awwer sei gut Frau in Schutz genomme un gesagt: »Ach liewer Herr Strohecker, Sie hawwe ja gar kei Ahnung, unner welche Verhältnisse mei Mann arweide muß. Denke Se sich emal, sechs Klaviern im Haus, die meist bei offenem Fenster in Bewegung sin. Un dann noch der Radau im eigene Haushalt. Auch unser Döchter spiele Klavier, un ei singt sogar noch dazu.«
»Da deet ich doch net wohne bleiwe!« hat der Strohecker gemeint.
»Da hawwe Se ja recht, erzähl doch emal Adolf, was merr vor einiger Zeit dorchgemacht hawwe!«
»Ja, des war besonners schee. Denk derr emal, Adam, grad wie ich am Skizziern von meim Schauspiel war, hawwe auf eimal vier Klaviern zu gleicher Zeit zu pauke aagefange. Des war aawer auch unsrer arme Sängerin, die grad ihrn Korrepetitor zum Studiern gehabt hat, zuviel. Die Nerve sin mit err dorchgange, un da hat se so Sticker zwanzig mal mit aller Gewalt die Dihrn von ihrer Wohnung zugeschmisse, daß net nor unser Kronleuchter, sonnern auch unser Bilder an der Wand zu wackle aagefange hawwe.
Daraufhie hawwe die Konservatoristinne erst recht unner stännigem Pedaltrete nix wie Fingeriewunge gemacht. Wie dann die arm Sopranistin gemerkt hat, daß se damit nor den kerzere zieht, hat se sich am nechste Dag e Aazahl Kinner aus der Nachbarschaft bestellt, se mit Trompete, Rassele, Zinndeckel, Pfeife, Trommele u. s. w. ausgerist un enn aabefohle, sich auf der Trepp aufzustelle un von 2 bis 4 Uhr von ihre Instrumente Gebrauch zu mache. Dabei hat s'enn eigeschärft, daß se sich von niemand verdränge lasse derfte, denn je greßer der Radau, desto greßer die Sticker Streuselkuche mit Schokolad. – Damit is se verschwunne – un die Katzemusik hat begonne. Glaub mir, Adam, bei dem Spektakel is sogar

unser Has rewellisch worn un merr stännig unner de Bei erumgekrawwelt. Un selbst unser zahmer Rab hat geholfe, des Konzert zu verscheenern.«

»Da wär ich ja längst uffem Affestei! Des is merr unbegreiflich, wie de unner dene Verhältnisse arweide kannst«, hat der Strohecker gemeint.

»Mir auch«, hat sei Frau eigeworfe, »un dabei arweit er doch widder an seim neue Schauspiel ›Die Schuld der Schuldlosen‹.«

»Des is ja schrecklich. Da kann ich derr nur den eine gude Rat gewwe: verlaß des Kinstlerhaus, bevor de selwer noch verrickt drin werst.«

»Ja, Adam, ich habb ja auch schon draa gedacht, awwer in einer Beziehung dut merr's doch widder leid auszuziehe, weil ich doch Erfolg iwwer Erfolg drin gehabt habb.«

»Wie eifällig, des licht doch net am Haus, sonnern an dir, liewer Adolf. Zieh in dem Diegelmann sei Wohnung, Eck von der Bokkenheimer Landstraß, der zieht den Herbst aus; des is e ruhig Haus, kei Klavier, kei Kinner.«

»Ja, des glaub ich derr recht gern, awwer erst muß ich doch einigermaße mit meine Arweide fertig sei. Laßt mich jetzt nor e bissi in Ruh! Mein Kopp is ja so voll von Idee!«

Kaum hat enn der Strohecker verlasse, hat enn schon widder de Roll erwischt un emm im Auftrag vom Intendant sage lasse, daß es sehr wichtig wär, zur Feier des Sedantags am 2. September den Grabbeschen »Napoleon« erauszubringe. Da er awwer in der Grabbesche Aufmachung for e Auffihrung unmeglich wär, ließ er'n bitte, des Stick for die Bihn neu zu bearweite. Wie er awwer dann dem Roll gesagt hat, daß er doch endlich emal for sich arweite wollt, is der ganz verschnuppt warn un hat emm ausenannergesetzt: »Einen solch ehrenvollen und verdienstvollen Auftrag, auf dessen Erscheinen die ganze Bühnenwelt sieht, können Sie unmöglich ausschlagen. Ich selbst werde mit Claar die Regie führen.«

Also hat er, wenn auch schweren Herzens, in den saure Appel gebisse. Es hat enn ja doch mit Stolz erfüllt, daß der Intendant so e

Titelbild der »Kleinen Presse« zur Uraufführung der
»Gemeinschaftlichen Hochzeitsreise«, gezeichnet von Hermann Junker.
(Zu Seite 169).

Zutraue zu emm gehabt hat. Nachdem er dann mit dem Roll so einigermaße sich iwwer des gewaltige Stick im klare war, is er in die Stadt gelaufe un hat sich e klei, zusammelegbar Theaterche mit Dekoratione gekauft, sich's auf sein Schreibdisch gestellt un sich dann die einzelne Szene draa zurechtgelegt.

Däglich is er dann in die Stadtbibliothek gestiwwelt, um sich Material for des Stick zu hole. Jetzt hat e Mordsarweit eigesetzt. Um den Stoff nor einigermaße unnerzubringe, hat er sich den »Napoleon

oder die hundert Tage« in zwei Abteilunge zurechtgelegt. Der erst Abteilung hat er den Titel Ludwig der XVIII. un der zweite Abteilung den Titel Napoleon gewwe. Sowie des Stick nor einigermaße feststand, hawwe der Roll un der Claar schon mit de Prowe begonne. Bis in die Nacht enei sin jetzt besonners die Schlachteszene prowiert worn. For die Schauspieler war des e schwer Aufgab, die mußte ihr ganz Kraft eisetze, um bei dem Schlachtetumult iwwerhaupt verstanne zu wern. Endlich, nach viele Prowe, is dann die Premiere am 2. September 1895 aagesetzt worn.
Merkwerdig, der Stoltze war bei dem Stick aufgeregter denn je un hat sich erst beruhigt, wie der Applaus nach de Akte kei End nemme wollt, im Gegedeil noch stärker eigesetzt hat, wie sich der Diegelmann als Blücher un der Barthel als Wellington hoch zu Roß vor de siegreiche Truppe die Händ gereicht hawwe.
Selbst die Kritiker hawwe den Erfolg zugewwe, denn sie hawwe geschriwwe:
»So ist es Stoltze tatsächlich gelungen, aus dem an und für sich unaufführbaren Grabbeschen Werk ein besonders in solch erinnerungsreichen Zeiten wirkungsvolles Ausstattungsstück zu gewinnen. Die Aufführung verfehlte ihre Wirkung nicht, besonders in den Schlachtenszenen der letzten Akte, die durch patriotische, zum Teil zeitlich anticipierte Weisen, Kanonendonner und mutige Rosse belebt wurden. Daß solche Bühnenvorgänge in jugendliche Gemüter tief eingreifen müssen, ist natürlich. Es bleibt ein Vorteil für unsere Bühne, die Arbeit unternommen zu haben, weil diese Anspornung auch der kleinsten Kräfte im Dienste der allgemeinen Absicht eine gute Schule für die Zukunft sein wird.«
Glücklich war jetzt der Autor, daß net nor die Frankforter Zeitung als die am meiste gefüchtete, sonnern auch alle iwwrige Blätter voll des Lobs for die Theaterleistung, den Regisseur, die Schauspieler un net zuletzt auch für ihn warn.
Jetzt hawwe auch die Berliner Theaterdirektorn aufs neue den Autor, den Diegelmann sowie den Barthel nach Berlin verpflichte wolle. Der Diegelmann is dem Ruf gefolgt, der arme Barthel is bald drauf gestrowe, un der Stoltze wollt sei Vatterstadt net im Stich

lasse. Trotzdem hat's enn awwer immer gefreut, wenn er dem Lockruf von seim Freund Presber, der wie so viele gemeint hat:

»Der Prophet gilt nix in seiner Vatterstadt«, un drum sein Wohnsitz in Berlin aufgeschlage hat, folge un hie un da for einige Dag enn dort besuche konnt, um neue Idee mit emm auszudausche. Vorläufig mußt er awwer von allem abseh, weil er endlich emal an seim neue Schauspiel »Die Schuld der Schuldlosen« weiter arweite wollt, denn er hat sei ganz Bestrewe eneigesetzt, daß es noch in der alte Wohnung fertig wern sollt. Awwer wie von emme beese Geist getriwwe, war er stets verurteilt, sich mit annere, nor net mit seine eigne Arweide beschäftige zu könne. Grad war er mit seiner Heldin bei erre Gerichtsszen aagelangt, als enn der Intendant persenlich aufgesucht un sich mit erre neue Bitt an enn gewendt hat: »Mein lieber Herr Stoltze«, hat er gesagt, »es bleibt uns nichts anderes übrig, wir müssen wieder einmal einen großen Abend zugunsten unserer Pensionskasse veranstalten. Die Kassen sind leer. Ich habe mich in diesem Sinne auch an Presber gewandt. Er schreibt dafür ein Scherzspiel ›Ein Winternachtstraum‹. Vorher geben wir noch ›Die schöne Galathee‹. Ich selbst verfasse einen szenischen Prolog, der den Abend einleitet. An Sie, lieber Herr Stoltze, ergeht nun die Bitte, mir zum Schluß der Vorstellung ein recht wirkungsvolles, tolles Stück zu schreiben. Das ganze soll eine Wohltätigkeitsveranstaltung bei stark erhöhten Eintrittspreisen werden. Im Foyer werden sich kalte Büfetts befinden, an welchen Künstler und Künstlerinnen durch Verkauf von Bildern und Autogrammen, Wein- und Sektausschank reiche Einnahmen erzielen werden. Kurz, ein Abend muß es sein, der viel Geld in die leeren Kassen bringt. Nun, mein lieber Herr Stoltze, darf ich doch bestimmt auch auf Ihre Zusage rechnen und vielleicht schon in einigen Tagen irgend einen Vorschlag von Ihnen erhalten.« Was war da zu mache? Widder konnt der Dichter net »nei« sage, un dann mußt ja auch dem Pensionsfonds geholfe wern. Zu schad, wo er doch grad mitte in seine Arweide war. Awwer es half alles nix, der große Awend sollt schon im Februar stattfinde.

Jetzt is emm auf eimal der Gedanke komme, for den Awend e »Modern Oper« zu schreiwe, zu welcher der Komponist von seim »Schönklärchen« die Musik schreiwe sollt. Erst hat er dem Intendant die Idee mitgeteilt un dann den Rößler gefragt, was er davon halte deet, wenn se zusamme e modern Oper nach folgendem Rezept braue deete.
»Also, liewer Rößler, hörn Se gut zu. Mir nemme drei Opern, die ›Cavalleria rusticana‹, den ›Bajazzo‹ un ›Hänsel un Gretel‹. Die dun merr in e riesig Nürnberjer Spielzeugschachtel, schüttele un rüttele die Handlung un die Musik davo dichtig dorchenanner, lasse des Ganze geheerig destilliern un ziehn dann des Gebräu auf Flasche ab, so entsteht enn Extrakt, den merr dann ›Bajazzos gehänselte Cavalleria‹ nenne kenne.«
»Famos, Stoltze, des mache merr, ich finn den Eifall eifach großardig.«
»Na also, mein liewer Rößler, eiverstanne. Mir müsse nun däglich zusammekomme, damit die Sach rasch vorwärts geht, denn der Intendant hat's wie immer widder emal sehr eilig.«
Da enn beide der Unsinn enn ungeheure Spaß gemacht hat, sin se auch schnell voran komme, un so konnt in korzer Zeit schon mit de Prowe begonne wern.
Die Darsteller kame beim Prowiern net aus dem Lache eraus, so daß die Kritiker schon nach der Hauptprob geschriwwe hawwe: »Ein solch überwältigender und flott gespielter Unsinn, bei dem der vergrillteste Melancholiker herausplatzen muß, ist noch nicht dagewesen. Das Opus wird wohl noch viele volle Häuser machen. Dem Dichter und dem Komponisten einen Ganzen!«

Der große Awend am 26. Februar 1896 verlief bei überfülltem Haus in jeder Beziehung glänzend, obwohl die bessere Plätze finfunzwanzig Mark gekost hawwe. Der Intendant un die Bihnemitglieder hawwe nor so gestrahlt von wege de große Einahme for die Pensionskass. Der Theateragent Wertheim, enn zweiter Intendant, kam direkt nach dem große Erfolg zu enn un wollt »Die modern Oper« for drei- bis finfdausend Mark käuflich von enn er-

werwe mit der Bedingung, daß er dann des alleinige Recht for alle deutsche Bihne hawwe deet.
Nadierlich sin die Verfasser von dem Stick net auf sein Vorschlag eigange – un so hat's doch sage un schreiwe der Wertheim fertiggebracht, daß des Stick iwwerhaupt net mehr aagesetzt worde is un auch an keiner annere Bihn aagenomme wurd. Da war der Theateragent emal widder »Owwerintendant«. Traurig, aber wahr!
Der Rößler war außer sich: »Herr Stoltze, was sage Sie zu solche Intrige? Die Sach gehört der Öffentlichkeit iwwergewwe. Der Intendant hat uns doch versproche, die Oper nach dem stermische Erfolg an alle Abonnementstage zu gewwe, sowie sie für die Sonntagsnachmittagsvorstellungen tüchtig auszunutzen – un jetzt – setzt sie ein »Theaterdiener« ab, das is doch unerhört!«

Jetzt hat der Dichter schwer sei Last gehabt, den Rößler zu beruhige.
»Gucke Se emal, liewer Rößler«, hat er zu emm gesagt. »Gehn merr gege den Wertheim vor, misse merr auch den Intendant mit eneiziehe, un des is so e Sach. Weiß mer, ob dann iwwerhaupt noch etwas von uns kommt? Als Zuckerbrot hat er merr direkt daraufhin versproche, daß er die Weihnachte widder ›Schönklärchen‹ erausbringe will, un im nächste Jahr sollte merr widder e neu Weihnachtsmärche bringe. Wenn merr die Press in Aaspruch nemme, glaub ich bestimmt, daß se unser Artikel net abnemme un merr uns mehr schadde als nitze.«
Der arme Rößler hat enn dann unner Seufze verlasse un emm des Verspreche abgenomme, daß se sich den Awend im »Hainer Hefche« bei me Schoppe Wei treffe wollte, um ihrn Groll enunnerzuspüle.
E paar Dag drauf erhielt dann der Dichter vom Aufsichtsrat der Städtischen Bühnen mit emme sehr liewenswerdige Schreiwe in emme prachtvolle Etui e golden Fedder, die emm groß Freud gemacht hat un enn einigermaße iwwer die Gemeinheit vom Theateragent eweggesetzt hat.

Sei Frau hat auch noch e anner Mittel gewußt, um emm e bissi iwwer sein Ärjer wegzuhelfe:
»Horch emal, Adolf, des beste wär doch, du deetst mit deim Sohn Fritz radfahrn lerne, da kämst de doch auf annern Gedanke un könnst dich e bissi ausspanne.«
»Hm, des is eigentlich kei schlecht Idee.«
»Ja, un dann kannst de doch awends noch in den Wald odder in den Taunus fahrn.«
»No ja, wann de meinst, da könnt ich doch gleich mit dem Fritz, der ja jetzt e nidder Rad hat, auf dem Kleyer seiner Bahn zu lerne aafange.«
Gesagt, getan! Des Fahrn hat emm jetzt enn unglaubliche Spaß gemacht, besonners da er in der Bahn alle Kurve wie nix nemme konnt, so daß er schon nach e paar Dag sei Künste auf der Gass prowiert hat. Um 6 Uhr in der Früh is er schon in der Wöhlerstraß auf sei Rad gestiche un hat geherig zu strampele aagefange. Des ging auch alles soweit ganz gut, wann enn net die verflixte Rinnstei ständig aagezoge hätte. Kaum daß er sich e paar blaue Flecke geholt hatt, is auch schon e Fenster im erste Stock aufgange, un enn Wuschelkopp hat emm den gute Rat gewwe: »Herr Stoltze, Sie misse immer schee in der Mitt bleiwe, da geht's besser.«
Awwer net genug damit, hat er auch noch des Mitgefihl von einer, die enn mit ihrm Operngucker verfolgt hatt, in Kauf nemme misse: »Enn Augeblick, Herr Stoltze, ich werf nor mein Mantel iwwer un lauf dann e bissi newer Ihne her, sonst lerne Se des nie.«
Um dene lustige Weiwer aus dem Weg zu geh, hat er jetzt so schnell wie meglich sei Rad in die Liebigstraß gedrickt un sich da gleich widder draufgeschwunge. Des Fahrn wär ihm jetzt auch schon viel besser gelunge, wenn net beim kleinste Malheurche e vorwitziger Bäckerborsch gepiffe hätt: »Behüt dich Gott, es wär so schön gewesen!«
Awwer auch des hat enn net scheniert, un er hat zu sich selwer gesagt: »Adolf, laß dich net unnerkriche«, un hat's immer widder aufs neue prowiert, bis auf eimal e Fenster aufgefloge is un e Kinnerstimmche laut gekrische hat:

»Baba, Mama, schnell kommt emal ebei, da fährt e Betrunkener Rad!« – Des war zuviel. Jetzt hat er Schluß gemacht un vorgezoge, mit seiner Frau gege Awend dorch die Altstadt zu dappe un sich im »Hainer Hefche«, erre Stammkneip for Kinstler, sein Schoppe Wei un e halb Schnitzel gut schmecke zu lasse.

Sei Sohn Fritz hingege hat mit Leichtigkeit alle Schwierigkeite beim Radfahrn iwwerwunne un schon nach korzer Zeit die schönste Ausflüg gemacht. Mit seine Brüder Adolf un Heinrich hat er sich auch eifrig als Schwimmer betätigt un im offene Main mit enn Wettschwimme veranstalt. Bald warn se jedoch der Meinung, daß sich mehr Leut an dem schöne Sport beteilige müßte, un so hawwe die drei »Stoltzebuwe« mit noch e paar annern im Jahr 1891 den »Ersten Frankfurter Schwimmclub« gegründt, der bald e ansehnlich Zahl von Mitglieder gehabt hat. Jetzt hat e lebhaft Training eigesetzt, denn mer wollt ja auch bald mit annern Vereine konkurriern. Nach e paar Jahr is dann auch bei der Gerbermühl e groß Wettschwimme ausgetrage worde, wozu sich zahlreiche Zuschauer eigefunne hatte.

Leider konnt der Baba bei der Veranstaltung net dabei sei, weil er bei der Premiere seines hochdeutschen Stückes »Vom gleichen Stamme« im Münchner Gärtnertheater sein mußt, wo es früher erauskomme is wie in Frankfurt. Die Mama hat awwer wie immer die Verbindung aufrechterhalte un ihrm Mann folgendes geschriwwe:

Lieber Adolf!

Meinen herzlichsten Glückwunsch zu Deinem Erfolg. Gottlob, daß es vorüber und gut gegangen ist. Wir waren sehr aufgeregt, bis Deine Depesche kam. Ich bekam sie schon 12 Uhr. Besten Dank! Wir sind recht vergnügt, und sind unsere Söhne nun ganz anders aufgelegt und gehen jetzt frohen Mutes an ihr Werk. Um 11 Uhr wollen sie essen, auch eine Flasche Wein haben. Wir trinken auf Dein Wohl, und heute abend weiteren Erfolg! Eben liest Fritz die Frankfurter Zeitung, und steht unter den Depeschen folgendes: »Im Gärtnertheater erzielte Adolf Stoltzes vieraktiges Lebensbild ›Vom gleichen Stamme‹ bei gut besetztem Haus lebhaften, von Akt zu Akt steigenden Beifall.« Sei vergnügt, und wenn ich Dir noch Geld schicken soll,

soll, schreibe. Ich habe so sehr Eile. Die Buben drängen mich und wollen fort. Wir haben leidliches Wetter. Kalt, aber kein Regen. Neues weiß ich nicht. Wir freuen uns alle über Deinen Erfolg. Alles jubelt. Fritz singt und pfeift, Heinchen ist einen Kopf gewachsen und sagt: »Jetzt gehe ich vergnügt und fröhlich fort, wenn ich auch gekloppt werde.« Sie lassen Dich alle herzlich grüßen und hoffen, Dir auch Günstiges über ihr Schwimmen mitteilen zu können.

Sei herzlichst geküßt von
Deiner Luise.
Komme bald!

Der Erfolg is dann auch bei der Schwimmerei net ausgebliwwe. Dem Fritz is die schwer Aufgab zugefalle, gege den bekannte Berliner Schwimmer Kniese um die deutsche Meisterschaft über dausend Meter zu kämpfe, un er hat se tatsächlich gewonne. Großer Jubel beim Verein. Der Adolf hat beim Tauche die hechste Punktzahl erreicht un dafür e lebend Ent gewonne. An dem Kampf um den goldne Pokal der Stadt Frankfurt, der für die beste Leistung im Schul- und Hindernisschwimme ausgesetzt war, hat sich dann der Jüngste der Stoltzebuwe, der Heinrich, beteiligt. Vor sich hinträumend hat er awwer des Startzeiche verpaßt un is erst so richtig zur Besinnung komme, wie enn einer seiner Vereinskamerade mit emme Stumber unsanft ins Wasser befördert hat. Dann awwer hat er sich mächtig zusammegerisse, is nur so losgeschosse, hat alle Hindernisse mit unglaublicher Behendigkeit iwwerklettert un is tatsächlich noch als erster am Ziel ankomme. Jetzt war der Verein un besonners die Familie stolz un glücklich, zumal der Baba an dem Tag noch aus München telegrafiert hat: Setzt alle Kräfte daran, den goldenen Pokal der Stadt Frankfurt zu gewinnen!
Die Frag, was mit der sportliche Betätigung der beide Stoltzetöchter wern sollt, hat sich schnell erledigt. Die Sanna hat erklärt, sie deet grad genug Sport treiwe mit de viele Akkorde un Läuf, die se stännig auf dem Klavier zurückzulege hätt, un mit ihre Atemüwunge beim Singe wär ihr Zwerchfell genug in Bewegung. Außerdem ging se auch oft zum Wandern in den Taunus.

Die Lydia awwer war begeistert, als se die Dochter von dem Maler Junker, der enn treuer Freund der Familie war, mit in die Frankfurter Turngemeinde genomme hat. Junker hat viel für die »Kleine Presse« gezeichnet un von sämtliche Stoltze-Premiern auf der Titelseit e Bild von dem Stick gebracht. Der Frankfurter Turngemeinde hat sich die Lydia besonners verbunne gefühlt, weil doch der Baba schon als junger Mann Vorsitzender von dem Verein war. Als Turnanzug war folgend Kostümierung Vorschrift: e dunkelblau Blus mit emme weiße Matrosekrage un einer bis zu de Knie reichende Hos, iwwer die noch enn etwas längere Rock, mit Litzebänder un Schleife verziert, getrage worde is. Dazu lange Strümpf un Turnschuh. Da die Tracht beim Turne ziemlich hinderlich war, weil eim zum Beispiel beim Handstand der Rock iwwer den Kopp runnergehängt hat, warn die junge Mädercher dafür, den Rock wegzulasse. Des hat awwer die etwas ältere aufgeregt, sie fande, daß sowas doch schamlos wär, un sin ausgetrete, um enn neue »sittlichere« Verein zu gründe. Für die Turngemeinde war's net grad enn Verlust. Mit großer Begeisterung un Geschicklichkeit hat sich die Lydia jetzt der Turnerei gewidmet un so schnelle Fortschritt gemacht, daß err ihr Turnlehrer, der Preisturner Bernhard Gräser, noch extra schwierige Üwunge eigeübt hat, die se dann beim Schauturne vorführn durft. Nadierlich mußt err der Baba – wie hätt's auch anners sei könne – e Redd mache, die se dann mit viel Begeisterung un Schwung an die Zuschauer gericht hat.
So hawwe die »Kinner« im Haus Stoltze immer für Abwechslung gesorgt, un die Eltern hawwe es sich auch net nemme lasse, an all dene besonnere Ereignisse teilzunehme.
Unser Baba hat sich jetzt vorgenomme, sich mehr un mehr unabhängig von Frankfort zu mache, besonners da er bis heut noch auf die versprochene Auffihrung von seim Drama »Vom gleichen Stamme« gewart hat. Hätt er's gemacht wie der Presber un Berlin vorgezoge, hätte sei hochdeutsche Sticker sicher e greßer Verbreitung gefunne, un er hätt net immer erst auf dem hiesige Intendant sei Versprechungen zu warte brauche. Jetzt hat er sich auf nix mehr eigelasse un net ehnder geruht, bis er sei »Schuld der Schuldlosen«

fertig gehabt hat, um des Stick dann, wann's der Claar net auffihrt, gleich in Berlin eizureiche. Mitte in seiner Arweit is er aufgefahrn un hat gesagt: »No, wer schellt denn da schon widder? Ah, der Strohecker, als erei, ich weiß schon, was de willst, sicher dich erkundige, wann denn endlich der Umzug nach der Miquelstraß stattfinne deet. Ja, mei liewer Heckerling, erst muß ich noch mit dem Intendant ins klare komme, daß merr's net widder wie mit meim Drama »Vom gleichen Stamme«, mit dem er mich bereits e paar Jahr hiegehalte hat, stännig mit der Erklärung, daß die Erstauffihrung bei ihm in Frankfurt stattfinne mißt.«

»Da weiß ich ja gar nix davon.«

»Nadierlich, ich habb derr doch damals erzählt, wie ich emm des Stick eigereicht habb, da hat er merr doch erklärt, daß er auch e Stick »Die Schwestern« geschriwwe hätt, was jetzt erauskomme sollt.

Da mei Stick auch so geheiße hat, in dem ich des Resultat der Erziehung dramatisiert un gezeigt habb, was aus zwei Schwestern wern kann, die in ganz verschiedenem Milieu aufwachse, haww ich dem Intendant vorgeschlage, mei Stick dann statt »Die Schwestern« »Vom gleichen Stamme« zu nenne. Korz drauf sin dann sei »Schwestern« rauskomme un nach zwei Vorstellunge widder abgesetzt worn.«

»Ja, des kann ich mich noch erinnern.«

»Da er mich awwer immer widder hiegehalte hat, haww ich's dann bei verschiedene annern Bihne eigereicht. Du weißt doch noch, wie ich in München am Gärtnerplatztheater der Auffihrung beigewohnt hab un's dann noch in Köln, Barmen, Königsberg mit Erfolg aufgefihrt worde is. Da kannst de noch des Telegramm von München lese, was merr beim Räume in die Händ gefalle is: »Durchschlagender Erfolg. Wurde stürmisch gerufen. Komme Mittwoch abend. Adolf.«

»No ja, des is ja alles recht schee un gut; awwer mach, daß de jetzt hier erauskommst, sonst muß ich dich nächstens auf dem Affestei besuche.«

»Du siehst ja doch, daß newer dem sonstige Radau schon e gewiß

Adolf Stoltzes Tochter Lydia als Turnerin in der Frankfurter Turngemeinde.

Unruh hier herrscht. Kommst de in acht Dag widder, bin ich mit meim Stick soweit fertig un kann zu meiner Erholung aafange zu bossele.«
Un so war's auch. Gott sei Dank hat die Arweit, die er mit seim Herzblut geschriwwe hat, hinnerm gelege, un er konnt sich so nach un nach um den Umzug kimmern. Jetzt hat er sei Stihl repariert, Kichemöwel aagestriche, Blummedisch lackiert un was emm sonst noch in die Finger gekomme is, aufgearweit. Dann hat er noch sei Blumme umgesetzt un mit neuer Erd verseh; korzum, es war e rein Erholung for enn. Un wie's jetzt grad in seiner Stubb so doll ausgeseh hat, kommt ausgerechend der Vorsitzende von der Sängervereinigung un will enn Sängergruß zum »Deutsche Sängerfest« in Stuttgart geschriwwe hawwe. Also hat's widder geheiße: »Adolf, hör auf zu butze, wäsch derr dei verschmierte Pode, setz dich an dein Schreibdisch un dicht.« Da's ja immer bei so Gelegenheite die Herrn sehr eilig hawwe, mußt er sich dahinner halte, da er doch endlich in e paar Dag ausziehe wollt. Awwer auch mit der letzte Arweit in dere Wohnung is er noch rechtzeitig fertig geworde, so daß er noch korz vor Dorschluß in sei Dagebuch am 18. Juni 1896 schreiwe konnt: »Dem Haus in der Staufenstraße 37 darf ich nicht böse sein, das Glück auf den Bühnen war mir darin günstig.«
Wer awwer begreift jetzt des Erstaune von der ganze Familch, wie an dem Umzugsdag net nor zwei, sonnern fünf Möwelwage vorm Haus gestanne hawwe. Die Sopranistin hat sich heimlich während der Katzemusik e Wohnung im Gärtnerweg gesichert, un der Roll is, weil er's auch net mehr aushalte konnt, in e Pension in der Feuerbachstraß gezoge, während die Altistin e Engagement nach auswärts aagetrete hat. Nor die Pianistinne hawwe standgehalte. – Mir awwer hawwe unner Träne den Has un den Rab in gute Händ gewwe, während des Kätzi un die Vegelcher den Umzug mitmache dorfte. Was so enn Umzug bedeut, weiß jeder, der enn schon emal mitgemacht hat.
Die neu Wohnung hat in der Miquelstraß 1, Ecke Bockenheimer Landstraß gelege. E steil Wendeltrepp, die nur von emme blinde

Das Haus Miquelstraße 1 (später Bockenheimer Landstraße 92)
in das die Familie Stoltze im Jahre 1896 einzog. Aufnahme um 1935.

Fenster nach emme Lichthof erhellt worde is, hat zum dritte Stock gefihrt. Selbst mit neunzig Jahr is der Dichter die doch e bissi schwierig Trepp wohlgemut rauf un runner gestiwwelt. Is mer zur Wohnungsdihr reikomme, hat mer zunächst auf enn lange Gang geguckt, der auch widder durch e Fenster zum Lichthof »erhellt« worde is, eweso wie die gleich rechts gelegene sogenannt Schrankstubb, enn unentbehrliche Raum für Schränk, Bücher, Druckboge, die er zu Hefte binne lasse wollt, Leitern, Waschpuff, Putzutensilie, Bichelbrett u. s. w. Anschließend kam mer in e schön groß Stubb mit emme Fenster zur Bockenheimer Landstraß, die, nachdem sämtliche Kinner aus dem Haus warn, eigentlich immer an enn Zimmerherr vermiet war. Auch enn Opernsänger hat emal drin gewohnt, der net viel gesunge, awwer den Dichter immer an Festtage mit emme Ständche erfreut hat. Danewer lag die sogenannt »gut Stubb«, e klein Zimmer, das mit allem ausgestatt war, was nach damaligem Geschmack enn Salon enthalte mußt: E geschweift Kanapee mit emme gebliemte Iwwerzug, enn ovale Disch, gepolsterte gebliemte Stihl, e Klavier un e Lamp mit Glasbehäng. An de Verbindungstürn zu de Stuwwe rechts un links hinge seitlich geraffte Portieren aus grünem Wollstoff mit grüne Trottele dran. Benutzt worde is die gut Stubb nur ganz selten un auch nur zu besonners festliche Gelegenheite. Für gewöhnlich hat nur die Sanna drin Klavierunnerricht gewwe.

Danewer am End von dem lange Gang lag des Eckzimmer; es war des größte un schönste Zimmer. Wenn mer die Dihr aufgemacht hat, fiel der Blick gleich auf des mittlere von drei Fenster, das an der Eck von der Miquelstraß un der Bockenheimer Landstraß lag, während des Fenster rechts davon nur auf die Bockenheimer Landstraß un des Fenster links davon nur auf die Miquelstraß geguckt hat. Vor dem Eckfenster stand enn etwa 2 1/2 Meter langer un 1 1/2 Meter breiter Tritt mit emme kleine Dischi un emme Schreibdischstuhl, wo der Dichter sei Behausung aufgeschlage hat. Enn Tritt vor emm Fenster war friher recht beliebt. Mer war zwar in erre große Stubb, hat awwer durch des Geländer, des drum erum ging un nur in der Mitte e schmal Öffnung gehabt hat, dem, der da drowe saß, des Gefihl vermittelt, sei Reich für sich zu hawwe. Von hier aus hat mer enn herrliche Rundblick iwwer die Bockenheimer Landstraß, Mendelssohnstraß, Schwindstraß gehabt, un von hier aus hat der Dichter auch all die Ehrunge, die emm in spätere Jahrn in Form von Ständcher un Fackelzüg zuteil wurde, entgegegenomme.

Des Möwlement war ziemlich eifach. In der Mitt stand enn großer, rechteckiger Disch, der später, wenn Kinner un Enkel zu Besuch kame, ausgezoge worde is. An de Wänd stande drei Bicherschränk, enn kleine Sekredär un des Sofa für e Middagsschläfche. Des nächste Zimmer war de Eltern ihr Schlafstubb, un anschließend kam noch e Zimmer, was je nach Bedarf als Schlaf-, Näh-, Bichel- un Arweitsstubb benutzt worde is. Hinner emme Vorhang stand e zinnern Badewann, die jeden Awend mit Wasser gefillt worde is. Am annern Morjen hat sich dann der Baba in des kalte Wasser gesetzt un sich so for die Arweit des Dags erfrischt.

Des Schöne an dene alte Wohnunge war, daß mer immer von einer Stubb in die anner geh konnt, ohne den Gang zu betrete. Obwohl also jed Zimmer drei Dihrn gehabt hat, gab's kei Probleme mit de Stellwänd, denn in dene große Zimmer war reichlich Platz vorhande.
E bissi abgelege war des Klo, was mer friher in Frankfort Abee genennt hat. Wenn mer die Dihr aufgemacht hat, konnt mer's als solches kaum erkenne. Es hat zwar Wasserspülung gehabt; geseh hat mer awwer nur e groß, viereckig, braun Holzkist, die von einer Wand zur annere gereicht un enn runde Deckel gehabt hat.

Schließlich kam mer dann in e sehr geräumig Küch mit erre große Speisekammer, emme Kohle- un später auch mit emme Gasherd, mehrere Kücheschränk, emme rote Sandsteiwasserstei un emm Arweitsdisch am Fenster. Hier hat sich der Baba zur Entlastung der Mama un zur Stärkung seiner Armmuskuladur vor de Feierdag mit Teigknete betätigt. Es war immer enn Riesebrocke, der durchgewalkt werde mußt un der tüchtig gekloppt un auch als großer Ball in die Luft geworfe un widder aufgefange worde is. Am nächste

Dag stande dann e paar herrlich duftende un wohlschmeckende Radanekuche mit viel Rosine un Mandele auf dem Disch.
In dere große, sonnige Wohnung, die noch von keim Verkehrslärm belästigt worde is, hat sich der Dichter immer sehr wohl gefihlt un is auch bis zu seim Tod im Jahr 1933 dort gebliwwe.
Friher sin die Kinner ja bis zu ihrer Verheiratung bei de Eltern gebliwwe, un so sin auch alle finf mit in die neu Wohnung gezoge. Da gab's nadierlich net so viel Platz wie in spetere Zeite, von dene hier geredd worde is.
Die drei »Buwe« hawwe im erste große Zimmer rechts, ei Dochter in der ziemlich große Badestubb un die anner in der Mansard geschlafe.
Nachdem die ganz Familch mit aagepackt hatt, war nach e paar Dag alles soweit in Ordnung, daß der Baba nur noch sei Blummebretter an seine Fenster aabringe mußt. Zur Erinnerung an den Einzug hat er e Johannisbrot- un e Appelsinebäumche geplanzt, die er dann später dem Palmegarte geschenkt hat.
Jetzt awwer war er Kenig in seim neue Reich un hat nix mehr gebraucht wie Ruh, Ruh un awwermals Ruh.
Awwer noch net recht ausgesproche, hat sich der Strohecker schon widder gemeldt, der Familch zum gute Dausch der Wohnung gratuliert, sich die schee Aussicht betracht un dann unsern arme Baba widder geketzert, emm doch des versprochene Stick zu schreiwe un auch die Humoreske for sein Vortragsawend net zu vergesse.
»Ja, ja, liewer Heckerling, des kommt ja alles, laß mich doch erst emal Atem schöpfe un e bissi zur Ruh komme. Ich muß doch auch an mei hochdeutsche Sticker denke. Denn trotz der schlechte Besetzung hat doch hier im Frankforter Volkstheater, wie de gelese hawwe wirst, mei ›Schuld der Schuldlosen‹ enn volle Erfolg gehabt un is sogar von de Kritiker gut behannelt worde. Drum muß ich, so bald wie möglich, nach Berlin, um zu seh, daß es auch dort aufgefihrt werd.«
»Ich kann den Claar gar net versteh, warum er sich net des Premierenrecht for Frankfort bei dir gesichert hat.«

Frankfurter

Volkstheater

in der neuen Börse.

Montag, 23. November 1896, Abends 8 Uhr:

Die Schuld der Schuldlosen.

Schauspiel in 5 Akten von **Adolf Stoltze.** Regie **Hermann Steingoetter.**

PERSONEN:

Oberstaatsanwalt Grübner	Oscar Prohaska.
Leo, sein Sohn, Direktor.	Fritz Sturmfels.
Paul Berneck, Mitglied der Theaterverwaltung	Hiron. Liebscher.
Fritz Thimae	Hermann Steingoetter.
Frau Hofmann geb. Walter, Wwe. . . .	Magda Foris.
Hedwig, ihre Tochter, Solotänzerin . . .	* * *
Rechtsanwalt Spurmann	Hans Fink.
Frau Thusnelda Weihrauch	Therese Hannau.
Friederike Heinig, Tänzerin	Jenny Carsen.
Hummel, Theaterdiener	Leon Salitz.
Der Präsident des Schwurgerichts . . .	Otto Doser.
Ein Geschworener	Carl Albert.
Eine Dame	Lilly Conried.
Ein Herr	Wilh. Bender.
Ein Gerichtsdiener	Philipp Betz.

Richter, Geschworene, Beamte, Publikum.

Ort der Handlung 1., 2., 3. und 5. Akt: Hedwigs Wohnung. 4. Akt: Schwurgerichtssaal. Zwischen dem 3. und 4. Akt findet eine längere Pause statt. — Zeit: Gegenwart.

* * * **Marie Brandow vom Stadttheater in Hanau als Gast.**

»Nee, nee, da kennt ich widder Jahrn warte, un er deet's am Schluß doch net erausbringe.«
»Warum dann net?«
»Weiß ich's? Vielleicht aus Eifersucht. Vielleicht auch, weil emm die Tendenz net zusagt. Ich hab in dem Stick emal energisch Front gemacht gege jene Paragraphe des Gesetzes, nach welche illegitime Kinner unner de Sünde ihrer Erzeuger zu leide hawwe. – Zudem haww ich auch Sehnsucht, emal widder aus Frankfort eraus zu komme. Da, les emal die Kart vom Presber, in der er merr zu meim Erfolg gratuliert:

Schuldlos Verschuldeter
Gerne Geduldeter, hier in Berlin.
Wolle uns Sündigen balde verkündigen,
Wann kommst du hin?

»No ja, also, wenn's so is, dann fahr nach Berlin. Awwer wenn de widder zerickkommst, duh merr den einzige Gefalle un schreib merr widder emal e Charakterroll im Dialekt, in der ich dann in Gemeinschaft von deine Eiakter auswärts gastiern kann. Un vergess merr ja mei Humoreske net, heerst de?«
»Ja, wenn ich ja nor die Sache aus dem Ärmel schittele kennt!«
»Du kannst, schittel nor!«
»No also, sobald ich ›Die Schuld der Schuldlosen‹ am Luisen-Theater unner Dach un Fach hab, kommst du draa.«
»Also, wenn's soweit is, halt ich derr die Daume. Adschee, un vergeß merr ja mei Humoreske net.«
»Du siehst doch, daß ich schon widder e Gedicht for dem Claar sei silwern Hochzeit in Arweit habb. Als Abschluß von dem bewegte Jahr hat er merr doch – als Zuckerbrot von wege der ›Moderne Oper‹ zum zweitemal mei Weihnachtsmärche ›Schönklärchen‹ erausgebracht.« So hat des Jahr 1896, trotz seine mannigfache Hinnernisse, doch noch recht gut geendt. Nachdem er dann auch noch mit seine Verlagsarweite for sein neue Band fertig war, hätte'n kei zehn Gäul mehr von Berlin zurickgehalte. Mocht's koste, was es

wollt, er mußt fort. Sei Frau hat emm sei Kefferche gepackt un emm alles Gute gewinscht.

»Ach Gottche, Luwisi«, hat er noch beim Abschied gesagt, »wenn ich Erfolg in Berlin habb, kriehst du un die Kinner auch was Schönes mitgebracht.«

So schnell is es awwer wohl mit dem Erfolg net gange, denn die Familie daheim scheint raisonniert zu hawwe, daß er bei dere Kält als in Berlin sitze deet, was enn zu folgendem energische Verteidigungsbrief bewoge hat.

Liebe Luise und Kinder!

Ich bin nicht zu früh, ich bin zu spät nach Berlin gegangen. Glaubst Du wirklich, daß, wenn ich nicht schon am 17. Januar nach Berlin gegangen wäre, ich auch nächste Woche Premiere hätte? ? ? Glaubst Du, das Residenztheater, dem ich fünfmal um eine Entscheidung geschrieben, hätte sich bezüglich »Endlich allein« geäußert? In zwei Jahren hätte ich auch noch keine Antwort gehabt. Glaubst Du, das Neue Theater und das Belle Alliance Theater hätten sich in je 14 Tagen erklärt, wenn ich nicht am Platze gewesen wäre? Das Luisen-Theater würde sich binnen vier Tagen entscheiden, wenn ich ihm vielleicht nach Jahr und Tag ein Buch hätte schicken können? Wie soll ich Leute kennenlernen, wenn ich mit dem einen Zug ankomme und mit dem anderen abfahre? Du schreibst mir immer von all den Verbindungen, die ich anknüpfen soll, vergißt aber ganz, daß ich pro Tag über 65 Pfg. verfüge, von denen ich auch noch mein Mittagessen bestreiten muß. Trotzdem habe ich in Berlin weit mehr Bekannte als in Frankfurt . . . Die Berliner wollen meine Schwänke nicht. Sie loben sie, führen sie aber nicht auf. Man nimmt mich hier durchaus ernst und sieht in mir einen Volksstückdichter. Meine Aufgabe muß sein, mir einen Namen zu machen, und ich denke, ich bin auf dem besten Wege dazu. Das ist immerhin etwas, in einem halben Jahr zwei Novitäten in der Hauptstadt. Wie viele Bühnen haben mich früher aufgeführt? 1899 komme ich doch bereits in den drei größten Städten des deutschen Reiches zu Wort. Berlin macht mir keine Sorgen. Wenn mir etwas Sorgen macht, so ist es meine Vaterstadt, wo man mich mit meinen Arbeiten in den Sommer hinauszögert. Berlin hat mich bis jetzt nur in der Saison herausgebracht. –

Beziehungen zur Presse, das ist auch so etwas, von dem Ihr immer schwätzt, ohne es zu verstehen. Glaubst Du, daß, wenn ich im »Vorwärts« verkehre, mich die »Post« fördert? Oder wenn ich für die »Freisinnige« thätig bin, nicht die »Staatsbürgerzeitung« über mich herfällt? Im Gegentheil, so wie ich operiere, ist es das einzig Richtige. Trotzdem schreibe ich nächste Woche einen größeren Artikel für das »Berliner Tageblatt«, allerdings honoris causa (also ohne Honorar) . . .
Die Verwendung meiner Gelder ist folgende: Eisenbahn 52 Mark, Miethe 60 Mark, Café 12 Mk, Heizung 15 Mk, Licht 2 Mk, Wäsche 4,50. Zwei Nächte Hotel und Spesen während des Tages 10,50, Porto 15 Mk 5, Anschaffungen, Reparatur 3 Mk 95 (Papier, Couvert, Stiefelreparatur, Strümpfereparatur etc.). Verblieb mir pro Tag eine so kleine Summe, daß ich noch nicht einmal die Theater besuchen konnte. Nur jemand, der so einen eisernen Willen besitzt wie ich, erträgt das all, lebt so schlecht und kämpft bis aufs Messer. – Habe jetzt furchtbar viel zu thun.
Herzliche Grüße und Küsse
Adolf

Allmählich hawwe sich sei Aussichte in Berlin immer mehr gebessert, so daß er am 15. April 1897 voller Optimismus heimgeschriwwe un sich nach emme Mitbringsel erkundigt hat.

Nach meinen Dispositionen hoffe ich am 10. oder 12. Mai wieder in Frankfurt zu sein und sofort einen tollen Schwank anzufangen, ferner ein Märchen und bis zum Frühjahr ein ernstes Stück. Heute habe ich wieder allein ausgegeben 50 Pfg. für Marken, 4 Postkarten, Telephongebühren 1 Mk., Telegramm 60 Pfg., Trinkgeld 50 Pfg., Bettler 20 Pfg., also für Kleinigkeiten 3 Mk. Jetzt kommen noch Omnibusse etc. dazu. Trotzdem sei außer Sorge, ich habe noch Geld genug und reiche, wenn ich mir nichts anschaffen muß, bis 1. Mai. Wenn sich Drehers (Agent für Süddeutschland) Erfolg bestätigt, können wir uns diesen Sommer schon eher etwas gönnen. In München, wenn noch »Excelsior« kommt und Dreher »Schuld der Schuldlosen« bringt, sitze ich alsdann so fest wie in Frankfurt. Und von München nach Wien ist nur ein Schritt, ebenso wie von Berlin nach Hamburg. Die übrigen Städte zählen nicht, sie kommen ganz von selbst. Du siehst, daß alles, was ich erhofft, in Erfüllung geht und kein Buchstabe,

Rudolf Presber (1868-1935), Redakteur in Frankfurt, seit 1898 in Berlin.

den ich schrieb, nutzlos dem Papierkorb verfällt . . . Nun, liebe Luise und Kinder, wünscht Euch jedes eine Kleinigkeit, da es Unsinn ist, wenn ich Dinge kaufe, die keinen Zweck haben. Luise, willst Du eine hübsche Tischdecke oder halbseiden Brokatkleid? d. h. den Stoff dazu, oder wenn Ihr mir genaue Maße schickt, auch ein Kostüm (fertig). Sanna, Lydia Umhang oder Fächer oder unechte Schmucksachen? oder was Euch einfällt. Für die Söhne bin ich in noch größerer Verlegenheit, frage sie, was sie wollen. Berlin ist kein Dorf, die Auswahl ist zwanzigmal so groß wie bei uns. Nur will ich die Sachen nicht alle an einem Tag kaufen, sondern unter der Hand, wo ich gerade vorüberkomme und was Billiges sehe, das Ihr Euch gewünscht habt. Kaufen thue ich unter allen Umständen etwas, also ist es besser, ich kenne Eure Wünsche . . .

An alle Ecke un Ende hat er sich jetzt des Geld vom Mund abgespart, um vor alle Dinge seiner treue Mitkämpferin e Freud zu mache. Da sie kein Wunsch geäußert hat, is er stunnelang erumgelau-

An meine liebe Frau!

Meine staunende Luise
Betracht dir die Vitrine!
Hier war sie offenbart:
Dein Gatte in der Ferne,
Hat freudig sie und gerne
Dem Munde sich abgespart. –
Zeigt sich ein Freund ein treuer,
Naht sich vielleicht ein Freier,
Das glaube mir auf's Wort:
Erblickt der unsre Teller
Dann eilt er, noch weit schneller
Als er gekommen fort.
Bei dir soll sie florieren
Und deinen Tisch oft zieren,
Nicht nur den Bücherschrank.
Und freut dich diese Gabe
Die ich erspart dir habe,
Sei das mein schönster Dank.

Dein Gatte Adolf S

Berlin im Mai 1897.

fe, bis er endlich des passende Geschenk gefunne hat. Er hat's sorgfältig in erre Kist verpackt, emm folgendes Gedichtche beigelegt un's dann mit der Bahn nach Frankfort abgeh lasse.

An meine liebe Frau

Nun, staunende Luise
Betracht dir die Service!
Hör, was sie offenbart:
Dein Gatte in der Ferne
Hat freudig sie und gerne
Am Mund sich abgespart.
Zeigt sich ein Freund ein treuer,
Naht sich vielleicht ein Freier,
Das glaube mir aufs Wort:
Erblickt er unsre Teller,
Dann eilt er noch weit schneller,
Als er gekommen, fort.
Bei dir soll sie florieren
Und deinen Tisch oft zieren,
Nicht nur den Küchenschrank.
Und freut dich diese Gabe,
Die ich erspart dir habe,
Sei das mein schönster Dank.

Dein Gatte Adolf Stoltze
Berlin, im Mai 1897

Wie's awwer so oft der Zufall will, war's auch diesmal. Es kam un kam kein Dankbrief, was er gar net versteh konnt. Dorch Unruh getriwwe, hat er sei Reis etwas abgekerzt un konnt, daheim aakomme, net begreife, daß kei Mensch sei Geschenk iwwerhaupt nor erwähnt hat. Jetzt wußt er net, ob er sei Geheimnis lüfte sollt. Endlich, nach drei Dag, is dann e mordsjalisch groß Kist, in der sei gekauft Eßservice war, aakomme. Jetzt war nadierlich der Juwel groß, un es hat net an Dankesworte gefehlt. Aus der Originalaufstellung von dem Geschäft is noch zu erseh, was alles in dere Kist war.

Es hat net lang gedauert, so is die Nachricht vom Luisen-Theater in Berlin komme, daß die Premiere von dem Stick »Die Schuld der Schuldlosen« Ende Oktober 1898 stattfinde sollt. Daß er bei de Prowe dabei sei wollt, war selbstverständlich, un so is er widder nach Berlin abgedampft. Dort hat enn sei Freund Presber von der Bahn abgeholt, un schon warn se dabei, verschiedene Projekte zu schmiede.
Die Prowe von seim Stick verliefe zu seiner Zufriddenheit. Die Premiere jedoch, zu der auch Intendante von annere Bihne gekomme warn, hat alle Erwartung iwwertroffe, so daß er gleich heim telegraphiern konnt: »Großer Erfolg – nach dem 4. Akt 14 mal gerufen.«

Wie gern wär er jetzt noch e zeitlang in der Weltstadt gebliwwe, wenn er net wege stännige annere Arweide zerick gemußt hätt. Noch net recht daheim aakomme, hat enn die ganz Familch mit Frage bestermt.
»Baba, wie war's, erzähl doch!«
»Kinner, laßt mich nor erst emal verschnaufe. Ich kann euch nor sage, die Weltstadt is was annerster. Denkt euch emal aa, nach der Gerichtsszen im vierte Akt hat mich die Heldin auf offener Bihn um den Hals krieht un nach Strich un Faddem abgekißt. Un am Schluß nach der Vorstellung hawwe merr die Frauenzimmer die unglaublichste Ovatione dargebracht. Die Pferd hawwe se merr vom Wage gespannt un mich unner stännige Hochrufe so bis in mei Hotel gebracht. Sowas wär doch bei uns unmeglich! Ihr glaubt ja gar net, wie glicklich ich bin, daß des Stick so gefalle hat. Guckt emal hier, so wie die Kritik hier is, sin se fast alle. Horcht emal: ›Die Berliner nahmen die flammende Verkündung der Menschheitsrechte mit tosendem Beifall auf. Der Verfasser hat dramatisches Blut in den Adern. Er weiß sein Publikum zu fassen. Er besitzt eine gute Dosis Humor, weiß scharf zu beobachten und einzelne Personen, welche er vor uns hinstellt, sind wirklich von Fleisch und Blut. Der Dialog ist fließend und die Sprache trefflich angepaßt. Zweifellos hat das Stück den starken Erfolg, den es erlebte, reichlich verdient.‹ –

Jetzt is nadierlich die Hauptsach, daß ich des Stick auch an annere Bihne unnerbring.«
»Siehst de, Baba«, hawwe sei Kinner eigeworfe, »merr hawwe ja immer gesagt, merr wolle nach Berlin«.
»Ja, wenn ich mich doch nor von Frankfort trenne kennt, awwer des is net so leicht. Der Presber un verschiedene Theaterleut wollte mich ja absolut net fortlasse. Wenn ich nor vor allem emal den verwinschte Gelegenheitskram, mit dem ich Bänd fille kennt, los wär. Wenn drei Mensche zusamme sin, misse se enn Prolog hawwe.«
»Du wollst doch auch for den Strohecker widder e Dialektstick schreiwe«, hat enn sei Frau ermahnt.
»Der kommt, sobald des Weihnachtsmärche, was ich dem Roll versproche habb, erledigt is, auch an die Reih. Wenn ich's mit dem Roll verderb, verderb ich's mit dem Claar. Dem Strohecker schreib ich widder e paar Humoreske, dann läßt der mich noch e Zeitlang in Ruh. Mit Theaterleut umzugeh is net so leicht, bald is der eine verschnuppt, bald der annere.«
Nach einiger Zeit konnt er dann auch dem Roll bereits sei neu Märche »König Löwe« mit seine finf Bilder erklärn.
Erstes Bild: der Weihnachtsabend – Zweites auf dem Mond – Drittes die Schule in Faulenzia – Viertes im Perlenreich – Fünftes der entzauberte Löwe.
Der Roll un der Intendant warn mit dem Märche, zu dem der hochbegabte von Rößler widder e reizend Musik komponiert hat, eiverstanne, so daß in korzer Zeit schon mit de Prowe begonne wern konnt un's bei seiner Auffihrung zu Weihnachte enn eweso große Erfolg wie sei »Schönklärchen« bei groß un klei sowie der gesamte Press erzielt hat.
So, auch die Arweit hat hinnerm gelege, un konnt er endlich an sei Verspreche dem Strohecker gegeniwwer denke. –

Freund Adam Strohecker

Im schöne Monat Mai hat enn der Strohecker zur Roseausstellung abgeholt un wollt dabei auch Näheres iwwer des neue Stick erfahrn.

»No, Adolf«, hat er beim Eitrete gesagt, »noch net fertig? Ich habb derr doch gesagt, daß merr um vier Uhr in der Roseausstellung sei mißte.«

»Beruhig dich nor, ich wär ja auch schon fertig gewese, wenn merr mei verwinscht Krageknеppche net aus der Hand gerutscht wär.«

»Such nor, dann werst de's auch schon finne.«

»Finn du emal e Krageкneppche, des sich dir zulieb versteckelt.«

»Ich bitt dich, da nemm doch e anners.«

»Gescheidheit, wenn ich noch eins hätt, deet ich doch des net suche.«

»Was is denn los?« hat im Newezimmer sei Frau gerufe.

»Der Deiwel zu, mei Krageknеppche is fort.«

»Des is doch kei Unglick, da näh ich derr zwei Stiwwelkneppercher zusamme. Wie ich in die Stadt komm, bring ich derr gleich e Dutzend mit. Komm emal her. Des Knopploch weite merr e bissi aus. So, jetzt geht's enei.«

»Autsch! des is ja e schee Tortur!«

»Des geschieht derr recht, hätts des net verlorn«, hat sich der Strohecker eineigelegt. »Mach jetzt endlich, daß de dei Stiwwel aaziehst, un dann nix wie fort.«

»Ei der Deiwel zu, was is denn jetzt schon widder! Adam, fihl emal da enei, da kann doch kein Mensch net drin laufe.«

»Des glaub ich, du Olwel, wenn de dei Kneppercher anstatt in dein Krage in dei Stiwwel steckst.«

»Was! du hast mei Krageknеppche? Heckerling, da hawwe merr heut noch enn gute Dag, ich hab e Orakel draa geknippt, wann sich's widder finne deet.«

»No, dann is es ja gut, awwer jetzt nix wie enaus!«
»Mann, hast de dei Brill, dei Dascheduch, Geld? Gebb merr awwer ja acht, daß de net die Fuffziger for Zehner ausgibst. Also adschee! Komm net so spät heim, denn du willst heut awend noch arweide.«
»Adschee, Frau Stoltze, un sin Se merr net bees, daß ich Ihne Ihrn Mann entfihr.«
»Macht nix. Da kenne merr sei Stubb inzwische butze.«
Unnerm Abschiedskuß hat er sei Frau noch gebitt, doch ja net an sein Schreibdisch zu geh, weil da Hunnerte von Nodize rumliche deete. Kaum warn die zwei der Dihr draus, is schon mit der Butzerei aagefange worn. »Malche, bleiwe Se ja von meim Mann sein Schreibdisch, da derfe Se nix draa mache.«
»Des weiß ich, der Herr Stoltze hat schon emal behaupt, ich hätt sei Vers verschlampt.«
Nachdem dann alles fei säuwerlich gebutzt war un die Kinner schon im Bett gelege hawwe, hat's endlich Ruh gewwe. Nor die treu Seel hat am Fenster gestanne un auf ihrn Mann gewart. Es war elf Uhr – es war zwölf Uhr – niemand war zu seh. Es war ein Uhr – es war zwei Uhr. Jetzt is es seiner Luwis angst un bang worn, un sie is in ihrer Verzweiflung in die Schlafstubb von ihre Buwe gange un hat gesagt: »Ihr Buwe, es is zwei Uhr – un der Baba is immer noch net da.«
»Gebb merr emal mei Hose«, hat schlaftrunke ihr jingster Spreßling gesagt, un eins, zwei, drei warn se all aus de Better. »Vor alle Dinge Licht!« hat jetzt die gut Mama gemeint un iwwerall, im Treppehaus un in de sämtliche Stuwwe Licht gemacht.
»Mama, reg dich nor net so auf, mir suche schon den Baba«, hat jetzt der zweitjingste Sohn, der Adolf, gemeint.
Ich geh mit dem Heinrich in die Stadt, un der Fritz geht dorch die Mendelssohnstraß nach dem Bahnhof.«
»Bleibt awwer ja net zu lang, denn wenn err'n net findt, geh ich aufs Revier. Ach Gottche, wenn emm nor nix bassiert is!«
Die ältest Dochter hat an dem Fenster nach der Bockenheimer Landstraß un die jingst nach der Miquelstraß Ausschau gehalte. –

Auf eimal, was war des? Zwei laute Stimme, un richtig, der Strohecker kam mit unserm Baba quietschvergniegt aa. In ihrer Besorgnis hat jetzt die Lydia enunnergerufe: »Awwer Baba, so ein aufzurege, es is bereits vier Uhr vorbei.«
Da hat awwer der Strohecker wietend dorch die Nacht gekrische: »Heer doch emal e Mensch so enn Grieschnawwel aa, da heert sich ja alles uff! Des nechste Mal komme merr erst um finf, damit de's weißt. Also adschee, Adolf, un laß derr dei gute Laune net verderwe von wege dene Frauenzimmer!« Un ei- iwwer des anneremal hat mer noch von der Gass geheert: »So enn Grieschnawwel, da heert sich doch alles uff!«
Jetzt kam emm awwer schon unser Mama auf der Trepp entgege: »Awwer Mann, wo bleibst de dann nor, es is vier Uhr vorbei!«
»Ich weiß, ich wollt schon ewig heim, awwer der Strohecker hat kei End gefunne. Es war einmal un net widder! Sag emal, warum hast de dann nor alles so festlich beleucht? Die Kinner kenne ja gar net schlafe.«
»Die schlafe sowieso net, die sin in die Stadt, um dich zu suche, un wann de jetzt net heimkomme wärst, hätt ich auf dem Revier nach derr gefragt.«
»No also, sei merr net bees, jedenfalls haww ich widder Stoff for e neu Humoreske krieht.«
Am nächste Dag hat er dann seiner Frau erklärt, daß die Bummelei doch net so zwecklos gewese wär, denn er hätt dadorch den Inhalt sowie enn Titel for sei neu Stick, das er for den Strohecker schreiwe wollt, gefunne. »Sag emal, was hältst de davo, wenn ich in dem Stick enn verwitwete Rentier schilder, der mit seiner freie Zeit nix aazufange weiß, dadorch alle megliche Dummheite mecht un sich schließlich in wer weiß wie viele abenteuerliche Heiratsgeschichte sterzt?«
»Die Idee is gut, es kommt nadierlich auf den Humor aa, den de eneilegst.«
»Des muß ich merr selbstverständlich alles gut ausdenke. Wann merr heut die Arweit noch gut von der Hand geht, dappe merr den Abend noch dorch die Altstadt, am Mai entlang un trinke dann im

Adam Strohecker (1846-1899), Hauptdarsteller in Stoltzes Dialektstücken.

»Hainer Hefche« unser Scheppche. Dann komme merr die Nacht widder die beste Eifäll.«
Den nächste Dag hat sei Frau widder viel auszusteh gehabt. Alle Schlag is er zu err in die Kich komme un hat erre e Szen von dem neue Stick vorgelese un drauf geacht, was se for e Gesicht dazu mecht. Un wie er gemerkt hat, daß se zufridde war, hat er zu err gesagt:
»Ich muß mich jetzt draa halte un derf net iwwer mich gucke, denn der Kerl fuchst mich ja noch zu dod von wege dem Stick.« Un so hat er sich mit wahrer Leidenschaft in sein neue Stoff verdieft un konnt schon in korzer Zeit dem Roll un auch dem Strohecker einzelne Akte davo vorlese; un wie's dann soweit war un auch den Beifall vom Intendant gefunne hat, wurde die Prowe aagesetzt.
Jetzt war der Strohecker in seim Element un hat ei- iwwer des anneremal gesagt: »Mei liewer Adolf, daß de merr den Liewesdienst erwiese hast, mich widder in erre Bomberoll erauszustelle, wer ich derr nie vergesse.«
Bei einer der nächste Prowe is der Autor strahlend auf die Bihn komme, hat den Strohecker beseit genomme un emm enn Brief in die Hand gedrickt. »Hier les emal, was da drin steht. Ja, mei liewer Adam, jetzt sin merr soweit. Begreifst de dann auch, was des heißt? Die Berliner wolle, daß merr den Winter mit emme kleine Ensemble mei Dialektsticker dort spiele solle.«
»Wahrhaftig«, hat jetzt der Strohecker erwiddert, »des is ja kaum zu glauwe. Ach Adolf, was mechst de mich mit der Nachricht so glicklich!« Drauf is er vor lauder Freud dem Dichter um den Hals gefalle, un die Trene hawwenn in de Auge gestanne.

Un wie dann der Premierenawend 1899 kam, hat er sich noch emal so viel Mih gewwe mit seiner Charakterroll un sein Rentier derart fei ausgearweit, daß emm des Publikum direkte Ovatione dargebracht un enn auf offener Bihn mit Beifall ausgezeichent hat. Vor lauder Glick war er jetzt ganz aus dem Häusi un hat sich schon im Geist in Berlin geseh, besonnerst da auch sämtliche Kritiker dem Dialektstick auch weiterhie e groß Zukunft versproche hawwe.

Dorch enn eigenartige Zwischefall is die vert Vorstellung vom »Rentier«, die wie die annern bei ausverkauftem Haus stattgefunne hat, gesteert worde. Am End vom zweite Akt is e wahr Panik unner dem Publikum ausgebroche. Rickche, des Dechterche vom Rentier, der sei Frau vor zwei Jahre verlorn hat, sich awwer widder mit Heiratsgedanke, un zwar mit erre kokette un aaspruchsvolle Person, tregt, kommt zu ihrm Vatter un sagt:

»Vatterche, was simelierst de dann so? Du kommst merr so niddergeschlage vor, fehlt derr was?«
»Mir? naa, was soll merr denn fehle?«
»Ich waaß ja, was derr weh dut, da kann mer awwer jetzt nix mehr draa ennern.«
»An was?«
»Ach Vatterche, daß eim die Gedanke so komme – ich habb err enn Kranz gebracht un for dich e Bugett hiegelegt.«
»Du?«
»Ja, dem Mutterche, heut is doch ihr Gebortsdag, sie wär heut dreiunverzig Jahr alt.«
»Hm, dreiunverzig Jahr, wahrhaftig, un ich konnt des vergesse!«
»Wie hat se sich jedesmal gefreut, wenn de ihr gradeliert hast. For des kleinste Geschenk war se derr dankbar. Wenn se dich froh geseh hat, war se glicklich.«
»Heer uff, heer uff, ich kann's net mehr heern.«
(Rickche fällt ihrm Vatter um den Hals)
»Vatterche, haww ich derr weh gedaa? Ach, ich bin auch e recht dumm Ding!«
»Naa, des bist de net, bleib immer so, un Gott segen dich dafor.«

Bei dene letzte Wort is auf eimal vom Hinnergrund der Galerie e lauder Schrei vernomme worde, worauf eins »Wasser! Wasser!« gekrische hat.
Un wie des Publikum des geheert hat, hawwe einzelne gedacht, es wär enn Brand ausgebroche un hawwe »F e u e r !« gerufe un sin fluchtartig voller Aufregung dem Ausgang zugestremt. Der Intendant war außer sich un hat von der Bihn aus dem Publikum zuge-

rufe: »Aber meine Herrschaften, so nehmen Sie doch ihre Plätze wieder ein, es ist ja absolut keine Gefahr vorhanden. Ein junges Mädchen, die das gleiche Schicksal betroffen hat wie das Töchterchen in dem Stück, nahm sich die Sache so zu Herzen, daß sie von Krämpfen befallen wurde und nach Hause gebracht werden mußte. Da wir nun das Stück in aller Ruhe weiterspielen, bitte ich Sie nochmals, Ihre Plätze doch wieder einzunehmen.«
Merkwerdig, trotz de Ermahnunge vom Intendant blieb des Theater doch halb leer.

Am nächste Dag hat der Bericherstatter der Frankfurter Zeitung geschriwwe: »Man muß dem Intendant recht geben, der die Leichtfertigkeit, mit der das Publikum in Panik gerät, tadelnd besprach – aber es ist andererseits auch begreiflich, daß die Ängstlichen im Publikum bei der geringsten Veranlassung an die Gefahr denken, die in dem alten, engen Haus besteht, namentlich, wenn dieses, wie es gestern der Fall war, voll besetzt ist. Jedenfalls sollte das Publikum aus dem Vorfall wieder die alte Lehre ziehen, daß Besonnenheit in allen Lagen gut ist, zumal bei einer Theaterpanik.« –
Die annern Vorstellunge verliefe wie die erste ohne Zwischefall un hätt des Stick noch weider sei ausverkaufte Häuser behalde, wenn net auf eimal der arme Strohecker aagefange hätt zu kränkele un mer'n wege seim Zucker un sonstige Erscheinunge ins Krankehaus hätt duh misse. Awwer auch selbst dort war sei einziger Wunsch, mit dem Dichter nach Berlin zu komme, um dort Dialektrolle spiele zu könne.
Wie's awwer so oft im Lewe geht, konnt emm sei Lieblingswunsch net erfillt wern. Die Krankheit nahm von Dag zu Dag zu, un so mußt der Liebling der Frankforter, der so viele Mensche aufzuheitern verstanne hat, mit erst dreiunfuffzig Jahr am 3. August 1899 sei treue Auge for immer schließe. Ganz Frankfort war von der Nachricht erschittert, un for den Dichter war's e ganz besonners harter Schlag. So war's jetzt e Selbstverständlichkeit, daß er emm enn Humoreskeband von seine gesammelte Werke, die er meist for

ihn zum Vortrag geschriwwe, gewidmet hat. Uff de erst Seit von dem Band hat er die Worte geschriwwe:

»Dem Gedächtnis meines lieben Freundes G. A. Strohecker gewidmet. Adolf Stoltze«

Auf der zweite Seit hat er sein Dank zum Ausdruck gebracht un dief erschittert niddergeschriwwe:

Ich kann es immer noch net fasse,
Un fass es aach im Lewe nie,
Daß du uns hast so frih verlasse
Du vatterstädtisches Schennie.

Was hatte merr for Pleen, for scheene,
Noch for die Zukunft ausgeheckt,
Un jetzt steh ich mit bittre Trene
Vorm griene Hiegel, der dich deckt.

Du hast ja all mei heitre Sache
Zur rechte Geltung ehrscht gebracht,
Ganz Frankfort mußt derr herzlich lache,
Wann du enn ebbes vorgemacht.

Mir zittert in der Hand die Fedder,
Die derr die Humoreske weiht,
Sin's aach kei Bliete, sin's doch Bletter
Der Freundschaft un der Dankbarkeit.

Da er kein Nachfolger for die Vortragsawende gehabt hat un auch die Lick fors Theater sobald net auszufille war, hat er sei Bihnetätigkeit etwas zerickgestellt un sich dahinner gemacht, erst emal sei bereits acht Bänd umfassende Humoreske, Gedichte un Theatersticker zusammezustelle, se nach un nach drucke zu lasse un se dann im Selbstverlag dorch sein Sohn Heinrich erauszubringe, was nadierlich e groß Arweit gewese is. Des Korrekturlese sowie die Verbreitung der Bänd, wobei emm sei Frau dichtig geholfe hat, war kei Kleinigkeit.

Mit Stolz hat's enn awwer auch erfillt, wie er in korzer Zeit weit iwwer e halb Million von seine rote Heftercher, von dene je drei enn Band gebildt hawwe, abgesetzt hat. Sei Frau konnt's net versteh, daß des eigegangene Geld meist widder for Babier, Druckspese un Buchbinnerarweide draufgange is. Awwer welcher Dichter will sei Sache net gedruckt seh?
Auch er hat sich's net nemme lasse, zwischedorch des neue Jahrhundert dorch e Serie von »Jahrhunnertpostkarte« festzuhalde, im Druck erscheine un verbreide zu lasse.
Bei der viele Arweit verging die Zeit wie im Flug, un es kam der Dag, wo sich sein ältester Sohn Friedrich, der inzwische Ingenieur geworde war, mit der Dochter von seim Prinzipal, dem Brauerei-Ingenieur L. Langeloth verlobt un am 9. März 1901 geheirat hat. Jetzt war der Dichter stolz, daß er bei der Trauung auf dem Standesamt zum erste Mal mit seiner goldene Fedder den feierliche Akt unnerschreiwe konnt.
Die Trauung in der Nicolai-Kerch hat awwer mit erre Mordsaufregung begonne. Alles war bereits versammelt, was awwer gefehlt hat, war der Brautstrauß. Der Gärtner, der enn gleich an die Kerch bringe sollt, war net erschiene. Also is der Bruder der Braut fortgesterzt, um noch schnell in emme Blumelade enn Strauß aufzutreiwe. Der Bräutigam stand ganz verzweifelt vor der Kerch un hat bald nach rechts un bald nach links geguckt, awwer sie kame alle zwei net. Endlich kam der Bürschl, wie der Bruder der Braut genannt worde is, mit emme prachtvolle Strauß aagerennt, un gleichzeitig bog der Gärtnerborsch mit dem bestellte Strauß auf seim Fahrrad um die Eck. Des Dussel war versehentlich an die Katherine- anstatt an die Nicolai-Kerch gefahrn. Jetzt warn also zwei Sträuß da, un die Braut hatt die Qual der Wahl, mit welchem se in die Kerch eiziehe wollt.
Nach der feierliche Trauung fand anschließend e Hochzeitsesse in emme erstklassige Hotel statt, un die weibliche Familiemitglieder hawwe sich net lumbe lasse un sich zu der Feier fei erausgebutzt. E paar sin sogar beim Theaterfriseur gewese un hawwe sich e besonners raffiniert Hochfrisur mache lasse. Wie se awwer dann so bei-

sammegesesse hawwe, hat ei die anner gemustert un gesagt: »Bist de's odder bist de's net! Du kommst merr heut so ganz anners, so fremd vor.« Des wollte se dann doch net auf sich sitze lasse un sin meglichst unauffällig in emme stille Örtche verschwunne, um sich widder ihr Alldagsfrisur zu mache. Newer de viele Glickwunschtelegramme kam auch e Telegramm aus Berlin mit folgendem Inhalt: »Komme soeben von Wien mit Adele Sandrock – Gastspiel verabredet – bitte sofort Buch ›Schuld der Schuldlosen‹ – Masson Regisseur.«
Jetzt war unser Baba ganz aus dem Häusi un wär am liebste gleich widder mir nix dir nix nach Berlin gefahrn, awwer er konnt ja sei Arweide net im Stich lasse, denn sein Schreibdisch war iwwer un iwwer mit Manuskripte, Zettelcher un Blätter for sein neue Band bedeckt.

Tochter Lydia will zur Bühne

Nachdem er dann die ungeheuer Arweit so einigermaße bewältigt gehabt hatt, is emm sei jingst Dochter stännig in de Ohrn gelege un hatt enn geketzert, weil se for die Bihn ausgebildt war un jetzt unner alle Umständ des Erwe vom Strohecker aatrete wollt, err doch for ihrn erste Vortragsawend in hochdeutscher un Frankforter Mundart verschiedene Gedichte un Humoreske zu schreiwe. Ihrn Lieblingswunsch, zum Theater geh zu derfe, hat er err vor Jahrn net erfillt, obwohl se korz nach ihrer Ausbildung schon mit achtzehn Jahr am Mainzer Stadttheater als Sentimentale mit erstem Rollefach engagiert wern sollt. Beim Unnerschreiwe vom Kontrakt hat er err die Fedder aus der Hand genomme un, wie se zu flenne aagefange hat, zu err gesagt:
»Sei doch verninftig, bleib bei merr, un du werst merr noch viel im Lewe sei könne.« Wie dief unglicklich sei Dochter damals gewese is, kann sich kei Mensch vorstelle.

»Ja awwer Baba«, hat se drauf geantwort, »laß mich doch nach Mainz geh, dort kann ich doch auch die Hedwig in deim »Schuld der Schuldlosen« spiele un dann auch noch in annere Städte damit gastiern.« Awwer auch des hat nix genutzt. Sie konnt sage, was se wollt, er is net drauf eigange. Konnt er err damals ihrn Wunsch net erfille – denn ohne mitterliche Schutz konnt mer doch e jung Mädche net allei in e fremd Stadt lasse – so hat er awwer jetzt zu ihrm erste öffentliche Vortragsawend net »nei« gesagt un se mit verschiedene kleine Gedicht-Manuskripte iwwerrascht un schmunzelnd zu err gesagt:
»So, jetzt setz dich emal zu merr. Ich habb derr zu deim Awend noch e Humoresk, nach deim Wunsch mit verschiedene Stimme, geschriwwe. Heer emal zu, ob se derr gefällt.« Un darauf hie hat er zu lese aagefange:

Die Reif

Der Rand vom Springbrunne uff dem Liebfrauberg war schon in de fuffziger Jahr, wie noch heut, e aagenehm Promenad for die Buwe. Un wann merr morjens in die Schul gange sin, hawwe merr immer ehrscht dem Brunne enn Besuch abgestatt, um unser Babierschiffercher uff ihr Seedichtigkeit ze priefe. Des Bassin hat awwer aach ausgeseh, als wann's dem Neptun sei Babierkorb wär; dann sei ganz Owwerfläch war so dicht mit Iwwerbleibsel von Schreibhefte un Strafarweite bedeckt, daß mer mit aller Aastrengung, un wann mer den Blick von der Steuereischätzungskommision gehabt hätt, net bis uff de Grund gucke konnt.
Am e scheene Morjend odder, wie ich widder den Brunnerand enuffgeklettert war un mit erre Gert die Babierschnitzelcher ausenannergetriwwe habb, is uff aamal zu meiner greßte Verwunnerung e mordsjalischer Reif aus der Diefe uffgedaucht. »Uji!« haww ich gerufe un versucht, des Strandgut ze lande. Awwer all mei Aastrengunge, es uffs Trockne ze brenge, sin an meine unzulängliche Kerperkräfte gescheitert, dann es hat sich erausgestellt, daß net aa Reif, sonnern e dicker Bindel Reif, der mit Flechte zusammege-

bunne war, im Wasser gelege hat. In der Schul haww ich nadierlich sofort meine Kollege Mitteilung von meiner seltsame Entdeckung gemacht, un es is unner Zustimmung der ganze Klass beschlosse warn, mit vereinte Kräfte den Schatz zu hewe.
Wie dann der Pedell um elf Uhr zem Schulschluß geschellt hat, bin ich in Gesellschaft von mindestens zwanzig Buwe nach dem Liebfrauberg gerennt, un nach korzer Zeit war der dicke Bindel Faßreif uffs Plaster geschafft.
»Guck emal!« hat odder jetzt der Silwerreis gekrische, »da schwimmt ja noch e Haufe.« Im Aageblick warn sämtliche Buwe widder uff dem Brunnerand un hawwe unner großem Juwel festgestellt, daß net nor aaner, sonnern sogar zwaa Päck Reif in dem Bassin gelege hawwe.
Unser Bemihe, aach die uffs Land ze rette, war von Erfolg gekrent, un nor der Umstand, daß merr die Flechte, mit denen die Bindel umwunde warn, net uffmache un die Reif verdaale konnte, hat unserm Vergniege enn Dämpfer uffgesetzt.
»Wißt err was?« hat der klaa Wolschendorf vorgeschlage, »merr schiewele die ganz Geschicht zem Schmidd Beil uff den Baradeplatz, der kennt mich, un der schneid uns die Weide ausenanner.
»Hurra!« hat da des Klibbche gekrische, die Reif uffgericht un dorch die Bleidestraß un Katharinepfort nach dem Baradeplatz newers Wolfseck zem Schmidd Beil gerollt.
Un werklich hat dort e gutmietiger Gesell, der uff der Gaß unnerer Verdachung enn Gaul beschlage hat, uff unser Bitte mit erre mords Zang die Weide uffgezwickt un die Bindel ausenanner gemacht.
Es hat odder jetzt kaa finf Minute gedauert, da warn sämtliche Reif unner die Buwe verdaalt, un jeder hat glickselig sei Beut in Sicherheit gebracht, sein Iwwerfluß an sei gute Freund verschenkt odder verditschelt.
Wie ich odder am nächste Morjend in die Schul komme bin, haww ich mit Verwunnerung bemerkt, daß sich die allgemaa Uffmerksamkeit ganz besonners uff mich konzentriert hat. Sogar unser Pedell, der mich kaum dem Name nach gekennt hat, hat mich aagehalte un gesagt: »No, da bist de ja – hast de derr dann aach e ornd-

lich Stick Ledder unner die Hose gelegt? Ich hätt druff geschworn, daß de heut schwenze deest.«

»Warum dann? Ich kann ja mei Sach.«

»Des hawwe merr auf dem Liebfrauberg geseh – no, geh nor.« Des haww ich dann aach, von unhaamliche Ahnunge erfillt, gedaa. Wie ich odder in mei Klass getrete bin un die Buwe hawwe dagesesse wie e Schar verknerschter Betbrieder, so eifällig, un hawwe mich aagesturt wie e Weltwunner, da is merr des Herz vollends in die Schuh gefalle.

»Warum sin dann die so still?« haww ich den Wolschendorf, der newer merr gesesse hat, gefragt.

»Waaßt de dann net«, hat der merr zugebischbelt, »daß des Steinche«, dadermit hat er den Bolizei-Rottmaaster Stein, den Schrecke aller Dienstmädercher un aller Buwe, gemaant, »driwwe in der Konferenzstubb sitzt?«

»Laß enn sitze«, haww ich gesagt.

»Er is awwer vonwege de Reif da.«

Eh ich odder noch frage konnt, was dann den unser Reif aaginge, hat der Pedell die Stuwwedihr bis hinnewidder uffgemacht, un der Herr Owerlehrer un unser Klasselehrer, e sehr dicker Kiefermaaster im ledderne Schorzfell, dem sei Hundelche nachgelaafe is, un der Rottmaaster Stein sin ereikomme.

Un der Herr Owerlehrer hat sich äußerst streng umgeguckt, sich dann mehrmals geräuspert un gesagt: »Fui! fui! un abermals fui! Seither war ich der Vorstand einer Schule wohlgesitteter Kinder, heute bin ich der Oberlehrer einer Gesellschaft von Taugenixen. Die Schönborner Hofschul is dorch euch entweiht, ihr habt err den Stempel eines Instituts for Missedäter aufgedrickt. Hier steht der Herr Kiefermeister Holzheimer aus der Rotkreuzgass, dem gestern am hellichtige Dag aus dem Brunnen auf dem Liebfrauberg drei Bindel Reif, die er zum Eiweiche ins Wasser gelegt hat, dorch euch entwendt sin warn. Solche Daten sin aber keine Bubenstreiche mehr, sondern Spitzbubenstreiche; un diejenige, die se begange hawwe, das sind Räuber, ja noch mehr, da's uff dem Wasser geschehe is – Seeräuber.«

»Naa, Herr Owerlehrer«, hat odder jetzt aus der Schar der äußerst niddergeschlagene Schieler der Weidmann geschluchzt, »merr sin werklich kei Seeräuwer, merr hawwe net gewißt, daß merr die Reif net nemme derfte.«
Jetzt hat odder der Rottmaaster Stein des Wort ergriffe un hat, indem er sein Stock drohend erhowe hat, gekrische: »Was habt err net gewißt? Ihr Gassebuwe, ihr Maahinkel! For was habt err dann Religionsunnerricht, die Woch acht Stunne, wann err net emal wisse wollt, daß mer kaa Reif nemme derf, die for Eppelweifässer bestimmt sin?«
»Sogar for Stickfässer«, hat der Herr Holzheimer ergänzt. »Da heert err's«, aach noch for Stickfässer. Meent err vielleicht, der Herr Kiefermaaster hätt die Reif for euch eigeweicht, wie euer Mutter euer dreckisch Wäsch? No, der Herr Assessor Bär werd euch schon zwiwwele, wann sich euer Eltern net vorher mit dem Herr Holzheimer uff e gietlich Art abgefunne hawwe. Ich mecht net in eurer Haut stecke, un wann se gegerbt wär.«
Nach dere Redd odder hat der Herr Rottmaaster sei Sackduch erausgezoge, e Bries genomme, die Nas gebutzt un sich dann mit dem Duch den Schweiß von der Stern gewischt.
Jetzt hat odder widder der Herr Owerlehrer des Wort ergriffe un hat gesagt: »Ihr habt ewe aus dem Mund der Owrigkeit geheert, was euch bevorsteht; aber auch die Schulbehörde und das hohe Consistorium werden nicht ermangeln, die Schuldige zer Rechenschaft zu ziehe. Eure Date sin solche Date, wie mer se in Frankfort noch nicht erlebt hat; un es is deshalb sehr fraglich, ob merr euch in siwwe Jahr, wann err des Alter dazu habt, iwwerhaupt confermiern werd. Wer war eigentlich derjenige, der zuehrscht uff die Reif aufmerksam gemacht hat?«
»Des war der Stoltze!« hat der schepp Dauth ebeigewwe.
»Die sin in dem Brunne erumgeschwomme«, haww ich ganz batzig gesagt, dann ich konnt merr noch immer net vorstelle, daß ich was Unrechtes gedaa hätt.
»Wärscht du da erumgeschwomme, des wär for des Aaseh der Schul un for dich besser gewese. Also du bist der Hauptmann der

Reifpirate. Steck dei Nas kinftig in dei Bücher und nicht in Springbrunnen, die dich nix angöhn! – Der Schadde, den err dem Herrn Kiefermeister zugefiegt habt, muß vor alle Dinge von eure Eltern ersetzt wern. Verstanne? Was glaabt err dann, was so e Reif wert ist, wie err se bindelweis gestrenzt habt?«
»Enn Grosche«, hat der lang Korzrock gesagt.
»Was, enn Grosche!« is awwer der Herr Holzheimer uffgefahrn.
»Enn Grosche, des mege scheene Reif sei.«
»So groß wie die Ihne Ihrige un ohne Knorze.«
»Ei, wo krieht mer dann die?«
»In der Klostergass bei meim Onkel.«
»Des kann meglich sei, die Klostergass derf sich awwer aach net mir der Rotkreuzgass messe, dort koste se zwelf Kreuzer.«
»Des is awwer schee deuer.«
»Dafor sin's aach eigeweichte Reif. Wann se euch odder zu deuer sin, da hätt err se ja steh lasse kenne.«
Dene Auseinannersetzunge hat awwer jetzt der Herr Owerlehrer e End gemacht, indem er gesagt hat: »Entwedder sin die unbeschädigte Reif in natura morje früh hier abzuliwwern, odder es sin for jedes Stick zwelf Kreuzer mitzubrenge. Eweso habt err alle Buwe aus anderen Schulen namhaft ze mache, die noch im Besitz von geraubte Reif sin. Alles weitere werd sich finne. So, jetzt geht haam un stellt eure Eltern die Sach vor.« Des hawwe dann aach die sämtliche Buwe mit schwerem Herze gedaa.
Wie ich odder meim Vatter uff dem Rederberg die Geschicht verzehlt un gesagt habb, der Reif deet zwelf Kreuzer koste, da hat er aagefange ze lache un hat gerufe: »Was, zwelf Kreuzer for aan Reif, des is merr zu rund. Wann de morje in die Schul kimmst, segst de, dei Vatter deet gar nix bezahle; im Gegedaal, er kreg noch Geld eraus, weil du den Brunne gebutzt hätst, den der Herr Holzheimer versäut hätt.«
»Wann ich des sag, krieh ich mei Hieb.«
»Wann de se hast, segst de merr's, ich wer schon mit enn fertig.«
»Gell, die komme dann in die Krebbelzeitung?«
»Mach der kaa Sorje! Was fällt iwwerhaupt dem Steinche ei, die

Sach so privatim abzemache.« Un dann hat mich mei Vatter noch weiter instruiert, was ich ze sage hätt.
Am nechste Morjend is dann widder, grad so feierlich wie am Dag vorher, der Herr Owerlehrer, unser Klasselehrer, der dicke Kiefermaaster im Schorzfell mit seim Hundelche un der Rottmaaster Stein in unser Klass eigetrete.
Un der Herr Owerlehrer hat uns widder sehr streng gemustert un hat gesagt: »Es sind nur sehr wenig Reif eingeliefert warn, ich werde deshalb an der ehrschte Bank aafange, des Geld eizukassiern. Jeder, den ich aufruf, der hat sei zwelf Kreuzer an den Herrn Holzheimer abzuliwwern. – Also, Euler, hast du das Geld mitgebracht?«
»Ja, Herr Owerlehrer, hier is es.«
Un der dicke Kiefermaaster hat's in Empfang genomme, hat's gezehlt un hat gesagt: »Es stimmt.«
»Un du, Korzrock?«
»Hier!« hat der etwas klaalaut gerufe un hat sei Geld abgeliwwert.
»Der Dreibätzner sieht awwer verdächtig aus«, hat der Herr Holzheimer gemeent un hat die Minz von alle Seite betracht. »Merr meent, des wär e plattgekloppter Nassauer Kreuzer, den aans mit Spichelglanz versilwert hätt.«
»Mei Mutter hat gesagt, sie wär aach mit geuhzt warn, der mißt widder fort.«
»No, ich will seh, ob ich enn unnerbreng, wann net, krieht errn widder«, hat der Kiefermaaster bemerkt un hat enn eigesteckt.
»Un du, Weidmann, was hast du von deine Eltern krieht?« hat der Herr Owerlehrer weiter gefragt.
»Prichel!«
»Sonst nichts?«
»Naa, nor Prichel«, hat der geflennt.
»Mit Prichel kann mer awwer doch net den Herr Holzheimer bezahlen.«
»Der sollt zu meim Vatter komme, wann er noch was eraushawwe wollt«, hat der Weidmann geheult un hat sich verzweiflungsvoll in der Ank gekratzt.

»Weiter, weiter!« hat der Herr Owerlehrer gerufe. »Du, Silwerreis, hast du dein Geld?«
»Ja, hier.«
»Des sin nor sechs Kreuzer! Beschummele laß ich mich net – als eraus mit dem Rest!« hat der Herr Holzheimer energisch erklärt.
»Mei Mutter bezahlt net mehr«, hat awwer da der Silwerreis erwiddert. »Der Reif hätt ja aach enn Knicks gehatt.«
»Des glaaw ich, wann er stunnelang mit erumschiewelt.«
»Un du, Stoltze?« hat sich jetzt der Owerlehrer an mich gewendt. Wie elektrisiert bin ich uffgefahrn un habb kihn gesagt: »Mei Vatter bezehlt gar nix!«

Allgemaa Sensation! Dann odder hat der Herr Rottmaaster des Wort ergriffe un hat gekrische: »Was, er weigert sich? Was is dann des for e Stoltze?«
»Der Kreppelzeitungs-Stoltze,« hat unser Klasselehrer schichtern bemerkt.
»So, der – der hat immer was an der Owrigkeit auszusetze. No, warum dann net?«
»Weil er nix schuldig wär. Der Herr Holzheimer sollt ehrscht beweise, daß er sei dreckische Reif in enn effentliche Schmuckbrunne eiweiche derft. Statt Straf deet uns e Belohung geheern, weil merr den Brunne widder sauwer gemacht hätte.«
Die Werkung von dere Redd war e wunnerbar un hat uff die ganz Klass wie e Erlesung gewerkt. Mehr wie zwanzig Buwe hawwe wie aus aam Mund gekrische: »Ja, des hat mei Vatter aach gesagt!« un all ihr Geld widder eigesteckt.

Der Rottmaaster Stein hat ehrscht ganz verdutzt uff den verlegene Kiefermaaster geguckt, hat dann die Stern in Falte gezoge un gesagt: »Eigentlich, wann mersch von der Seit betracht, hat der Mann net unrecht. Sehn Se, Herr Holzheimer, die Kinner hätte die Reif net finne kenne, wann Sie s'enn net in den Weg gelegt hätte. Wie komme Sie iwwerhaupt dazu, Brunne, die der Stadt zur Zierde gereiche, zu verwutze? Is des Ihr Achtung vor de Bolizeivorschrifte, odder hat Ihne vielleicht der hohe Senat die Erlaubnis dazu gew-

we? Bezahle Sie Abgawe dafor, odder wollte Sie sich uff Unkoste der Stadt bereichern? He?«
»Ich will mei zwelf Kreuzer widder!« hat sich der Euler ganz laut vernemme lasse. »Mei zwelf Kreuzer!«
Der Herr Holzheimer odder hat dagestanne, als wann emm die Hinkel des Brot genomme hätte, un hat in aaner Verlegenheit gestottert: »Ich habb net gedacht, daß des bemerkt werd.«
»So, glaawe Sie, die Bolizei wär e scheeler Giwitz? Noch lang net! Das Auge des Gesetzes waltet iwwerall. Wann ich's aazeig, kost's Ihne zwanzig Gulde Straf, un Sie misse den Brunne fege lasse.«
»Ich will mei zwelf Kreuzer widder!«
»Du kriehst se, nor Geduld! Sie wern's doch net aazeige, Herr Rottmaaster«, hat der Herr Holzheimer gebitt. »Jeder Mensch macht emal enn Fehler; ich hätt ja von selbst die Reif widder erausgedaa, wann merr die oosige Schlingel net zuvorkomme wärn.«
»Erlauben Sie«, hat odder jetzt der Herr Owerlehrer bemerkt, »in der mir unterstellten Lehraastalt werden keine Schlingel nicht unterrichtet, wohl aber Buben, Knaben, Söhne hochachtbarer hiesiger Berjer.« Un dann hat er sich an uns gewendt un hat im väterliche Ton gesagt: »Die Sache ist erledigt, Kinderchen. Ihr habt euch, allerdings unbewußt, als eine Stütze der allgemeinen Ordnung bewährt. Trotzdem muß ich euch sagen, daß sich kaaner mehr verleiten läßt, Reif aus dem Liebfraubergbrunne zu lende, dann ihr werd for was Besseres erzoge, als for Brunnebutzer.«
»Da kenne Se gut Ruh dafor hawwe!« hat der dicke Kiefermaaster gerufe. Die hole kaa mehr, dann ich leg kaa mehr enei.«

*

Nachdem er jetzt fertig lese war, hat er zu mir gesagt: »No, wie gefällt derr die Humoresk?«
»Ich find se ganz famos – un fors Publikum so intressant, daß de des alles selbst miterlebt hast. Du sollst emal seh, wie fei ich die jetzt ausarweit.« Dann bin ich emm um den Hals gefalle, un habb emm enn herzhafte Kuß gewwe.

Jetzt war merr die Sach doch net so einerlei, da ich mei Programm mit niemand dorchgenomme habb. »Ach was, wer wagt, gewinnt«, habb ich zu mir selwer gesagt un mich am 19. Februar 1902 zum erstemal vors Publikum gestellt. Der Saal war gerackelte voll, die Stimmung glänzend, so daß auch die gesamte Press den Awend unendlich freundlich beurteilt hat.
Jetzt war des Eis gebroche, so daß ich schon widder im selwe Jahr, im November, bei vollständig neuem Programm enn dorchschlagende Erfolg erzielte un die Press geschriwwe hat: «Adolf Stoltzes Töchterlein Lydia trat wiederum vor die große Öffentlichkeit, und ihr Talent ist groß genug, um mit ernsten,heiteren und besonders Dialektdichtungen von nun an die Rolle Stroheckers auf dem Podium übernehmen zu können.«Jetzt war ich iwwerglicklich, mein Baba net umsonst geketzert zu hawwe.
Nach dene Aufregunge konnt er sich widder emal in aller Ruh seim neue Gedichteband widme, den er im nächste Jahr erscheine lasse wollt.
Awwer auch dabei is er widder dorch die Feierlichkeite zu seim sechzigste Gebortsdag im Jahr 1902 gesteert worde. Ei Huldigung hat die anner abgelöst, un die Press hat mit seim Bild sei ganz Lewe un an erster Stell sei schriftstellerisch Tätigkeit beschriwwe. Am Awend is nach dem Strohecker seim Dod zum erstemal widder sei ungekerzt »Alt-Frankfurt« mit dem Bild »auf der Mehlwag« unner der Regie von Emil Claar unner dem Juwel der Zuschauer iwwer die Bihn gange, obwohl der Darsteller des Muffel dem Strohecker net des Wasser reiche konnt. Sein Freund Roll hat er bei der Auffihrung vermißt, deshalb hat's enn awwer doppelt gefreut, wie erm von Darmstadt aus nach seiner Pensionierung geschriwwe hat:

Mein lieber, guter, alter Altfrankfurter,

als wir im Jahre 1887 aus Muffel und Compagnie »Alt-Frankfurt« machten, lag der Sechziger noch in der Ferne, aber mein lieber Freund, um lange zu leben, gibt es kein probateres Mittel, als alt zu werden, d. h. den Ziffern nach ja, nicht in dem Herzen, und so wurde denn aus dem gediegenen »Altfrankfurter« ein gefeierter »Neu-Frankfurter«.

Lydia Stoltze beim ersten Vortragsabend am 19. Februar 1902.

Adolfs »Hochzeitsreise« war auf jeden Fall eine bessere Partie als seine »Gute Partie«, denn mit der hatte er sich »Verspekuliert«, was ihm dank seiner Bildung »Durch den kaufmännischen Verein« später nie mehr passierte und auch »Zum Schützenfest« einen Treffer inmitten seines »Theatralischen Unsinns« holen ließ. »Fatale Geschichten« sind ihm nicht mehr vorgekommen, ja sogar die »Schuld« vom »König Löwe« hat man von dem »Schuldlosen« freundlich aufgenommen. »Schönklärchen« erfreute unsere Kleinen, und »Napoleon« erinnerte recht lebhaft an den Großen. – Nun, lieber Jubelgreis, rüstig weitergearbeitet, das Lokalstück nicht vernachlässigen. Die Darsteller werden sich schon finden, aber eine Stadt, welche kein Lokalstück hat, hat eben keinen Charakter, und das soll man von unserem schönen Frankfurt doch nicht sagen. Zum Schluß, Liebster, mit dem ich treu gearbeitet habe, den innigsten Wunsch, Sie bald als »Rentier« begrüßen zu können. Darauf leere ich mein Glas.
Adolf Stoltze lebe hoch, hoch, dreimal hoch!

Darmstadt, Parkhotel, den 9. 6. 1902 *Ihr Roll.*

Beim Dorchlese von dem liewe Brief hat enn die Stell besonnerst berihrt: »Das Lokalstück nicht vergessen. Eine Stadt, welche kein Lokalstück hat, hat eben keinen Charakter.« – »Adolf« hat er jetzt zu sich selwer gesagt, »vergeß die Mahnung net un schreib auch weiter Lokalsticker.« Des wär ja alles schön un gut, awwer erst mußt er doch emal sei gesammelte Werke erausbringe, was e groß Stick Arweit is. Nadierlich macht's emm ja auch en mords Spaß, wenn er sei bereits acht Bänd mit schöne Einbanddecke un in Goldschnitt gebunne, so vor sich liche sieht. Un wenn er noch sein ewige Gelegenheitskram dazurechnen deet, wärn's mindestens elf bis zwelf Bänd gewese.
Vor lauter Freud, daß er mit seine Arweide so gut vom Fleck komme is, hat er seiner Luwise zugerufe: »Horch emal, ich bin mit meine Arweide so weit komme, daß merr heut awend widder emal dorch die Altstadt geh kenne, dann den Main entlang nach Owerrad un uns speter im »Hainer-Hefche« e Scheppche Wei genne kenne.«
Awwer noch net recht ausgedacht, kam enn Bote vom Intendant

Claar, der emm sage ließ, er mecht doch heut awend während der Alt-Frankfurt-Auffihrung wege erre Besprechung zu emm auf die Bühn komme. Nadierlich wurd's jetzt nix mit dem Ausflug, awwer des war ja egal. Nach dem Nachtesse is er dann zum Intendant auf die Bühn gange, hat neue Plän mit emm geschmiedt un sich gefreut, daß die Begeisterung bei seim Stick auch ohne Strohecker so aagehalte hat.
Im Wäldchesdag awwer, wo se beide im Hinnergrund des Treiwe mit aageseh hawwe, is auf eimal enn mords Krisch, dem verschiedene annere gefolgt sin, vom Parkett aus nach der Bühn gedrunge. Der Intendant is direkt mit de Worte evorgesterzt: »Aber meine Herrschaften, was ist denn los?«, hat den Zuschauerraum hell erleuchte lasse un dabei beowacht, wie mindestens zwanzig kleine Damefießercher im Parkett auf de rote Plüschsessel hie- un hergetrappelt sin un sich des schöne Geschlecht laut schreiend die Reck zugehalte hat.
»Aber meine Damen«, hat jetzt der Intendant gerufe, »so beruhigen Sie sich doch, es ist ja nichts passiert. Ein armes, unschuldiges Mäuschen, das sich von der Bühne in den Zuschauerraum verirrt hat, wollte Ihnen nur einen kurzen Besuch abstatten. Nehmen Sie doch bitte Ihre Plätze wieder ein, damit wir mit der Vorstellung fortfahren können.«
Mit rote Köpp hawwe jetzt beschämt die Mädercher un Weiwercher unner sich geguckt un ihr Plätz mit lautem Scharre widder eigenomme. Wie's awwer bald drauf widder dunkel worde is, hawwe se sich nach un nach zum Ausgang geschliche, während der Juwel dorch die viele Mäusercherepisode, die der Muffel eigeflochte hat, immer greßer worde is. Wie dann der Vorhang gefalle war, konnt mer wahrnemme, daß des Parkett ordentliche Licke gehabt hat un meist nor noch von Männer besucht war, die bis zum Schluß der Vorstellung net aus dem Lache kame. –
Daheim aakomme, hat er die Geschicht seiner Frau erzählt un dann zu err gesagt: »Sag emal, Luwise, was hälst de davo, ich habb merr des dorch den Kopp geh lasse, wenn mir beide unsern bevorstehende verzigste Hochzeitsdag diesmal in der Schweiz verbringe

deete. Du mußt dich auf alle Fäll emal e bissi ausspanne, un daheim kommst de doch net dazu.«
Un so sin se dann auch tatsächlich nach langem Hin und Her abgereist, hawwe sich einige Zeit in Interlaken un Thun aufgehalte un sin dann weiter nach dem Vierwaldstätter See. Dort hawwe se am 28. August 1904 ihrn verzigste Hochzeitsdag glicklich un zufridde ganz allaans gefeiert. Nach dem so schee verlebte Dag sin se weiter nach Zürich un hawwe dort auf emme weit abgelegene Friedhof in Flunton, wo niemand mehr begrawe werd, des Grab von seim jingste Bruder Friedrich, der als hochbegabter Student der Mathematik an Typhus gestorwe war, besucht. Auf seiner Grabstätte hat sei Vatter die Worte aabringe lasse:

Zwar die daheim begraben sind,
Die ruhn am heimischen Herde,
Du ruhst, ein freies deutsches Kind,
in freier Schweizer Erde.
Geb. 6. Juni 1861, gest. 16. März 1880

Die Ruhestätt hat des Ehepaar dief erschittert, un se hawwe immer widder driwwer nachgedacht, was for enn schwere Schicksalsschlag doch der Tod von dem Sohn for die Eltern gewese is.
Bald drauf sin se iwwer Schaffhausen, den Bodensee, München un Stuttgart glicklich widder in Frankfort gelandt.
Nachdem der Dichter 1905 noch enn Band Theater un Humoreske hat erscheine lasse un die Verlagsgeschäfte sozusage von selbst gelaufe sin, is er aufs neue auf sei Berliner Reis zerickkomme.
Bevor er se awwer aagetrete hat, wollt er erst noch die Hochzeit von seim zweite Sohn, seim Namensträger Adolf, abwarte, der die Dochter vom Kaufmann Mannberger als Braut heimgefihrt hat. Jetzt hat er widder die Freud gehabt, beim Standesamt sei golden Fedder ze zicke un sei Unnerschrift als Trauzeuge zu leiste. Da sein Sohn e blihend Baugeschäft un owwedrei verschiedene Häuser gehabt hat, konnt er ruhig in den Stand der Ehe trete. Bei der Hochzeit is es hoch hergange, un Frankfort hat zwei glickliche Mensche mehr gehabt.

Zum zweiten Mal in Berlin

Nach dere Festlichkeit kam ei Kart nach der annere von seim Freund Presber, der emm stännig zugesetzt hat, doch widder nach Berlin zu komme. Un wie er'm noch gar in seim Schreiwe mitgedeilt hat, daß enn der Kainz un der Sonnedahl doch so gern kennelerne wollte, hat er kei Ruh mehr gehabt, sei Manuskriptekefferche, wie's der Presber immer genannt hat, gepackt un is in Begleitung seiner Familie per Tram nach dem Hauptbahnhof gefahrn. Nach alle megliche Verhaltungsregele, daß er ja net widder sparn, sonnern dichdig esse sollt, is der Zug abgefahrn, un er war froh, endlich emal allei zu sei, um Ruh zu finne.
Von dem Glick hat er allerdings net viel verspiert, denn nach zweistinniger Fahrt hat, wie auch bei seiner letzte Berliner Reis, sein Mage zu rumorn aagefange, so daß er sich hundeelend gefihlt hat. Wie er endlich in Berlin aakomme is, hat enn der Presber mit de Worte empfange: »Um Gottes wille, wie sehn Sie denn aus? Vor alle Dinge enn Cognac!«
Un wie ja Unkraut bekanntlich net vergeht, hat er sich auch bald widder erholt un konnt nach einige Dag bereits auf die Zimmersuch geh. So eifach war die Sach awwer net. Stunnelang, ja dagelang is er Straß auf, Straß ab, Trepp auf, Trepp ab gewannert. Es war zum Verzweifle.
Der eine Wertt wollt des Zimmer dagsiwwer for sich selwer benutze. Der annere hat unerschwingliche Preise von emm verlangt. Un widder e anner Vermieterin hat e ganz Herd »Möblierte« bei sich gehabt; un e folgend e Musikschul in ihrer Wohnung.
Awwer trotzdem hat der Dichter, der als Vorwort zu all seine Dage- un Kontobücher geschriwwe hat »Beharrlichkeit führt zum Ziel« die Flint net ins Korn geworfe un hat widder in erre annere Straß an erre annere Dihr geschellt. Dort hat emm e ganz Raffinierter erklärt, daß er drei Dechter hätt, un dorchblicke lasse, daß bei

ihm e Zimmerherr Gelegenheit hätt, ei von seine drei Dechter vielleicht als Ehefrau heimfihrn zu kenne.
Nachdem er dann gesagt hat, er wollt sich die Sach erst emal iwwerlege, is er gleich e paar Gasse weider in enn dritte Stock gestiwwelt un von emme gut aussehende Mann freundlich empfange worde.
Des Zimmer hat emm recht gut gefalle, un se warn auch iwwer alles soweit einig geworde. Wie er drauf dem Mann ausenannergesetzt hat, daß er nur Ruh brauche deet, weil er schriftstellerisch tätig wär, hat enn der gefragt, ob er auch net sozialdemokratische Tendenze huldige deet, denn er wär als Fahneträger in emme Kriegerverein un kennt unmeglich mit emme Umsturzmann unner eim Dach wohne.
So hat er halt nix wie Pech gehabt un sich iwwerlegt, ob er iwwerhaupt noch weiter suche odder sich in e Pension eimiete sollt.
An seine Knepp hat er jetzt abgezehlt: Ja – nei – ja – nei – ja. Un so hat er annern Dags in der Neh vom Hallesche Dor noch emal sei Glick versucht. Un werklich hat in emme sehr sauwer aussehende Haus im zweite Stock emm e goldig, noch ziemlich jung Witfrauche e freundlich, von der Sonn beschienenes Zimmer aagebotte. Jetzt war der Dichter glicklich, endlich was Bassendes gefunne zu hawwe. Nachdem er dann Platz genomme hat, is emm von der Wertin vorgeschlage worde, daß es doch schön wär, wenn se sozusage enn gemeinschaftliche Haushalt fihrn deete – denn sie wär doch noch sehr jung un hätt sich seit zwei Jahrn net mehr des geringste gegönnt. Ihr einzige Vergnüge wär ihr Klavier, des se däglich e paar Stunne benutze deet. Dann wär's doch sicher sehr schee, wenn se morjends zusammen frihsticke kennte – un awends, wenn er fertig arweide wär, se doch endlich emal widder e Konzert odder des Theater mit emm besuche kennt. Dafor deet se'm awwer auch des Zimmer nor mit dreißig Mark berechne, was er sonst in ganz Berlin net mehr finne deet.
Da er net gleich absage wollt, hat er versproche, sich die Sach noch emal durch den Kopp geh zu lasse un err noch heut driwwer zu schreiwe.

»Des wär grad des Richtige for mich«, hat er jetzt zu sich selwer gesagt, widder an seine Knepp abgezehlt un sich vorgenomme, nor noch ei letzt Unnernemme zu wage. Un richtig, des hat geklappt. Endlich hat er in dem Vertel e gut möbiliert Zimmer gefunne, wo er tatsächlich in Ruh arweide konnt.
Hat er sich auch die Fieß halb wund gelaufe, konnt er doch endlich die Erlebnisse seiner Zimmersucherei for sein neue Roman verwende un sich bereits iwwer viel erlebte Drollerie Notize mache. Dann hat's auch noch des Gute gehabt, daß emm der Berliner Dialekt geläufig worde is, weil er'n ja in alle Tonarte zu hörn hat kricht.
Daß awwer auch der, wie unser Frankforter, sei Gemiet net verberge kann, hat er an emme Gespräch wahrgenomme, des e Droschkekutscher spät awends beim Ausspanne von seim miede Gaul mit dem gefihrt hat.
»Oller Fritz«, hat er zu seim Gaul gesagt, un sei Stimm klang wie e leidmietig Entsagung. »Nu is widder mal en Tag rum, awer vorwärts sin mir beede nich jekommen. Du bist ebend en oller Pechhengst; du mußt schuften, bis dir des bisken Atem ausjeht, un ik muß schuften, bis mir die Puste ausjeht. Nu frag ik dir, wat tun wir beede uff der Welt? – Da, Fritze, det bisken Zucker hat mir 'ne Köchin for dir geschenkt. Fresse et heute, sonst holt et morjen der Jerichtsvollzieher, der holt ja schließlich doch alles, wat er bei uns kriejen kann. Treibt er's mal zu dolle, drücke ik mir ins bessere Jenseits – mitnehmen kan ik dir freilich nicht, Petrus läßt dir nich rin. Ooch keen Unglück. Denn wenn's mal bei uns soweit is, verscharren se mir unter der Erde, un dir stellen se uffs Büfett vom Restaurant, det is immer noch pompiker for dir wie for mir. Solange se awer die Hand nich nach dir ausstrecken, jeht's noch; tun se's awer mal, na, dann is alle. Komm Fritze, Heu tut's ooch, wenn man keenen Hafer hat, un Ruhe is ooch en Stück Nahrung.«
Des mit aagehörte Gespräch hat dem Dichter sei Nachtruh geraubt, un er hat den Entschluß gefaßt, dem Mann irgendwie zu helfe. Wie er dann dagsdrauf den armselige Stall aufgesucht hat, hat emm e verzweifelt Stimm mitgedeilt, daß sich der Droschkekut-

scher heut nacht aufgehängt hätt, weil emm der Gerichtsvollzieher sei Droschke gepännt un sein arme Gaul weggefihrt hätt.
Jetzt hat sich der Dichter die bitterste Vorwerf gemacht, daß er dem arme Kerl net gleich geholfe, un mit feuchte Auge hat er den Raum verlasse, wo bei unendlichem Fleiß so viel Lieb geherrscht hat. Ja, ja, die Großstadt! Däglich komme ja so Schicksale vor, un es war jetzt sei Aufgab, ernste un heitere Szene in errer Erzählung festzehalte. Dagsiwwer hat er sich enn Iwwerblick gemacht, wie er sein Roman »Weltstadtbilder« aalege sollt, un awends hat er im Kreis bekannter Kinstler weitere Aaregunge gesucht. Um awwer auch des Berliner Nachtlewe kennezulerne, mußt er mit in verschiedene Lokale, die enn meistens mit Ekel erfillt, emm awwer doch enn Eiblick in des Berliner Lewe gewwe hawwe.

Nachdem er dann so e Zeitlang in der Hauptstadt verbracht hat, war er glicklich, widder mit neue Plän un Aaregunge zu seine Liewe, die enn stännig auf dem laufende gehalde hawwe, zurückzukehrn.
Jetzt hat's widder e Meng Neuigkeite for enn gewwe, un er mußt die Ausfihrung seiner Berliner Erzählunge etwas zerickstelle, zumal enn der Intendant Claar gedrängt hat, doch endlich widder emal e Dialektstick zu schreiwe. Am liebste wär emm enn Eiakter, weil er den noch zu annere, bereits schon versprochene Sticke gewwe kennt. Die Sach war nadierlich net so eifach, weil er sich ja immer nach dem Dialekt sprechende Personal richte mußt. Awwer trotzdem hat er nach vielem Iwwerlege enn Stoff gefunne un e Sachshäuser Bichelstubb un Wäscherei geschildert un mit allerhand Dollheite verseh, denn er hat sich gesagt:

E grundverrickter Schode nor
Liebt net den Frohsinn un Humor,
Verwinscht des Lebens Sonneschei
Un glaabt dabei noch Mensch ze sei.

Nach e paar Woche war die Arweit dann soweit fertig, daß er se dem Intendant for die Bihn eireiche konnt.

»Dodgeschosse« war ihr Titel un is auch korz drauf unner stermischem Erfolg ei- iwwer des anneremal hier aufgefihrt worde.
»Gott sei Dank!« hat der Autor gesagt, »auch des licht hinner merr, un so kann ich doch hoffentlich endlich an meiner Berliner Erzählung, meine »Weltstadtbilder« arweide. Der Dialekt mecht merr ja kei Schwierigkeite, un so hoff ich, doch noch in dem Jahr damit fertig zu wern.«
Der Roman, den er mit Lust un Lieb geschriwwe hat, is emm nor so von der Hand geflutscht. Kaum, daß er damit fetig war, hat er'n auch schon dem Druck iwwergewwe un enn de Herrn Rezensende zur Besprechung eigereicht. Daß bei manche Blätter die Kritik net so gut ausgefalle war, hat er sich selwer zuzuschreiwe gehabt, weil er emme ganz untalentierte Theatersticker schreiwende Kritiker, der damals am Dorchfall seiner »Gute Partie« mit schuld war, sei Dippche aufgedeckt hat, was mer im dritte Kapitel von seine »Weltstadtbilder« zwische de Zeile lese konnt.
No, er hat se iwwer sich ergeh lasse un zugleich noch enn Band mit seim »Dodgeschosse« un »Vermischte Schrifte« in die Öffentlichkeit geh lasse.
Bei all seiner Dichterei war er trotzdem kei Stuwwehocker un hat sich auch niemals vom öffentliche Lewe abgesonnert. Mit großem Interesse hat er immer die Politik un vor allem die Frankforter Aagelegenheite verfolgt. So hat's enn auch unendlich gefreut, daß sei Sohn Fritz von der Demokratische Partei aufgestellt worde is, un er war in greßter Aufregung, wie die Wahl ausfalle deet.
Endlich kam sei Sohn zu emm mit de Worte: »Baba, du kannst merr graduliern, sie hawwe mich zum Stadtverordnete gewählt.« Die Nachricht hat den Dichter mit Stolz erfillt, un er hat zu seim Sohn gesagt: »Sei so eifrig, wie's mei Vatter war, un du werst viel Gutes stifte.«
Un noch net war er recht der Dihr draus, hat er in sei Dagebuch geschriwwe: Fritz 1907 zum Stadtverordnete gewählt. So enn Augeblick in sei Gedanke verdieft, konnt er mit Zefriddenheit feststelle, daß enn sei Kinner dorch ihr Dichdigkeit iwwer so manches eweggeholfe hawwe. Die beide ältesde Söh hawwe sich als Ingenieur un

Architekt enn Name gemacht, un der jingste hat mit seim Babierhannel un Verlag sein Mann gestanne. Sei ältst Dochter, mit erre prachtvolle Stimm begabt, war newer ihrm Gesangsstudium als Klavierlehrerin am Conservatorium verpflicht un sei jingst hat als Vortragskinstlerin sei Sache net nor in Frankfort, sonnern auch in viele deutsche Städte mit Erfolg erausgebracht. Korzum, er konnt mit seiner Familie zufridde sei.

Frankforterisches un Anneres

So kam des Jahr 1908, wo er gleich zu Beginn widder aus seine Illusione erausgerisse worde is. Der Präsident vom Kaufmännische Verein hat widder e Aaliege gehabt: »Herr Stoltze«, hat er gesagt, »Sie hawwe uns doch seinerzeit den famose Eiakter »Durch den kaufmännischen Verein« geschriwwe, der dann doch vom Theater iwwernomme worde is un bis heut noch auf dem Spielplan steht. Jetzt werd unser neu Haus eigeweiht, un so mecht ich Sie recht herzlich bitte, uns zu dem Zweck widder e Theaterstickelche zu schreiwe.« Die Bitt hat der Dichter net abgeschlage un dem Verein zu dem Zweck e Festspiel »Merkur sucht ein Logis« geschriwwe, des sei Werkung net verfehlt hat.
Kaum war er mit der Arweit fertig, is e Deputation von der Zeitung »Die kleine Presse«, e Blatt von der Frankfurter Zeitung, bei emm erschiene un hat enn um sei Mitarweit ersucht. Er sollt alle verzeh Dag enn greßere Artikel unner der Bezeichnung »Frankforterisches un Anneres« bringe, was for enn widder e neu Belastung, awwer auch e Freud war.
Auch in seiner Familie hat's nie an Abwechslung gefehlt. So war er erstaunt, wie sei jingst Dochter den Plan gefaßt hat, im August e Reis nach Spitzbergen aazutrete. Weil ihr Schwester vor zwei Jahr den Süden auf erre Mittelmeerreis kennegelernt hätt, wollt se jetzt nach dem hechste Norden reise. Auch müßt sie sich ja von ihre Vortragsstrapaze etwas erhole un deet hoffe, auch sich dabei for ihr

geplant Amerika-Tournee stärke zu kenne. Ihr Eltern hatte nix dagege, un so hat se auch tatsächlich auf dem Dampfer Thalia vom Österreichische Lloyd die Fahrt aagetrete. Auf dere Gesellschaftsreis hat se sich ausgerechnet in enn Polarfahrer, der von erre Iwwerwinterung kam un in emme entsprechend verwahrloste Zustand war, verliebt un bereits auf dem 81. Breitegrad mit emm verlobt. Was wollte die Eltern da mache? Alle Ermahnunge un Vorhaltunge hatte kein Zweck. »Der un kein annerer«, hat se gesagt.
So kam die Zeit, daß der Aagebetete widder nach Deutschland kam un ihre Eltern enn Besuch gemacht hat. Da awwer der Dichter jetzt erst emal den Herr Polarfahrer, den Sohn vom Berjermeister Lerner in der Stadt Linz am Rhein, kennelerne un sei Vergangenheit erfahrn wollt, is er mit emm zum Äppelwei nach Sachsehause gange.
Nach dem verte Schoppe hat sich die Stimmung schon gehowe, un er hat dem Ahnungslose alle megliche Streich un die unglaublichste Erlebnisse aus seiner Vergangenheit erzählt. Jetzt hat awwer auch der gutgläuwige Polarmensch aagefange auszupacke. Die Stimmung wuchs von Schoppe zu Schoppe, un ein Streich hat den annere abgeleest.
Wie se dann nach dem achte Schoppe iwwer die Alt Brick heim gange sin und dabei efters haltgemacht hawwe, hat emm der kinftige Schwichervatter erklärt, daß er sich freue deet, so enn aufrichdige Mensch in emm kennegelernt zu hawwe. »Wenn Ihr Streich auch manchmal etwas knollig ausgefalle sin, no, dafor sin Se halt Polarfahrer. Was ich Ihne awwer von mir erzählt habb, war alles erfunne, um Ihne Mut zur freie Aussprach zu mache.« – Der Polarmensch war sprachlos, hätt der doch nie geglaubt, daß enn Dichter so flunkern kennt.
Was wollte die Eltern jetzt mache? Sie hat um kein Preis von emm gelasse, un so fand schon im Februar 1909 die Hochzeit statt, denn sie hatte ausgemacht, daß sie mit ihm nach Spitzbergen fahrn un e Iwwerwinterung mit emm mache wollt. Für die Eltern war's bei aller Freud e groß Betriebnis, ihr geliebt Kind für so e lang Zeit vermisse zu solle. Un doch war der Chef, wie enn der Polarmensch

immer genannt hat, stolz auf ihrn Mut. War se doch die erst Frau, die e Iwwerwinterung im ewige Eis wage wollt.
Ei Trost war's nor, daß se noch von wege ihrer Ausristung e paar Woche in Berlin verbringe mußte. – So konnt er doch widder voll Vertraue an sei Arweit geh un gege Awend mit seiner treue Luwise, auch schon um se zu zerstreue, sein gewohnte Altstadtspaziergang mache. Gefreut hat's enn, daß sei Gedicht »Mein Frankfurt«, was er for die »Klei Press« geschriwwe hat, so viel Aaklang fand, daß es Gustav von Rößler gleich in Musik gesetzt hat. Awwer auch sei Gedicht »Das deutsche Lied« is net nor von de Gesangvereine, sonnern auch in literarische Kreise gern vorgetrage worde. Trotz seine viele Ablenkunge hat er noch den zweite Deil seiner »Dramatische Dichtunge« sowie des Lustspiel »Drei Poeten«, in dessen Mittelpunkt er sein Vatter gestellt hat, fertig kricht.

Jetzt kam widder e Depesch aus Berlin, in der sei Dochter mitteilt: Überwinterung aufgegeben – Theodor plant mit Zeppelin eine Nordpolexpedition – Lydia.
»Hm! widder e anner Bild«, hat er zu sich selwer gesagt, »abwarte, ob's dazu kommt.«

Jetzt war awwer des Wichtigste enn Artikel for die Press, der schon in zwei Dag gedruckt wern sollt. Un so schreibt er:

»Nei, was die Zeit vergeht, mer soll's net glauwe, un immer mischuggener werd die Welt. So behaupte se, der Komet käm, un die Welt deet unnergeh, mer mißt for sei Seeleheil sorje. Ganze Zelte hawwe se uffgeschlage un Redde zur Bekehrung drin gehalde. Awwer Gott sei Dank, die Welt is net unnergange, un ich habb se im Mai 1910 in meine Verse aufkleern kenne:

Gottlob, es gibt auch heut noch Wunner
In unsrer uffgekleerte Zeit,
So beispielsweise ging net unner
Die Welt, wie mer err prophezeit.
Trotz ihrer Sinde, ihrer Mengel
Is se noch net zum Abfahrn reif,

Es hat drum der Komet, der Bengel,
Se nor gekitzelt mit seim Schweif.

Selbst die Gelehrte sahn mit Bange
Zem Himmel mit ihrm Fernrohrglas,
Un aaner hat gar uffgefange
In Flasche des Kometegas.
Un stellt jetzt fest mit Forscherfleiße
Was uns so sehr erschreckt im Mai,
Des war, was leicht is zu beweise,
Nix wie e heher Stänkerei.

Die annern awwer, sehr beklomme,
Die konstatiern zusamme fix,
Was merr vom Halley wahrgenomme,
War nix un nix un widder nix!
Merr sin geuzt bis uff die Knoche
Un misse effentlich gesteh:
Merr hawwe weder was geroche
Un noch viel wen'ger was geseh.

Geduld, Geduld, er werd sich zeige,
Wie er vor Christi sich gezeigt,
Werd dorch die Weltenräume streiche,
Bis widder enn des Rohr erreicht.
Dann in de achtziger Jahr werd schlimmer
Von ihm vielleicht wie jetzt geredd,
Dann schmeißt sein Schweif die Welt in Trimmer
Un die geht unner – odder net!

Am schwerste hätt die Katastroph unner annerm die projekdierte Frankforter Theater betroffe, die wärn schon, bevor se ihr Pforte erschlosse hätte, verkracht. Zum Verkrache freilich braucht mer kein Komet dazu, awwer der Halleysche hätt die Sach uff jeden Fall beschleunigt.

Wo will dann die Geschicht enaus?
Zem Opernhaus un Schauspielhaus

E aufsichtsrätlich drittes Haus,
E Lustspielhaus, Oprettehaus,
E Frankforter Komödiehaus.
Dazu e deutsches Festspielhaus;
Halt ei mit dem Projektestrauß,
Sonst geht aam ja der Atem aus!
Mein Wunsch dazu, den ich hier äußer:
Ehrscht Kapitel – dann volle Häuser!«

Jetzt war er froh, daß er den Presse-Artikel, der doch immer in mindestens zwei Seite des Neuste bringe mußt, widder hinner sich gehabt hat un an sei annern Arweide denke konnt. Denn es hat emm jetzt besonnerst am Herze gelege, auch emal enn Band »Hochdeutsche Gedichte« erscheine zu lasse.
Hat er nor Licht, Sonn un Blumme gehabt, is emm die Arweit grad so zugefalle. Vor alle Dinge mußt er sich jetzt emal widder ans Korrekturlese von seim neue Humoreskeband mache, den er unner dem Titel »Allerlei Humor« erscheine lasse wollt. Da ich enn vor meiner Verheiradung stännig um neue Vortragshumoreske gequält hatt, is es emm jetzt leichtgefalle, mit noch einige neue Erzählunge den Band zu fülle. Hat auch der Vertrieb von seine Werke viel Zeit in Aaspruch genomme, so war er doch stolz, enn große Absatz seiner Bicher aufweise zu könne.
Wenn merr nadierlich an die Unkoste for so enn Band denkt un die verzig bis fuffzig Prozent Abgawe an die Buchhändler, so is emm net mehr viel iwwrig gebliwwe. Awwer es war emm egal, denn sei Sache sin ja stännig verlangt worde.

So verginge Monate mit dene Arweite un mit viel Gelegenheitsgedichte, un er war froh, wie nach dem stramme Winter widder der Frihling gekomme is, der emm den Anstoß für sei Artikel in der Kleine Press gab:
Ja, es gibt kei scheener Fest als Ostern, wo die Nadur erwacht, der Has die Eier legt, die grie Soos uff den Disch kimmt un der Pelzrock ins Pandhaus wannert. Die Weihnachte bescheern sich die Mensche unner sich, un da geht nadierlich mancher leer aus. Die

Ostern awwer nimmt die Nadur die Sach in die Hand, un da gibt's kei Lewewese, des sich beklage kann.
Namentlich mir Frankforter kenne diesmal zefridde sei, denn der Osterhas hat uns net nor enn prangende Frihling gebracht, er bringt uns auch die Universidät un die Eiweihung vom neue Osthafe.
Nor aans verstimmt aam, daß der Adickes uns verläßt. Nadierlich hat der Owerborjermaaster aach sei Feind, was bei me Mann von seiner Bedeutung ja net ausbleiwe kann. Wo Licht is, werd aach Schatte sei. Un enn großer Mensch werft nadierlich enn annern Schatte wie e klaaner Quadutter. Es is werklich intressant, wann mer in de Werttshäuser heert, was for diefsinnige Aasichte da mitunner verzappt wern.
»For was«, meent der aane, »brauche merr dann enn Osthafe? Ich bezieh mei Kardoffele mit der Eisebahn aus Owwerhesse, des Geld hätte se sparn kenne.«
»Am meiste ärjert mich die Universidät«, segt enn annerer. »Ich gebb emal kaan Grosche dazu, des waaß ich. Mei Buwe krije Nachhilfestunne, bis se ihr Aajähriges gemacht hawwe un damit basta! Es gibt grad gelehrt Lumbezeug genug, ich haab ja aach net studiert un doch in der Lotterie gewonne.«
»So scharf will ich net ordeile«, bemerkt e dritter, »awwer aans steht fest: Luft un Licht for de Berjer ihr Geld geheert in kaa Altstadt, wem's da net gefällt, der kann ja uff den Hohenzollernring ziehe. Ich bin in der Rattegass groß worn un leb heut noch.«
»Da heern Se's«, hat der aane widder aagefange, »lauder unnitze Ausgawe, for die mir die Steuern bezahle misse. Schon zweimal habb ich mei Mieter gesteigert, alles schlegt ja uff, die Arweitslöh un die Lewensmittel. Da mißt doch die Stadt e Eiseh hawwe un billiger schaffe, awwer prostdimahlzeit, die geht aach in die Heh. Un wem verdanke merr die Steuern? Dem Adickes, un nor dem Adikkes. Wenn Leut mit unsere Aasichte die Verwaltung hätte, deet's in Frankfort bald annerschder ausseh.«
Die Frankforter Berjerschaft rieft awwer unserm scheidende Owerborjermaaster zu:

Du gehst; des kann uns gar net basse,
Du gehst; des dut uns werklich weh.
Merr sollte dich net scheide lasse,
Dann du brachst Frankfort in die Heh.
Bist du aach nor e »Eigeplackter«,
Schlug doch dei Herz for unser Stadt
Un war bald aans mit dem Charakter,
Den se als neues Frankfort hat.

Gekost hat uns bist jetzt kaan Batze,
Die Hochschul, die for uns bestimmt,
Du datst des Geld zusammekratze,
Wie aaner, der aus Posen kimmt.
Des Alte datst de hie erneuern,
Du gabst ihm widder frischen Glanz.
Es ginge in die Heh die Steuern –
Dafor bist de der »lange Franz«!

Is derr aach manches net gelunge,
Wie sich's dein reger Geist gedacht,
Hast de doch unentwegt gerunge
For Frankforts Ehr un Frankforts Macht.
Trag uns net nach Verdruß un Ärjer,
Du hast ja kinftig vor enn Ruh,
Den Preis als Frankforts Ehrenberjer
Verdient kaan Zweiter so wie du!

»So, auch der Artikel wär widder emal drauß«, hat der Dichter gesagt, un kaum, daß er geglaubt hat, emal e bissi Luft schnappe zu kenne, mache die Zeitunge die Berjerschaft auf sein siebzigste Gebortsdag aufmerksam. Da mer sich im klare war, daß sich an dem Dag e groß Menschespiel zum Graduliern eifinne deet, is, wie gewehnlich bei so me Aalaß, die ganz Wohnung auf den Kopp gestellt worn.

Awwer auch unser Baba wollt sei Iwwriges duh un hat, während

die Mama Kommissione gemacht hat, alles Megliche un Unmegliche unernomme.
Vor alle Dinge hat er emal sein große Ofevorleger un e mordsjalisch groß Blummebrett, von dem er erst den Rand abmontiern mußt, in die mitte Stubb gerickt un vorsichtshalwer den Deppich zerickgeschlage. Dann hat er die beide Gegeständ e paarmal hinnerenanner grindlich mit griener Ölfarb aagestriche. Daß er sich dabei net nor die Pode, sonnern aach sein Aazug verschmiert hat, war selbstverständlich.
Awwer des wär ja alles net so schlimm gewese, wann net sei Dienstmädche, während er sich im Bad mit Terpentinöl un Seif erre grindliche Reinigung unnerzoge hat, verschiedene Frihgratulante in die Stubb gefihrt hätt. Vor lauter Entzicke, in emme Dichterheim zu sei, hawwe die gar net gemerkt, daß se auf seine neu aagestrichene Gegeständ erumgetrampelt sin un dadorch net nor sei Stubb, sonnern auch noch den Gang mit griene Dappe garniert hawwe.
Wie se dann endlich den Tempel drauß warn, hat er sich auf die Knie gelegt un den Bodden mit Stahlspän behannelt, daß emm nor so der Schweiß von der Stern erunnergetreppelt is. Zu allem Unglick hat enn sei Frau grad in der scheene Stellung erwischt, die Hend iwwerm Kopp zusammegeschlage un gejammert: »Ach du liewer Gott, wie sieht dann der frisch gebohnerte Parkettboddem aus! Was hast de dann da geschafft, du Säudeiwel! Die grie Ölfarb kricht mer ja sei Lebdag net mehr eraus! Des hat mer von deiner ewige Schmiererei! Des is ja e stark Stick! Mer muß sich ja vor de Leut schäme, un grad noch auf dein Gebortsdag.«
»Beruhig dich un reg dich net so auf«, hat err ihrn Mann entgegent, »ich bestell enn Schreiner und lass enn abhowwele.«
»Ja, awwer ehrscht nach der Feier, es schadd gar nix, wann die Leut seh, was de aagericht hast.«
Da's awwer noch e paar Dag bis dahie warn, ließ sich der Schadde einigermaße behewe, un auch sei Frau hat alles vergesse, wie am Vorawend von seim Gebortsdag e Mann atemlos die Trepp eraufgesterzt kam un err verzehlt hat, daß durch Poliziste die unner Mi-

quelstraß, enn Deil vom Grieneborgweg sowie die Feldberg- un Friedrichstraß für den Fuhrverkehr gesperrt wärn, weil die Berjerschaft ihrm Stoltze heut awend enn Fackelzug bringe wollt un außerdem auch noch verschiedene Ständcher aagesagt wärn.
Jetzt is emm sei Frau vor Rihrung um den Hals gefalle, un alles Mißgeschick war vegesse. Nach un nach war sei Haus von Mensche umzingelt, un der Fackelzug, dessen Lichter dorch des Grien der Bäum geschillert hawwe, hat sei Phantasie in e anner Welt schweife lasse, un wie dann die Sänger noch verschiedene seiner Lieder aagestimmt hawwe, war er dief ergriffe un froh, daß er sei Vatterstadt un sei liewe Mitberjer nie verlasse hat.

Jetzt war der Vorawend mit seine viele Iwwerraschunge vorbei, un es hat geheiße, sich for den nächste Dag zu riste. In aller Frih schon hat sich sei Wohnung in enn Blummegarte verwannelt, un die zahlreiche Gratulante hawwe kaum Platz in seiner große Stubb gefunne. E besonnerst humorvoll Aasprach hat der Stadtverordnete Robert Flauaus gehalte un e sehr aagenehm Iwwerraschung for den Dichter gebracht. Nachdem die annern Besucher emal ihrn Schnawwel gehalte hawwe, hat er dann losgelegt:

Sehr geehrter Herr Stoltze!
Wenn e alter Frankforter zu emm Stoltze kimmt, da muß er ganz stolz deutsch redde, des haaßt in dem Fall echt Frankforterisch, un zwar aus sehr verschiedene Grinde: ehrschtens is unser Frankforter Deutsch viel scheener als wie des Hochdeutsch, zwaatens versteht mer's ja aach viel besser, un drittens soll mer ja iwwerhaupt babbele, wie aam der Schnawwel gewachse un wie's aam ums Herz is.
Also, mei liewer Herr Stoltze, was maane Se, was merr da neulich so vor e Wochener sechs bassiert is? Ich sitz derr ganz gemietlich an emme scheene Dienstag nachmittag beim Heyland uffem Remerberg un trink derr da mei Schoppe Äppelwei, wie ich des Dienstags vor der Stadtverordnetenversammlung gewehnlich mache duh, um mich mit dene Berjer aus Nord un Sied un Ost un West gemiet-

Ehepaar Stoltze beim Zeitungslesen nach den Feierlichkeiten zum 70. Geburtstag.

lich zu unnerhalte, dann hernachend in der Versammlung is es mehrschdendaals doch net mehr gemietlich.
Uff aamal kommt e guter Freund zu merr an Disch – es war nämlich aach enn Kolleg aus dem Haus Limborg, der aach gern sein Schoppe zum Abgewehne beim Heyland einimmt – un segt, es hätt emm aaner neulich verzehlt, der »junge Stoltze« deet ja im Juni

schon sibbzig Jahr alt wern. »Des is ja gar net meglich«, haww ich dem druff erwiddert, »der Stoltze sieht ja noch aus, als wann er ehrscht gege die sechzig marschiern deet.«
Mei Freund blieb awwer standebeh bei seine sibbzig steh un gab barduh kaa Kordel nach. Zuletzt haww ich emm gesagt: »Des wolle merr awwer doch emal seh, ob der Stoltze sechzig odder sibbzig Jahr alt is.«
De annern Dag haww ich mich dann uffem Standesamt erkundigt, un was maane Se? Der annere, der Olwel, der hat ja gottverdeppelt recht gehabt.
Die Sach, die ging merr awwer doch im Kopp erum. »Da misse merr was mache«, haww ich so zu merr selbst gesagt, »denn sibbzig Jahr alt wern, des is doch klaa Kleinigkeit.« Dann is merr eigefalle, daß der Adolf Stoltze ja friher, wie er noch e Jingling im lokkige Haar war, e Haupttorner in der Torngemeinde war un sei Lewe lang uff seiner Leyer for alles Edle un Hohe un aach fors Vatterland sei Lieder gesunge hat. Alleweil hammersch!
So muß es wern: Torner un Sänger, mit dene werd gemacht, was ewens ze mache is. Ich habb derr mich dann auch gleich uff die Strimb gemacht un bin zu meim alte Freund Anselm uffem Holzgrawe gewannert; de Anselm Fey is nemlich de rechte Mann bei de Frankforter Torner.
No – mit dem war ich gleich einig. Sie glaawe odder net, liewer Herr Stoltze, wie der gleich Feuer un Flamm war, wie ich emm mein ganze Schlachtplan entworfe hatt. »Des mache merr, gell, des gibt e Berjerfreud«, war sei ehrscht Antwort. Nachdem merr noch alles geheerig dorchgesproche hatte, haww ich mich widder fortgemacht uffen Weg zu me Sänger.
Innerlich sehr gehowe un gestärkt, haww ich dann aach Glick gehabt un habb mein Freund Weber werklich dehaam aagetroffe. Der Weber is nemlich net nor Sänger mit Leib un Seel, sonnern aach e Mann, der des Herz uffem richtige Fleck hat un als Präsident vom Frankforter Männergesangverein mit seine Sänger stets dabei is, wann's gilt, emme echte Frankforter Fest dorch enn gediegene Gesang die recht Weih ze gewwe. Daß merr odder e Mann wie der

Weber kaan Korb gewwe deet, des haww ich aach gewußt. »Dem Stoltze bringe merr e Ständche am Sonntag awend, des soll awwer ›Heernse‹ haaße, war dem sei Redd. Daß der Fey mit seiner Tornerschar un der Weber mit seine Sänger Wort gehalte hat, no des hawwe Sie ja gestern awend geseh an dem großartige Fackelzug un dem echte deutsche Gesang, den se Ihne dargebracht hawwe. Den Fackelzug un den Gesang der Frankforter Torner un Sänger wern Sie un Ihr ganz Familie wohl net vergesse, solang Se lewe.
Weil awwer alles so schee geklappt hat, bin ich vom Weber seelevergniegt haam ze meiner Fraa un habb dere alles brihwarm verzehlt.
»Des is ja alles sehr schee«, hat mich mei Fraa unnerbroche, »awwer mit dem Torne un Singe allaa is es im Lewe aach net gedaa«, un da hat se merr als praktisch Hausfraa, die se von jeher war, noch e paar sehr gut gemaante un sehr nitzliche un aach sehr eileuchtende Ratschleg gewwe. Des End vom Lied war, daß ich mich den annern Dag halt widder uff die Socke gemacht habb, um mit erre Aazahl sehr ordentliche un brave Berjer ze redde – ze redde, wie mer so redde dut, wann mer was hawwe will. Un weil Ihne die Berjer aach sehr gern hawwe, weil Se von jeher for uns Frankforter so scheene Gedichte un so lustige Theatersticke in unserer scheene Frankforter Sprach geschriwwe hawwe, wo mer sich als dabei schiewele kennt for Lache – da hawwe se aach allminanner ohne viel Gammel ze mache e offe Herz un e offe Hand gehabt un manch aaner hat gesagt: »Des is awwer recht, daß de Stoltze ze seim Ehrentag aach e Ehrengab kriehe soll.«
Liewer Herr Stoltze, Sie kenne sich denke, daß des for mich als echt Frankforter Kind aach e groß Ehr un eweso e groß Freud is, Ihne an Ihne Ihrm Gebortsdag im Ufftrag so vieler brave Berjer hiermit die Ehrengabe feierlichst iwwerreiche ze kenne.
Weil Se odder jetzt uff aamal net mehr der »junge Stoltze« sei wolle, sonnern der »junge alte Stoltze«, so solle Se sich von heut ab als »junger alter Stoltze« Ihne Ihr Lewe odder aach recht schee un aagenehm mache, mitsamt Ihrer liewe Fraa, die's gewiß aach verdient hat. Dann wann Se die net gehabt hätte, deete Se jetzt net so

ristig vor merr steh. Ihr Lewesdag hat Ihr Fraa treu un bestännig zu Ihne gehalte, un des soll err net vergesse sei.
Daß Se awwer Ihrn Lewensabend mit Ihrer liewe Fraa noch recht schee un ohne besonnere Schwierigkeite sich zusamme versieße kenne, daderfor hat der Vorstand der »Franz-Rücker-Stiftung« gesorgt. Die Stiftung is nemlich aach noch uffem Plan erschiene. Sie hat Ihre Verdienste um die Vatterstadt in erre werklich hochherzige Art gewerdigt un hat mich beufftragt, Ihne den Stiftungsbrief in ihrm Name ze iwwerreiche.
Damit Se awwer aach seh, daß Se net nor bei uns Frankforter als unser Lokaldichter hochgeschätzt un geehrt, sonnern aach im iwwrige deutsche Vatterland als echter deutscher Dichter anerkannt sin, kann ich Ihne eweil die Middaalung mache, daß die »Deutsche Schillerstiftung« Ihne zu Ihrm heutige Juweldag ewefalls enn sehr aagenehme Stiftungsbrief iwwerreiche werd.
Mei liewer Herr Stoltze, mege Ihne die herzlich Daalnahm der Frankforter Berjerschaft an Ihrm siebzigste Geburtsdagsfest beweise, wie eng die Bande der Freundschaft un Verehrung for Sie sin. Der liewe Gott gebb sein Sege derzu, daß Se noch viele Jahr so ristig wie heut Ihrn Gebortsdag feiern kenne!
Jetzt lasse Se mich awwer Schluß mache, denn die annern wolle Ihne ja aach all noch grateliern. Un so ruf ich Ihne nochmals aus vollem Herze zu:
»Glick uff zum achtzigste Geburtstag!«
Die annern hawwe auch werklich schon auf heiße Kohle gestanne, bis se ihr Glickwünsch in Form von lauter selbst verfaßte Gedichtercher vortrage un ihr Geschenke iwwerreiche konnte. Besonners originell war enn große Korb mit prachtvollem Obst un Gemüs, was die Sachsehäuser Gärtner all selbst gezoge hatte.
»So viel Lieb haww ich ja gar net verdient«, hat des Gebortsdagskind ei- iwwer des anneremal gesagt. Un wie er unner de viele Geschenke gar e Schreibmaschin, die emm die Firma Kleyer verehrt hat, iwwerreicht krieht hat, war sei Lieblingswunsch erfillt, un er hätt sich am liebste gleich draagesetzt un mit eim Finger ze tippe aagefange. Awwer des ging ja beim beste Wille net, denn bis zum

Awend warn Gradulande da, un dann mußt er mit seiner Familie ins Schauspielhaus zur Aufführung von seim »Alt-Frankfurt«. Awwer auch da hat enn net nor der Intendant un des Theaterpersonal, sonnern auch noch des gesamte Publikum mit Beifall iwwerschitt un Lorbeerkränz un Blummesträuß werfe lasse, so daß am Schluß der Vorstellung die Bihn in enn Palmegarte verwannelt war un er sich voll Rihrung bei all seine Getreue bedanke konnt.
Nachdem jetzt der Dag, wo er von alle Seite so sehr verwöhnt worde is, glicklich voriwwer war, hat er sich gleich an sei Schreibmaschin gesetzt un mit erre kindliche Freud un zwei Finger drauf erumgetippt. Nach korzer Zeit schon hat er zu seiner Frau gesagt: »Guck emal an, Luwise, was so e Schreibmaschin doch for enn Sege is. Jetzt kann ich merr von all meine Theatersticker un Presseartikel gleich e Kopie mache un brauch derr net mehr zuzumute, nachdem de awends mied un abgeschafft bist, mei Theatersticker abzuschreiwe.«
»Ja, ja«, hat sei Frau entgegent, »hätte merr die schon friher gehabt, da wär manches Gedicht, ja sogar die Theaterstickelcher, die de for die Vereine geschriwwe hast, aufgehowe worn. So sin se, weil de se meist erst in de letzt Minut verfaßt hast, ohne Abschrift fortgange.«
»Beruhig dich, es is noch genug da, un außerdem hoff ich auch, noch manches leiste ze kenne. Schon licht merr widder der Claar in de Ohrn, emm for die groß Adickesfeier am 28. September enn vebindende Text zu lewende Bilder, die er mit dem Professor Körner stelle will, ze schreiwe. Was glaubst de wohl, was merr da die Maschin for gute Dienste dut.«
»Ja um Gottes wille, du hast emm doch erst in deim Presseardikel e Abschiedsgedicht geschriwwe.«
»Des dut nix, jetzt kommt noch die große Feier for enn in der Festhall draa.«
»Un dann derfst de auch net des Dischlied for unserm Heinche seim Hochzeitsdag am zwölfte vergesse.«
»Ja, ja, ich weiß alles. Des wichtigste is awwer jetzt vor alle Dinge des »Festspiel« for des »Goldne Schützefestjubiläum«, des auch in

der Festhall aufgefihrt wern soll. Es is net so eifach, for die Riesehall e Festspiel ze schreiwe, des iwwerall verstanne wern soll. Ich hoff awwer trotzdem, da ich der Mondtal mit ihrm Rieseorgan die Hauptroll zugedacht habb, Erfolg damit ze hawwe.
Zudem haww ich noch dem General-Anzeiger for sei Festbeilag zum 13. Juli enn Schützegruß versproche.«
»Des bringst de ja in der korze Zeit seiner Lebdag net fertig.«
»Es muß. Awwer des versprech ich derr. Wann des voriwwer is, wolle merr uns erst emal e paar Dag erhole. Denn mei Geburtsdagsgeschenk for e Schweizer Reis derfe merr doch net verfalle lasse.«
Dag un Nacht hat er sich jetzt hiegesetzt, um all die Extraaufträg zu erledige, un so is es emm auch tatsächlich geglickt, mit seiner Familie am 15. Juli in der bis auf den letzte Platz gefillte Festhall mit Spannung der Auffihrung von seim Festspiel entgege ze seh. Die Begeisterung unsrer Frankforter for ihr Schitzesach war so groß, daß bei tosendem Beifall oft des Spiel bei offener Szen unnerboche wern mußt. Auch die Zeitunge hawwe ihr Meglichstes gedaa, des Fest zu me Ereignis zu gestalte. Hat's doch geheiße, des »Goldene Jubiläumsschieße« zu feiern.
»So, Luwise«, hat jetzt der Dichter aufatmend gesagt, jetzt is auch der Stei vom Herze, un merr kenne getrost emal verzeh Dag mit unserm Sohn Fritz un seiner Familie e Reis nach dem Genfer See unnernemme un uns in Montreux e paar Dag ausruhe.«
»Ja, awwer des eine bitt ich dich, duh merr nor net widder während der ganz Reis stännig von deine neue Plän un Entwerf erzehle, sonnern ruh dich endlich auch emal e bissi aus.«
In der Schweiz hawwe se sich an all dene Herrlichkeite net genug satt seh kenne un hatte ihr hell Freud draa, ihr Enkelcher in dem See schwimme ze seh. Lang hat awwer ihr Erholung net gedauert, denn wie der Wettergott auf eimal aafing, se stännig mit Rege ze segne, hawwe se sich auf den Heimweg gemacht un warn froh, widder glicklich in ihre vier Wänd ze sei.
An Abwechslung hat's enn aach hier net gefehlt: Der Baba hat sich draa halte misse, um all die versprochene Dichtunge abliwwern ze

kenne, un die Mama hat ihr Heinche for sei Hochzeit ausstaffiert, die er, wie schon erwähnt, mit der Dochter aus erster Eh von seim Bruder Adolf seiner Frau Greta gefeiert hat. Korz nach dem wichtige Familieereignis konnte se schon widder an die Vorbereitunge von Weihnachte denke, die err immer viel Koppzerbreche gemacht hawwe.

Vielleicht hat se mit ihrer Geschäftigkeit auch den Baba inspiriert, der for die Klei Press geschriwwe hat: »Es gibt ja kaa scheener Familiefest im ganze Jahr wie die Weihnachte. Monatelang werft's sein Lichtstrahl voraus un tregt in unsrer prosaische Zeit den Zauwer der Poesie. Die Klaane verbreche die alte Bobbekepp, damit se neue kriehe, un die Große ihr eigene Kepp, weil se net wisse, was se schenke solle. Die Fraa iwwerlegt sich, ob se net mit ihrm Mann seim Geld, des s'emm haamlich aus dem Hosesack bugsiert hat, enn Schlafrock zem Präsent mache sollt – un der Mann folgert, weil sei Fraa im Aquarium sich for die Schlange intressiert hat, daß se enn neue Boa will. Die sich awwer gar net besinne wolle, die spendiern enn Freßkorb un denke, damit is enn der Mund gestoppt.

Des Christfest steht jetzt vor der Dihr,
Hoch schlage alle Herze!
Mer sieht sich um in seim Quadier
Nach bunte Weihnachtskerze.
Mer sucht e Dannebäumche aus
Un schleppt es stillvergniegt nach Haus
Un kaaft fors klaa Gezeppel
Vergoldne Niß un Äppel.

Die Mutter butzt daheim e Bopp
Nach aller neuster Mode
Un setzt enn Hut err uff den Kopp
Mit Bender, feuerrote.
Der Vatter malt die Boppekich,
Verschmiert dabei die Hose sich
Mit Flecke, blau un braune,
Doch stert des net sei Laune.

Der jingste Bub sei Hälsi reckt
Schon morjends beim Erwache,
Des ganze Haus riecht nach Konfekt
Un sonstge gute Sache.
Die äldest Dochter stickt un stickt
Ganz haamlich, daß es kaans erblickt,
Un dut nor dabei denke:
›Werd er merr auch was schenke?‹

Es fährt die Fraa im Haus erum
Un fegt in alle Ecke,
Was batt dem Mann da sei Gebrumm?
Er kann nix mit bezwecke.
Wie er aach schimpft, wie er aach fleht,
Sei Stubb, die werd erumgedreht;
Mit Besen, Berscht un Klopper
Mecht mer da alles proper.

Sin noch gescheuert blitzeblank
Die Dippe un die Kanne,
Dann segt die Hausfrau: »Gott sei Dank!«
Aach des is iwwerstanne.
Nix fehlt jetzt mehr zum Festesglanz
Wie noch e richtig Weihnachtsgans,
Enn Kuche mit Rosine
Un recht vergniegte Miene.

Wann dann der heilge Awend kimmt
Un weit die Glocke klinge,
Wie dut da, feierlich gestimmt,
Den Christbaum mer umringe.
Acht druff, daß ja jed Lichtche brennt
Un reicht sich dann gerihrt die Hend
In seliger Verkleerung
Un dankt for die Bescheerung.«

Kaum daß des Jahr 1913 begonne hat, hieß es in emm Zeitungsartikel, den er for die Press schreiwe mußt, for den »Volkskinnerdag« eizutrete. Un da schreibt er:
Der »Volkskinnerdag« im kommende Juni verspricht, wenn uns des Wetter kei Bosse spielt, e richdig Volksfest ze wern, e Fest, an dem Frankfort, wie immer, wenn sich's um die Wohltätigkeit hannelt, vierspännig ausfährt. Die Veraastaltunge sin an dem Dag so zahlreich, daß mer sich in acht Sticker verreiße mißt, wann mer se all genieße wollt. No, merr wern aach an einer des Geld los wern kenne, wann mer sich Mih gibt un unsere goldige Berjermädercher net ängstlich aus dem Weg geht.
Wo mer hieguckt, is was los: Im neue Theater, in der Festhall, uff der Louisa, die seither wie e Dornresigaarte dem Bublikum verschlosse war. Die ganz Stadt werd in enn riesige Juxplatz verwannelt, un alle faule Kunne, die vorgewwe, sie hätte ihr Portmonnee vergesse, wern von der verstaanerte gemischte Patrouille uff die Hauptwach gebracht, wo se bis zem nächste Volkskinnerdag Wikkelkinner schockele misse. Die greßte Aaziehungskraft wern nadierlich unser junge Dame iewe, die uff der Gass Ballett danze. Iwwrigens is des nix Neues, dann aach im ganz alte Frankfort hawwe die Mädercher schon uff der Gass gedanzt, was schon daraus evorgeht, daß es noch heutigen Dags uff der Allerheiljegass enn Danzplatz gibt. Sicherlich hawwe da aach die Sachsehäuser Mädercher ihr Kunstfertigkeit gezeigt, woher aach wahrscheinlich des bekannte Liedche stammt:

Die Sachsehäuser Weiwercher,
Die trage rote Häuwercher,
Die trage gehle Schickelcher
Un danze wie die Gickelcher.

Jetzt awwer muß ich immer un immer widder alle Leut zurufe: Unser deutsche Kinner derfe net hungern:

Die anner Woch, die anner Woch
Verkriech sich keiner in e Loch
Un kreisch: »Bin net zu spreche.«

Denn wer in unsrer scheene Stadt
E Herz for arme Kinner hat,
Dut freudig auch was bleche.

Mir all, ob jung, ob alt an Jahrn
Doch selwer emal Kinner warn,
Drum sollt auch keins vergesse,
Daß mer in seine junge Däg
Is aagewiese uff e Pfleg,
Uffs Trinke un uffs Esse.

Dem Säugling mit der Suckelbichs
Is net geholfe, krieht er nix
Wie Hawwerschleim un Wasser.
E annrer an der Mutterbrust,
Der satt sich trinkt in stiller Lust
Erscheint da wie e Prasser.

Die Zukunft heert der Kinnerwelt,
Drum, wer uff sei Nation was hält,
Der muß die Jugend schitze.
Wann des Gezeppel froh gedeiht
Dann wird es einst in ernster Zeit
Dem Vatterland aach nitze.

Ein Pfui dem Schmutzfink, der was hat
Un an dem Dag verläßt die Stadt,
Dem Wohlduh auszuweiche!
Des Schaustick sollt mer doch for Geld
Am beste uff dem Klapperfeld
Als warnend Beispiel zeiche.

Wann uns nor net zuguterletzt
Der Himmel noch enn Buff versetzt
Mit schwere Regetroppe;
Un dut er's, is des zwar e Graus,
Mir awwer ziehn von Haus zu Haus
For arme Kinne zoppe.

Nach dem Artikel war er widder so richtig in sei Arweite for enn neue Band vertieft, un bald stand mer schon widder am Beginn von emme neue Jahr.
1914 – was uns des wohl bringe werd?

Vor allem widder emal e Mahnung von der Press, die den Dichter auffordert, enn doch den Artikel »Frankforterisches un Anneres« bald abzuliwwern. Also mußt er als widder enn Winterartikel for se schreiwe:

Des Thermometer, Gott sei Dank!
Dief unner den Gefrierpunkt sank.
Nordost dut kräftig blase.
Mer juwelt hier, mer juwelt dort
Aus Freude iwwern Wintersport
Un heelt sich rote Nase.

Eis, was mer jahrnlang hat entbehrt,
Werd aam jetzt iwwerreich beschert
Im Dal un uff de Hehe.
Von morjends bis zur Awendret
Sieht mer, wie alles schleife geht,
Un kann des kaum verstehe.

Die Schlittschuh, die wern aageschnallt,
Uff Schneeschuh läuft mer dorch den Wald,
Mer rodelt Berg enunner,
Fällt uff den Dookes un steht uff
Un krakselt widder hoch enuff
Un widderholt des Wunner.

Der Maa, der sonst voll Seeleruh
Dahie fließt, der is grindlich zu,
Mer kann enn iwwerschreite.
Kimmt aaner spet vom Äppelwei
Fällt er net mehr so leicht enei,
Gesegent sin so Zeite.

Der Gickel uff der Alte Brick,
Der winscht sich zu dem Winter Glick,
Bei ihm hat er kei Mengel.
Solang der Maa is zugefrorn,
Bleibt er da owe ungeschorn
Un fällt noch net vom Stengel.

Uff so enn Winter hofft bestimmt
E jeder, daß e Sommer kimmt,
Der sich kann gucke lasse.
Wo aam kaa Rheumadismus winkt,
Mer net erfriert un net ertrinkt,
Der endlich aam dut basse.

Des is wenigstens widder emal enn Winter, der de Belzhännler unner die Ärm greift un de Schlittschuhläufer uff die Strimb hilft. Der Wintersport bliht, un mer brauch net nach Spitzberje ze fahrn, um sich kalte Fieß ze hole. Vor dem Hauptbahnhof sammele sich Hunnerte mit Rodelschlitte un Rucksäck uff dem Buckel, mit Schneeschuh unner de Ärm un Belzkappe uff dem Kopp, die e Landbardie in den Taunus mache wolle. Wie ganz annerschter warn doch die Winterfreude im alte Frankfort. Da blieb der Schnee uff der Gass liche, bis enn die Sonn uffgezehrt odder bis er nach un nach weggefahrn is worn. Da sin noch stolze Schlitte mit Lewe- un Herschkepp, mit Engel un Götter verziert un mit prächtigem Schellegeläut verseh, an aam vorbeigehuscht. Der bescheidene Berjersmann freilich hat sich mit de sogenannte »Worscht« begniegt, was e langer, schmaler Schlitte war, uff dem zeh bis fuffzeh Persone Platz nemme konnte un der von emme abgemagerte Klepper gezoge is warn. Weit von der Vatterstadt hat mer sich nor in de seltenste Fäll entfernt. Die Rutsch ging hechstens zwaa- bis dreimal um die Promenad erum, un die Herrlichkeit hat e Enn gehabt.

For die Buwe war der Remerberg der eigentliche Sportplatz, dorthie sin se von alle Stadtteile zusammegestremt, um mit Schlitte un noch mehr mit Hackbretter hoch owwe vom Heyland erunner bis iwwer den Gerechtigkeitsbrunne ze sause. Wann aaner galant war, hat e auch als emal e Mädche mitgenomme, wodorch des allerdings in den Geruch von erre Buwerolz komme is. E bedeutend Erweiterung hat des Wintervergniege erfahrn, wann der Rechneigrawe odder gar der Maa zugange is. Der Rechneigrawe hat bei so erre Gelegenheit von Mensche gewimmelt. Diejenige, die damals noch net Schlittschuh gelaafe sin, hawwe sich in Schlittestihl gesetzt un von de Herrn uff dem Eis erumdricke lasse. Wie der Rechneigrawe bei dem rasche Wachstum der Stadt ze klei war, is allmehlich der Metzjerbruch, die Redelheimer Wies un der Rederspieß in Uffschwung komme, un der Eissport hat immer mehr Freund gewonne.

Der greßte Juwel awwer hat geherrscht, wann der Maa, wie 1854, 1861 un 1882 so fest zugefrorn war, daß fermliche Wäldchesdäg mit allem, was dazu geheert, uff emm abgehalte wern konnte. Net nor der eifache Berjersmann, auch die ganz Hautevolee, der Bethmann an der Spitz, hawwe sich mit Fackelzieg un sonstige Veraastaltunge draa beteiligt.

Des war e Juwel uff dem Maa,
Geschliffe hat da Groß un Klaa,
Die Dame in de Schlittestihl
Warn eigemummt, doch voll Gefihl
Hat jede nach ihrm Herrn geblickt,
Der se dort zärtlich hat gedrickt.
Die Harfenistin sang gerihrt,
Der Orjelmann hat musiziert,
Der Kinstler brennend Werg geschluckt
Un sich mit Stolz dann umgeguckt.
Selbst wann der schärfste Wind geweht,
hat alles sich im Danz gedreht.
Un uff de Schnorrn des Bublikum,
Des flog nor so im Kreis erum.
For jede Notdorft war gesorgt
Mit Kimmelweck un Bier un Worscht.

Un uffem große Haufe Schnee
Gab's Kaffee, Schokolad un Tee.
Aach Feuerwerk gab's iwwer Nacht,
Es hawwe dausend Fresch gekracht,
Un beim bengalsche Flammeschei
Trank mer sein kalte Äppelwei.
Un ging mer awends in sei Bett,
Dacht mer, die Sach war werklich nett,
Des aanzige, was aam verstimmt,
Is, daß se net bald widderkimmt.
Benitzt drum die Gelegenheit
Ihr Leut, jetzt is die richdig Zeit.

Im Ersten Weltkrieg

»So, die Quälgeister wär ich emal widder vor verzeh Dag los«, hat der Dichter gesagt, »un so hoff ich doch endlich widder emal mich for mei geplant vatterstädtisch Drama ›Vinzenz Fettmilch‹ sammele ze kenne.« Wie er so in Gedanke verdieft war, ging die Nachricht dorch die Welt, daß der Erzherzog Franz Ferdinand von Österreich un sei Gemahlin ermordet worde sin. Die Nachricht hat nadierlich iwwerall e forchtbar Aufregung evorgerufe, un mer hat nix Gutes geahnt. Uff der Gass hawwe die Mensche zusammegestanne, die Kepp zusammegesteckt un schwere Zeite, ja sogar enn eventuelle Krieg, vorausgesagt. Un so war's auch. Schon am 1. August las mer an de Anschlagsäule »Deutschland macht mobil«.

Die Aufregung un Begeisterung unner de Mensche war unbeschreiblich. Wie net annerster zu erwarte war, hat auch den Dichter die Nachricht net ruhe lasse, un er hat bereits am 8. August sei erst Kriegsgedicht for die »Press« geschriwwe, des mit folgendem Vers bergonne hat:

Noch bin ich kein alter Philister,
Noch ist mir die Ehre was wert,
Und trag ich auch keinen Tornister,
Schwing ich doch die Feder als Schwert.
Und sollte das Kriegsglück uns meiden,
Und nahet die feindliche Schar,
So weiß ich auch heut noch zu streiten
Trotz meiner siebenzig Jahr.

Die Fraue un Mädercher in der Heimat hat er aufgefordert, doch ja die Soldate im Feld zu unnerstitze un hat enn zugerufe:

Strickt all ihr liewe Weiwercher!
Strickt Hösercher un Leiwercher,
Strickt Krägelcher un Stäuchelcher,
Leibbinne for die Bäuchelcher.
Bedenkt, die beste Strimbercher
Wern uff de Märsch zu Limbercher.
Ihr Weiwercher un Mädercher,
Macht däglich recht viel Nähtercher!

Es hawwe euer Schätzercher
Im Feld kaa warme Plätzercher.
Oft gießt's als wie aus Kännercher
Uff eure arme Männercher.
Auch liche euer Vättercher
In kaane warme Bettercher;
Un aa, die net den Mahnruf heert,
Die is kaan deutsche Mann net wert.

So kam er datsächlich net mehr aus de Unruh eraus. Sei erstes war, daß er sich e Landkart vom Kriegsschauplatz aageschafft un Fähncher an den Verlauf der Front gesteckt hat.

Kaum awwer, daß der unglickselige Krieg begonne hat, konnt er mit seiner Frau, seiner gute Luwis, die stets mit emm dorch dick un dinn gange is, des Fest der goldene Hochzeit begeh. Diesmal ging's net, wie bei seiner »Silwerne« hoch her. Nei, er hat in Aabetracht der schwere Zeit alle Ehrunge abgelehnt. Wenn er awwer geglaubt hat, den Dag in Ruh zu verbringe, so hat er sich doch grindlich geirrt. Denn trotzdem hat sich sei Stubb mehr un mehr gefillt, un Gratulande iwwer Gratulande sin erschiene, um ihr Glickwinsch darzubringe. Auch die hechste Stelle hawwe net gefehlt, un der Depeschebote hat oft genug die drei Treppe zu emm steige misse. Kaum war e bissi Ruh eigetrete, hat der Dichter viel zu duh gehabt un sich in Extrablätter un Zeitunge dafor ins Zeug gelegt, daß die Soldate im Feld un die Mensche daheim ja net verzage sollte:

»Merkwerdig, unser Feind verbreche sich die Kepp, ob merr den Krieg auf die Dauer aushalde kenne odder net, denn sie gewwe sich der aagenehme Hoffnung hie, daß uns iwwer korz odder lang der Atem ausgeh deet. No, sie wern abwarte misse wie die Hanauer Gehlerieweweiwer. Einstweile derfe se awwer versichert sei, daß bei uns in Deutschland kaa Mensch an Friede denkt, bis nach alle Seite hie reiner Disch gemacht is, denn ›Wir halten aus!‹« Des Gedicht, dessen vier Strophe immer mit dem Ruf: Wir halten aus! Wir halten aus! geendt hawwe, hat so enn Aaklang gefunne,

daß es in de Lazarette un in viele Vereinigunge un Versammlunge vorgetrage worde is.
Auch in dem jetzt beginnende Jahr 1915 hat's geheiße, immer widder aafeuernde Artikel un Gedichte zu schreiwe un zu versuche, in dere schwere Zeit die Mensche aufzumuntern.
So hat er for des Theater »Groß Frankfurt« auf dessen Wunsch e Lokalposse »Meister-Heister« verfaßt, die enn große Erfolg gehabt hat un weiterhie von viele Vereine aufgefihrt worde is.
Hie un da hat er noch Humoreske for enn spätere Band geschriwwe un es sich dorch den Kopp geh lasse, ob er net die schwere Zeit in emme Theaterstick festhalte sollt. Da auch des Stadttheater damit eiverstanne war, hat er sich draa gemacht un e Schauspiel in eim Akt »Große Zeit« geschriwwe, des dann in unserm Schauspielhaus als erstes Stick von ihm nach der Pensionierung vom Intendant Claar gegewwe worde is. Des Stick hinnerließ enn diefe Eidruck, des Publikum war hiegerisse, un die Kritik hat's net – verrisse.
Kaa Mensch hätt je glaubt, daß sich der Krieg so in die Läng ziehe deet un immer neue Truppe ins Feld geschickt wern mißte. Dausend Händ hawwe sich im Gebet zum Himmel erhowe un unsern Herrgott gebitt, doch endlich dem unselige Krieg e End zu mache.
Auch unser Baba war besterzt, wie auf eimal sei drei Buwe als Landsturmmänner eiberufe warn sin, während sein Schwichersohn schon seit November 1914 als Leutnant der Reserve an der Westfront stand. Der Abschied is emm wahrhaftig net leicht geworde, wie in korzer Zeit einer nach dem annern ins Feld gerickt is. Awwer trotzdem hat er net gemurrt, sonnern se im Vertraue auf den Sieg mit Gottes Sege enausziehe lasse, während sei treu Lewensgefährtin die Trene net unnerdricke konnt un von da ab die meist Zeit verwendt hat, um Koppschitzer, Stauche, Handschuh, Strimp un Gott weiß was alles zu stricke un's ihre Buwe mit dem dazugeheerige Achelebutz ins Feld zu schicke.

Trotz dem Ernst der Zeite hat mer doch den hunnertste Gebortsdag von Friedrich Stoltze am 21. November 1916 net vergesse. Es

Bei der Feier zum 100. Geburtstag von Friedrich Stoltze im Jahre 1916. Neben Adolf Stoltze seine Halbschwestern Lyda und Laura.

war schon eisig kalt, un da es damals noch kei pelzgefitterte Stiwwel gab so wie heut un die Feier im Freie stattfinne sollt, hat der praktische Baba Stoltze seiner Familie eigeschärft, die Fieß jaaa mit Zeitungsbabier zu umwickele un dann erst in die Schuh zu schluppe, des deet gut isoliern un vor der Kält schitze. Des hawwe merr dann auch gedaa un die ziemlich lang Feier gut iwwerstanne. Zuerst hat mer emm an seim Denkmal auf dem Hihnermarkt gehuldigt un is dann in Begleitung von viele Fahne nach dem Remer gezoge, wo er dorch Aasprache bedeutender Persenlichkeite geehrt

Die Feierstunde vor dem Römer zum 100. Geburtstag von Friedrich Stoltze.

worde is un sämtliche Familiemitglieder vom Balkon des Remers aus de Feierlichkeite beiwohne konnte. Am Awend hat dann noch e Gedächtnisfeier im Saalbau stattgefunne, wo außer verschiedene Kinstler auch ich, als Enkelin Friedrich Stoltzes, dorch Widdergawe seiner Gedichte mitgewerkt habb.
So nahm die erhewend Feier ihr End, die von seim Sohn Adolf, dem einzige von de Kinner Friedrich Stoltzes, der des Vermächtnis der Dichtkunst iwwernomme hat, mit emme Epilog beschlosse worde is. Die erst Stroph hat geheiße:

Die Stoltzefeier is verklunge
Gleich einem herrliche Akkord,
Wer sich ins Herz des Volks gesunge,
Lebt unvergänglich mit emm fort.
Wer so wie er, so ganz verwowe
Mit Frankfort war zu jeder Zeit,
Den hat zum Liebling aach erhowe
Die Vatterstadt mit Herzlichkeit.

Jetzt stanne auch schon widder die Weihnachte vor der Dihr, un die Großeltern hawwe den heilige Abend jetzt, wo unser Dechterche schon e bissi älter war, immer bei uns im Grüneburgweg 95 verbracht. Awwer bis se erst emal da warn! Eine Stund Verspätung hatte se meistens, un unser Klei is inzwische fast verzwatschelt un aufgeregt von eim Fenster ans annere gesterzt. Endlich hat's geschellt, un die Großeltern sin, mit geheimnisvolle Päckcher belade, die Treppe raufkomme. Die Großmama hat immer widder versichert, daß sie schon längst fertig gewese wär un dauernd gedribscht hätt, daß se endlich gehn wollte, der Baba sich awwer net von seim Schreibdisch trenne konnt, weil emm grad noch e paar Vers eigefalle sin. No, die Hauptsach war, daß die Bescherung, zu der auch immer die Schwester Sanna komme is, jetzt endlich aafange konnt un merr dann noch enn sehr gemütliche un harmonische Awend verlebt hawwe.

Unbegreiflich war dem Enkelche nur, daß die Großmama, die doch sonst sooo pünktlich war, ausgerechent, wenn der Nikolaus kam, nie zur rechten Zeit erschiene is, sonnern immer erst, wenn der grad widder fort war. Kei Wunner! Jahrnlang hat se doch den Nikolaus gespielt un dabei immer e groß Phantasie entwickelt. Deutlich sehn merr se noch vor uns, wie se in erre alte Soldateuniform von ihrm Schwichersohn Theodor, die err viel zu groß un zu weit war, mit emm selbstgestrickte Koppschützer, den se dief ins Gesicht gezoge hat, un emme Duch um den Mund, weil se sich bei dere Kält an der Front den Huste geholt hätt, ins Zimmer komme is un enn alte Sack mit kleine Geschenke mühsam hinner sich herge-

Großmama Stoltze mit ihren Enkelkindern Schatzi, Gretel, Lullu und Mädi (v.l.n.r.)

schleift hat. »Ach, was duhn merr ja mei Fieß so weh«, hat se gejammert, »un was bin ich so mied. Ich war im Feld bei de Soldate un habb dene auch e Freud mache wolle. Un jetzt bin ich mit meim Aeroplan hierher gefloge, weil ich gehört habb, daß de so e lieb Kind wärst, da wollt ich derr doch auch was bringe. – Geh emal e bissi weg, ich will mein Sack emal ausleern un seh, was ich noch drin habb.« Da fiele dann Äppel, Niß un sonstige Kleinigkeite eraus , die von der klei Krott mit Juwel aufgelese worn sin. Nach dem unvermeidliche Gedicht un emm Kuß, den se dem Nikolaus nur mit Iwwerwindung auf sei dreckig Gesicht gewwe hat, is er dann widder gange, un kurz drauf erschien die Großmama un hat versichert, daß se den Aeroplan noch geseh hätt.

E annermal erschien se als Nikelose-Fräulein mit der Begründung, daß ihr Baba, der Nikolaus, in dem Jahr net selwer komme könnt, weil er bei de Soldate zu viel zu duh hätt. Sie hat sich fein gemalmicht mit emme schwarze Rock, erre weiße Blus mit emme golddurchwirkte Schal, emme Flitterhut mit emme Schleier vorm Gesicht un offene Haar. Wie das Nikelose-Fräulein dann widder fort war, hat die Klei gemeint: »Komisch, die hat genauso Haar gehabt wie die Großmama.« Von da ab is dann kein Nikolaus mehr bei uns erschiene.

Da die Lebensmittelversorgung der Bevölkerung allmählich immer schlechter geworde is, hat der Dichter simeliert, ob er net auch dadriwwer was Aufmunterndes schreiwe un gute Ratschläg gewwe könnt. »Ja, des is es«, hat er zu sich selwer gesagt, »wer enn Garte hat odder sonst e Stickelche Land, der soll sich doch sei Gemies selwer ziehe, des macht schon was aus. Un so hat er gleich mit seim nächste Frühlingsgedicht die Leut dadrauf aufmerksam gemacht un geschriwwe:

Nun heißt's, damit das Feld erstarkt,
Das uns ernähren soll,
Gegraben emsig und geharkt
Die letzte brache Scholl,
Bis daß des Winters rauhe Spur
Durch unsre Kraft entwich;
Es zeigt sich dankbar die Natur
Für jeden Spatenstich.

Ruht dann der Samen in dem Land
Nach nimmermüdem Tun,
Wird sichtbar segnend Gottes Hand

Adolf Stoltze beim liebevollen Betrachten seiner selbstgezogenen Kürbisse.

Auf jedem Acker ruhn.
Wer nicht des Bodens Reichtum mehrt,
Zu lindern Volkes Not,
Ist keines Bissen Brotes wert,
Wenn Mangel uns bedroht.

Was er seine Mitmensche ermahnend zugerufe hat, is auch von ihm selwer in die Tat umgesetzt worde. Auf dem Lagerplatz von seim Sohn Adolf, der ja bekanntlich e groß Baugeschäft betriwwe hat, is dann des sogenannte »Ländche« entstanne. Es war schon e gehörig Stück Arweit, bis die wurzelige Wies umgegrawe, in Beete eigeteilt un die widder mit Bretter eigefaßt warn. E klei Laub mit erre Sitzgelegenheit hat emm sein Sohn gebaut un e groß Faß in die Erd eigrawe lasse, worin des Regewasser zum Gieße aufgefange worde is.

Jetzt is er jeden Awend auf sei Ländche in der Wolfsgangstraß gedappt un hat gegrawe un geharkt, gedüngt un gesät, Sau-, Blumme- un Zeppelinbohne gelegt, alle mögliche Sorte von Gemüs geplanzt un sei Enkelcher aagestift, zum Vorteil von seiner Landwirtschaft die städtische Straßereinigung durch Sammle von Pferdeäppel zu unnerstütze. Kei größer Freud konnt mer emm mache, als wenn mer unner seine fachmännische Erklärunge Beet für Beet mit emm abgeschritte is un bewunnert hat, wie schön sei Plänzercher wachse un wie stolz se ihr Köppcher nach owwe strecke deete.

Um des Heiligtum vor unerbetene Eidringling zu schütze, is die Eigangsdihr immer sorgfältig mit emme Vorhangschloß gesichert worde, was ein awwer net draa hinnern konnt, drei Meter weiter des große Eifahrtsdor for die Bauwage auszuhänge un so aufs Ländche zu gelange. Trotz dere Möglichkeit is awwer nie was gestohle worde.

Allmählich hat sich des Ländche zu emme beliebte Treffplatz der Familie entwickelt. Besonners unser Klei un dem Heinrich sei zwei Mädercher hawwe sich dort oft getroffe, sich auf dem Lagerplatz Wohnunge eigericht, Versteckelches, Nachlauf, Hickelches un Abwerfe gespielt. Jedes hat awwer auch e klei Stückelche Land ge-

Familientreffen auf dem Ländchen: (Hintere Reihe v.l.n.r.) Lydia und Theodor Lerner – Heinrich und Luise Stoltze – davor Sanna Stoltze – Marie und Fritz Stoltze – Greta und Adolf Stoltze. – (Vordere Reihe v. l.n.r.) Luise Stoltze (Tochter von Fritz) – Großmama Stoltze – Lullu Stoltze (Tochter von Heinrich) – Großpapa Stoltze – Luise Lerner – Gretel Stoltze (Tochter von Heinrich).

habt un mit de annern gewetteifert, wer die schönste Blümmercher gezoge hat.
Wie aus dem Bild zu ersehn is, hawwe dort auch gelegentlich ganze Familienfeste stattgefunne. Jeder hat sich was zu esse un zu trinke mitgebracht, un so hawwe merr dann auf Kiste un provisorisch aagebrachte Bretter lang gemütlich beisamme gesesse.
Auch die Großmama kam, wenn se net zu viel zu Haus zu dun hatt, gern mit aufs Ländche un hat ihre Enkelinne Geschichte, mit Vorlieb Streich, die ihr eigne Kinner früher vollführt hatte, erzählt.

Damals war's noch üblich, daß mer sei Kinner mit dem Vorname der Mutter odder Großmutter benannt hat, un da in unserer Familie zufällig drei Vorfahrn mit dem Name Luise vorkame, hawwe von de vier Enkelinne drei Luise geheiße. Um alle Verwechslunge vorzubeuge, wurde Luise dann abgewannelt in Mädi, Schatzi un Lullu, Name, die bis heut noch net von enn gewiche sin.
Kam dann der Herbst ebei, hat der »Owwergärtner« sei Ernt nach un nach seiner Frau heimgebracht un dabei eklärt, daß in ganz Frankfort un Umgewung keiner so große Kummern (Gurken), Bohne, Sellerie un Paradiesäppel (Tomaten) gezoge hätt wie er. Meistens sin merr e Stück gemeinsam heimgange, weil mir ja im Grüneburgweg, Ecke Liebigstraß, gewohnt hawwe. Er mußt awwer noch durch die ganz Feldbergstraß un e groß Stück Miquelstraß laufe. Wenn merr'n dann noch begleite wollte, hat er energisch abgewehrt un is, um sei Rüstigkeit zu beweise, mit Rieseschritt eiligst davongestiwwelt. Wenn mer'n awwer e Zeitlang mit de Blicke verfolgt un er sich net mehr beowacht geglaubt hat, sin sei Schritt allmählich immer langsamer worde.
Des besonnere Ereignis im Herbst warn dann immer die riesig große Kürbis, mit dene er uns beglückt hat. Nur um den Kürbis heimzutransportiern, hawwe mir jahrnlang enn alte Kinnerwage im Keller aufgehowe, anners war des Undier nämlich net zu bewältige. Tagelang war jetzt die Hausfrau mit der Verarweitung von dem Kürbis beschäftigt. Da gab's dann längliche Scheiwe, die süßsauer eigemacht un als Beilag gegesse wurde, odder Marmelade, die sehr gut aufs Brot geschmeckt hat. Owedrei wurde dann noch e paar Kern zum Spiele getrocknet. So hatte merr dann jed Jahr im Winter noch e wohlschmeckend Aadenke an die schöne Dag, die merr im Sommer auf dem Ländche verlebt hatte.
Un es war net nur das. Aufs Ländche kam auch oft die Antje, eine aus Hamburg stammende Freundin meiner Dochter, un dort hawwe die zwei dann eifrig Pläne für den Winter geschmiedt. Beide hatte nämlich enn mords Theaterkäwwer. Kaum war die Antje bei uns zu Haus, so hawwe se enn Schleier umgebunne odder enn Hut aufgesetzt, un dann ging's los. Sie hatte vorher nie e

bestimmt Konzept, sie finge einfach emal an, dann gab ei Wort des annere, un so ging's immer weiter. Die erste »öffentliche Aufführung« vor etwa zehn »geladene Gäst« (nadierlich auch die Großeltern) war »Dornröschen«. König und Königin unterhielten sich auf der »Bühne«, da sagte die Königin, in die Kulissen deutend: »Sieh nur, was für eine Aufregung bei unserem Hofstaat. Guck doch mal nach, was es da gibt.« Antje, die den König spielte, ging weg und kam kurz darauf als Amme in einem weißen Kittel, eine Serviette um den Kopf gebunden, eine Puppe auf dem Arm, hereingestürzt und rief: »Frau Königin, Frau Königin, denken Sie nur, Sie haben ein Kind gekriegt!« – Stürmische Heiterkeit bei de Zuschauer, deren Ursache sich die achtjährige Schauspielerinne gar net erklärn konnte un se recht ungehörig fande.

Das nächste, diesmal nachmittagfüllende Stück, an das sich die beide heranwagte, war »Schönklärchen«, das fünfaktige Weihnachtsmärchen von Großpapa Stoltze. Im ganze komme zweiunsiebzig Persone in dem Stück vor. Die unwesentliche wurde gestriche, awwer zwanzig Rolle hatte jede doch noch auswendig zu lerne. Es war für mich recht amüsant, im Newezimmer zu sitze un der Unterhaltung der beide zuzuhörn. Heut wurde die Rolle verteilt:

Antje: »Es fängst ja mit der Großmutter an, die ihren Enkeln ein Märchen erzählt. Du, Mausi, – so nannte sie meine Tochter, weil sie es so von deren Vater gehört hatte – bist die Ältere, da spielst du die Großmutter und erzählst das Märchen, das nachher gespielt wird, und ich bin das Ännchen, das zuhört.«

Mausi: »Wenn ich auch nur zehn Monate älter bin, dann spiel ich halt die Großmutter.«

Antje: »Du darfst auch das Schönklärchen spielen, weil du lange Haare hast, und ich bin dafür die Königin Rose und die Schneekönigin.«

Mausi: »Du mußt dann auch der Engel sein, der dem Schönklärchen die Wunderblume gibt, mit der es alle Leiden heilen kann und überall hinkommt.«

Antje: »Und wenn das Schönklärchen ins Blumenreich kommt, dann darf es nicht gleich auftreten, da müssen sich erst ein paar

Blumen unterhalten. Du kannst zum Beispiel die Klatschrose sein.«
Mausi: »Nein, die bist du. Die paßt viel besser zu dir. Du kannst schneller sprechen und babbelst auch gern so viel.«
Antje: »Na gut, dann bin ich die Klatschrose, und du mußt dann die Brennessel sein. Den Goldlack, das Gänseblümchen, die Kornblume und das Ehrenpreis lassen wir weg, die sind nicht so wichtig.«
Mausi: »Aber das Stiefmütterchen und das Veilchen müssen wir spielen, weil doch das Stiefmütterchen das Veilchen bei der Rosenkönigin anklagt, weil es ihm den Duft gestohlen hätte.«
Antje: »Dann müssen sich die beiden eben noch hinter der Bühne weiterstreiten, währenddem ziehe ich mich als Königin Rose um, und du mußt dich als Schönklärchen fetigmachen.«
Mausi: »Ja, ich komme dann und schlichte den Streit. Das muß ich natürlich alles in die Kulissen hinein sagen, und alle freuen sich, daß ich dem Veilchen zum Sieg verholfen habe, und dafür kriege ich dann von dir den Kranz von Rosen.«
Antje: »Ja, und damit wären wir mit dem zweiten Akt fertig. Also nochmal, wer bis zum nächsten Mal alles lernen muß . . .«
So is dann das ganze Märchen eigericht worde, bis das Schönklärchen noch im Reich der Schneekönigin, bei de Riese und Heinzelmänncher und am Königshof beim Prinz Langnase war.
Die besonner Schwierigkeit war, daß höchstens zwei Persone auf der »Bühne« sein konnte un sich alles annere hinner de Kulisse abspiele mußt un von der »Bühne« aus mit aus dem Stegreif gesprochene Worte geschildert un kommentiert wurde. Es war e mords Stück Arweit, was sich die beide vorgenomme hatte, awwer sie hawwe net locker gelasse, bis alles zur Aufführung fertig war. Ich durft mich, unnerstützt von meiner Nichte Mädi, hinner der Bühn als Garderobefrau, Kulisseschiewer, Klavierspieler, Geräuschemacher, Vorhang-, das heißt Flügeltüröffner un -schließer betätige.
Endlich kam dann der große Tag der Aufführung, zu der selbstveständlich der Großpapa, die Großmama, Onkel, Tanten und Be-

kannte, insgesamt etwa zwanzig Persone, die sich dicht im »Zuschauerraum« drängte, eigelade warn. Mer sollt's kaum glauwe, awwer die Aufführung ging ohne Komplikatione un Lampefieber voriwwer un is von alle Zuschauer ehrlich bestaunt und mit großem Lob versehn worde. Vor allem der Großpapa hat geschmunzelt, denn daß die zwei Kinner sich mit solcher Begeisterung in sei Märche vertieft hawwe, des hat enn doch von ganzem Herze gefreut un gut getan.

Jetzt is es auch bald widder Frühling geworde, un da hawwe auch unser Sonntagsspaziergäng widder eigesetzt. Oft sin merr von der Miquelstraß iwwer den Bahnhof, die Niederräder Brück zur Frauenhofstraß gewannert un dort im Bamberger Hof bei der Familie Wollenhaupt eigekehrt, wo merr uns immer sehr wohl gefühlt hawwe. Beliebte annere Ziele warn Bornheim, der Lohrberg, Bergen, der Stadtwald, un wenn's net so weit sein sollt Ginnheim oder des Schweizerhäusche. Wenn mein Mann net mitgeh konnt, bin ich immer mit dem Baba vorneweg, un er war froh, daß er merr widder emal all sei Plän ausenannersetze konnt. E Stück hinner uns ging die Mama, die froh war, daß se emal nix von de neue Plän gehört hat un sich mit ihrm Enkelche unnerhalte konnt.

Mit dem Frühling sin awwer auch die Konfirmatione widder ins Land gezoge, un mein Vatter hat auch die Zeit festgehalte un geäußert:

»Hoffentlich hat der Krieg jetzt bald e End, un wann nechstes Jahr die Kinner widder konfermiert wern, licht all des Elend un der Haß, den er uns gebracht hat, hinner uns. Des sonst so frehliche Fest der Konfirmatione, wo die Buwe aus de Kinnerschuh in die Flegeljahrn schluppe un die Mädercher danzstunnereif wern, werd desmal viel bescheidener begange wie in Friedenszeite. Die Eiladunge zum Fest derfte, mit wenig Abännerunge, greßdendeils so laude:

Mer lade ei, wie sich's gebiert,
Des Jakebche werd konfermiert.

Es gibt zwar kaa besonner Fest,
Weil sich des jetzt net mache leßt.

Am Middagsmahl nach alder Art
Werd awwer trotzdem net gespart.

Von uns aus werd der Disch gedeckt,
So reichlich, daß es alle schmeckt.

Nadierlich breng, wie's ewe Sitt,
Sei Kriegsbrot jeder selwer mit.

Aach finf Kardoffle for den Mann,
Weil mer die schwer beschaffe kann.

Un e paar Eier zem Salat,
Denn Eier fehle uns jetzt grad.

Findt aans mit Worscht un Flaasch sich ei,
Soll's ewefalls willkomme sei.

Aach stelle merr kaan Gast zur Redd,
Kimmt er mit Butter un mit Fett.

Un niemand mecht bei uns Gedees,
Brengt aans statt Blumme – Schweizerkees.

Merr hawwe alles, des is klar,
Nor net, was net ze hawwe war.

Es werd bei Disch an nix gespart,
Ihr selwer macht die Speisekaart.

Jetzt is der Termin immer neher gerückt, wo Frankfort trotz dere schwere Zeite den finfunsiebzigste Gebortsdag von seim Dichter net vergesse hat. Ähnlich wie bei seim siebzigste hawwe die Vereine seiner gedacht, die Zeitunge spaltelange Artikel geschriwwe, un am Awend is er, wie gewehnlich bei der Vorstellung von seim »Alt-Frankfurt«, von der Berjerschaft gefeiert worde.
Die »Kleine Presse« hat in emme lange Artikel sei ganz Lewe ge-

schildert un besonnerst ei Anekdot aus seine junge Jahrn hervorgehowe:
»Stoltze gab mehrere Jahre hindurch das regelmäßig unregelmäßig erscheinende Witzblatt »Die Schnaken« heraus, das wie alle freisinnigen Blätter anfangs der siebziger Jahre unter vielen Konfiskationen zu leiden hatte.
Die Art, wie Stoltze es verstanden hat, bei Haussuchungen die gefährlichen »Schnaken« den Blicken der Polizei zu entziehen, entbehrt nicht des Humors. Er breitete nämlich die in seiner Wohnung von der Beschlagnahme bedrohten Blätter über die Saiten eines alten Flügels aus, schloß den Deckel, öffnete aber die Klaviatur und stellte Noten klassischer Werke auf, wodurch das ganze den Eindruck machte, als habe eben jemand musiziert. Diese List bewährte sich regelmäßig: Alle Stuben, Schränke, Kisten und Kasten wurden genau durchsucht, in und unter den Betten Nachforschungen gehalten, aber an dem altväterlichen Flügel ging man achtlos vorüber. Ob aus Hochachtung für die Kunst – wer weiß?«
Der Artikel schließt mit den Worten: »Wir wünschen unserem verehrten Mitarbeiter zu seinem fünfundsiebzigsten Geburtstag von Herzen alles Gute und Schöne.«
Dann sin noch zwei Gedichte abgedruckt, die emm Artikel für die »Klei Press« aus dem Jahr 1917 entnomme sin:

Leddigsteuer

Die Leddigsteuer is in Sicht
Schon heert mer driwwer spreche,
Un wer net heurat, wie es Pflicht,
Soll kinftig dafor bleche.
Wem's in der Ehe net gefällt,
Spart sowieso en Haufe Geld
Un derf sich net beklage,
Geht's jetzt emm an den Krage.

Dann leddig bleiwe baßt sich net
For deutsche Junggeselle.

Ihr geht, wann's euch beliebt, ins Bett,
Da soll e Fraa net schelle.
Ihr dut euch rein an gar nix steern,
Dut kei Gardinepredigt heern,
Kaa miede Buwe hockle
Un Wickelkinner schockle.

Was dut err dann da uff der Welt?
So muß mer werklich frage.
Liebt er nix weiter wie des Geld
Un enn gefillte Mage?
Wann err die Jugend habt verträumt,
Wann err enn Anschluß habt versäumt,
Sucht schnell, es gut zu mache,
Sonst kann die Steuer lache.

Die Mädercher, ob alt, ob jung,
Dun sämtlich for se schwärme
Und dun sich voll Begeisterung
An dem Projekt erwärme.
E jede hofft, sie krieht alsdann
Aach enn Bezugschei for enn Mann;
Des Reich, des brauch Soldate,
Drum haaßt's jetzt – heuerate!

Aach ohne Steuern wern die arme Junggeselle fermlich zur Hochzeit gedrängt, un noch nie sin so viel Ehe dorch Heuratsannonce geschlosse warn wie ewe.

Es is awwer aach wahrhaft rihrend, wann mer die Unbeweibte im Werttshaus sieht, wie se ehrscht ihr Dokumente vorlege misse, bevor se zur Fitterung zugelasse wern. Da sin die Ehemänner doch ungleich besser draa; for die sorje ihr Weiwer, die alles zusammetrippschele, was erjendwie uffzutreiwe is. Freilich kimmt's jetzt da mehr uff die Quandideet als uff die Qualideet aa, dann die Zeite sin vorbei, wo mer besonnerscht wehlerisch sei dorft:

Wer is heut noch so vermesse
Un will wisse, was merr esse?
Was merr trinke, was merr kaue
Un mit Ach un Krach verdaue?
Was als Soße un als Suppe
Alles merr dun iwwernuppe?
Was merr all als Derrgemiese
Vorgesetzt kriehn zem Genieße?
Wer will ewe noch entdecke,
Womit se die Speise strecke?
Was se mannsche, was se mische,
Um den Ursprung zu verwische?
Wie se fälsche alle Sache,
Öl sogar aus Wasser mache
Un aus fremde Sirogate
Kees un feine Marmelade? –
Draa gewehnt, macht's uns kei Sorje,
Was merr all enunnerworje;
Ob die Worschthäut, die so schrumpe,
Aus Babier sin odder Lumpe,
Un des Fillsel, das se fasse,
Sich als Flaasch noch seh kann lasse,
Ob die Hering klaanster Greße
Net nor Sämcher sin gewese,
Die mer in dem Maa gefange,
Eh se elend eigegange. –
Sonst geht's trotz dem Speisegraus
Uns recht gut: Merr halte aus!

Nadierlich hat er auch driwwer geschriwwe, daß mer die Glocke von de Term geholt un zu Kanone eigeschmolze hat. Ja, ja, aach die Stormglock uff dem Patorn hat draa glauwe misse. Die Stormglock war e gut Frankforter Kind, des die Berjerschaft bei Dag un Nacht gewarnt hat, wann e Gefahr in Sicht war odder e Brand ausgebroche is.

Freilich hat die letzt Stormglock ihr Tätigkeit uffs Feuer beschränkt un dabei e sehr beschaulich Dasei gefihrt, denn seitdem des Leschwese reformiert is warn, hat se ihrn metallne Mund net mehr uffzeduh brauche, weil unser rihrig Feuerwehr aach den greßte Brand mit Haamlichkeit un Wasser gelescht hat. Friher war des annerst. Wenn da erjendwo e Feuer ausgebroche is, hatte des die Termer zu entdecke, daderfor warn's aagestellte Leut, die der Berjerschaft aach ze Neujahr gradeliern dorfte, was ihr Eikomme wesentlich erheht hat. Sobald so e »Hochgestellter« enn Brand wahrnahm odder er von der Gass dorch Zuruf davo verstennigt is warn, hat er des Sprachrohr aagesetzt un es der verehrliche Eiwohnerschaft mitgedaalt. Des war dann des Zeiche zum allgemeine Feuerlärm, an dem sich net nor die ehrbare Berjer, Eigeplackte un Permissioniste, sonnern aach sämtliche Gassebuwe, klaane Kinner un Weiwer beteiligt hawwe. Die Bombjedamborn hawwe Aalarm geschlage, die Horniste Signäler geschmettert, die Laadfässer un die Quardierspritze iwwers holwerige Plaster gerollt, un der jingste Herr Borjermaaster hat in der Neh der Brandstett, am liebste in emme Werttshaus, des Hauptquardier uffgeschlage, von wo er die Entwicklung der Lescharweide bewache konnt. Der Parrterner awwer dorft net ehnder sterme, bis er Flamme geseh hat; war des der Fall, hat er in korze Zwischeräum jedesmal dreimal die Stormglock aageschlage un dadorch der Berjerschaft klar gemacht, daß es sich net um falsche Lärm odder Bäckerrach, sonnern um e werklich ausgebroche Feuersbrunst hannele deet. Aach hat er an der Seit vom Torm, die der Brandstett zugekehrt war, e rot Fahn enausgehengt, damit des Publikum, das sich die Sach aaseh wollt, kaa falsche Richtung eigeschlage hat.

Damals hat die Stormglock im hechste Aaseh gestanne, awwer die fortschreitende Zeit hat se mehr in Vergessenheit gerate lasse, un gar mancher hat erst jetzt, wo se eigeschmolze wern sollt, was von ihrer Existenz geheert, denn

Merr stehn noch mit dem aane Baa
Im alte Frankfort an dem Maa,

Im neue mit dem annern.
Es baut sich uff e anner Welt,
Des Neue steigt, des Alte fällt,
Mer sieht die Zeite wannern.

Die Stormglock formt sich zur Kanon,
Der Kaiser Karl lebt in Pension
Hier im Archiv, verdeppel.
Der Gickel von der alte Brick
Beklagt sei bitter Mißgeschick
Mit dem Kanonesteppel.

Geduld! Geduld! Es kimmt die Zeit
wo err zu neuer Herrlichkeit
Euch widder sollt erhewe.
Wo iwwer unserm Vatterland
Un unsrer Stadt am Mainesstrand
Die Friedensengel schwewe.

So hat er fortwährend for sei Vatterland un sei Vatterstadt mit der Fedder gekämpft, un es ging nadierlich zu weit, wollt mer noch enn Deil seiner Kriegsgedichte, Erzählunge un Artikel, die er in de Zeitunge un in Extrablätter veröffentlicht hat, abdrucke.
Wie dann endlich der Krieg erum war, hielte am 2. Dezember 1918 die aus dem Feld heimkehrende Truppe in Frankfort ihrn Eizug un wurde aufs herzlichste begrüßt, nadierlich auch vom Adolf Stoltze. Jetzt war er glücklich, daß er sei drei Söhn un sein Schwichersohn widder daheim gehabt hat un konnt jetzt auch besser un in Ruh arweite. So hat's emm besonners am Herze gelege, die Ereignisse in der Heimat während des Weltkriegs in ernster un humoristischer Weis darzustelle un se in emme Band mit dem Titel »Humor und Ernst« for spetere Generatione festzuhalte. Unner dem Motto:

»Helden, die ihr kühn gestritten,
Euch umgibt ein Glorienschein,
Doch was wir daheim gelitten,
Soll auch nicht vergessen sein«

hat er den Band 1921 erausgebracht un enn seiner Vatterstadt gewidmet. In vier Jahr hat er bereits acht Auflage damit erzielt. Als Eileitung zu seim Kriegsband hat er folgendes Gedicht geschriwwe.

Mancher glaabt, ich weer gestorwe,
Doch ich leb noch sicherlich,
Mancher meent, ich weer verdorwe,
Kann schon sei – Gedankestrich! –
Noch duh ich am Schreibdisch walte
Ganz genau so wie zuvor,
Wer mich immer jung erhalte
War mei Dokter – der Humor.

Ja, der half mit seine Troppe
Iwwer jeden Ärger mir,
Date Sorje oft aach kloppe
Unsanft an mei Stuwwedihr.
Vom Humor stets gut berate
Ich zu alle Zeite war,
Stann ich doch uff Barrikade
Schon im sechste Lewensjahr.

Vieles dat voriwwer schweife
An merr in der Zeite Lauf,
Manche Hoffnung, die ging schleife,
Manche neue stieg erauf.
Sah des Vatterland erwache,
Sah des Reiches stolze Pracht,
Doch ich sah se aach verkrache
Dorch der Feinde Iwwermacht.

Was forn Zweck hat jetzt des Flenne?
Was forn Zweck hat jetzt die Wut?
Net mit Klage, Fluche, Schenne
Mecht mer ebbes widder gut.
Arweit nor kann uns errette,

Arweit, die die Freiheit pflegt,
Sie allaans zerbricht die Kette,
Die die Bosheit um uns schlegt.

Ja, die Zeite, die entschwinne,
Mer wird alt un net mehr jung,
Un von jeglichem Beginne
Bleibt nor die Erinnerung.
Doch bald schwindet aach ihr Walte
Un vergliht wie's Awendrot,
Deshalb such ich wachzuhalte,
Was uns einstens hat bedroht.

Net vom blutge Velkerringe
Un von Schlachte ferchterlich
Will ich redde, will ich singe,
Des geschieht aach ohne mich.
Was ich schlicht un schmucklos schilder,
Is der Vatterstadt geweiht,
Un in seine lose Bilder
Spiegelt sich der Geist der Zeit.

Adolf Stoltze
am Tage des Friedensschlusses
28. Juni 1919

Der Geist der Zeit im Erste Weltkrieg war mit dem Geist der Zeit aus dem Zweite Weltkrieg ganz nah verwandt. An alle Ecke un Ende hat's an Esse, Kleider, Schuh, Gebrauchsgegenständ, Wohnunge un so weiter gefehlt, un die Leut mußte seh, wie se sich iwwer Wasser halte konnte. Des hawwe se in beide Krieg mit großem Arweitseisatz, awwer auch mit Piffigkeit un auch mit Unredlichkeit gedaa.
Die Lewensmittelversorgung war noch schlechter als im letzte Krieg. Ich kann mich wenigstens net erinnern, in so lange Schlange gestanne zu hawwe wie im Erste Weltkrieg, wo ich im sogenannte Riewewinter 1917/18 bei eisiger Kält mit meiner kleine Dochter am

Heimkehr von der Hamsterjagd.

Osthafe wege e paar Pfund Kardoffel aagestanne hab, un dann, wie nur noch zwei Leut vor uns warn, der Schalter geschlosse worde is mit der Begrindung: »Es is nix mehr da.«
Die elf Fliegeraagriff auf Frankfort, die 23 Todesopfer un 47 Verwundete gefordert hawwe, kann mer nadierlich net mit dene aus dem Zweite Weltkrieg vergleiche, awwer trotzdem hawwe die Mensche gezittert, wann se feindliche Flieger gehört hawwe, un

warn völlig dorchenanner, was der Dichter so lewendig in seim Gedicht »Nachtalarm« geschildert hat.

Lisi, ewe hat's geschosse!
Guck, der Feind mecht widder Bosse.
Aus de Better, aus de Better!
Kinner, uff, Kreuzdonnerwetter!
Heert err die Geschitze krache?
Licht derft err barduh net mache.
Dut e Schwewelholz wo brenne,
Gleich dut des der Feind erkenne.
In die Klaader – so e Jammer!
Kloppt dem Mädche in der Kammer!
Weckt die Scheckel! Schneller! schneller!
Als enunner in den Keller.

Dut kaans iwwern Haufe renne!
Fraa, ich bitt dich, laß dei Flenne!
Kannst kaan aanzge Rock net finne?
Du e Dischduch um dich binne;
Ich bleib in de Unnerhose.
Dut euch net im Dunkle stoße!
Statt der West bin in dein Joppel
Ich geschluppt jetzt, Gottverdoppel!
Bumm! Da leiht der Klaaderplunner,
Un mei Uhr schmeißt aach enunner!
Heert err? iwwer uns Probeller!
Als enunner in den Keller!

Was, die Else sucht ihr Bebbche?
Hätt ich doch e Krageknеppche!
Fraa, heut nimmt kaa End der Schrecke,
Du's Portmonnee zu derr stecke!
Brauchst dei Zäh net aazuziehe,
Laß dei Zepp die Krenk jetzt kriehe!
Dut e Bomb hier owe platze,
Sin merr allesamt de Katze!
Himmelherrgottkreuzgewitter!
An was stumb ich da schon widder?
Platsch, da leiht e Haufe Deller!
Als enunner in den Keller!

In dem Keller dicht beisamme
Hocke Kinner un Madamme,
Bleiche Männer, die verzage,
In Kostüme, net zu sage.
Leut, die jahrnlang sich gemiede,
Wern jetzt aanig un zufriede,
Kaans dut dort uffs annern schimpfe
Un die Nas mehr vornehm rimpfe.
Ehrscht wann widder die Sirene
Dorch die Nacht, die stille, tene,

Un es werd im Hausehrn heller,
Krawwelt alles aus dem Keller.

Ei Bomb is damals auch aufs Opernhaus gefalle un bis zum Foyer dorchgeschlage, so daß es ziemlich lang gedauert hat, bis der Schadde widder behowe war.
Im Krieg hawwe sich die Kinner sämtlicher Schule ganz vorbildlich eigesetzt. Die Buwe hawwe Kohle gefahrn, Holz gespalte, Botegäng gemacht un de Samariter geholfe. Die Mädercher hawwe mitgesammelt: Knoche, Metalle, Stanniol, Gummireife, Menschehaarn, Flasche, Babier un hunnertelei annern Dinge, die mer noch verwende konnt. Der Eifer war so groß un der Ehrgeiz, in der Schul e Auszeichnung zu kriche, daß oft auch Gegeständ gesammelt wurde, die mer nachher daheim bitter vermißt hat.
Nach dem Krieg is es dann de Schüler wohl in de Kopp gestiche, daß es jetzt Eltern- un Schülerrät gab un sie mitwehle dorfte. Mer fihlt sich dorchaus in unser heutig Zeit versetzt, wann mer des »Schulfreiheitslied« aus dem Jahr 1919 liest.

Hurra! ich bin Quardaner,
Jetzt komm merr emal aaner,
Kreuzhimmelsapperment!
Kaans kann merr was befehle,
Dann ich du nechstens wehle
Ins Schielerparlament.

Die Uffgawe zu mache
Sin iwwerwunn'ne Sache,
Ich war da immer laß.
Des Raache aam verbiete,
Werd mer sich kinftig hiete,
Ich blotz in meiner Klass.

Merr lasse uns net duze
Un von de Lehrer uze,
Gesiezt dut sich's geheern.
Sich zeitig net zu setze

Un in der Stunn zu schwätze,
Wer kann aam des verwehrn?

Den Unnerricht zu schwenze
Un stolz als Faulbelz glenze,
Is unser gutes Recht.
Schulzeugnisse – erkleerlich –
Sin iwwerhaupt entbehrlich,
Aach sin se meistens schlecht.

Sich nor mit Lerne plage,
Des kann uns net behage,
Des baßt for enn Phantast.
Die Lehrer, die uns grolle
Un net versetze wolle,
Wern korzerhand geschaßt.

Fettmilch un der Brickegickel

Nachdem nun der Vertrieb von seim »Humor und Ernst« soweit abgeschlosse war, wollt er sich widder mehr dem Theater widme und hat deshalb 1925 sein Vertrag mit der »Kleine Presse« gelöst.
Jahrnlang hat er sich schon mit dem Gedanke getrage, den Stoff von dem Revolutionär Vinzenz Fettmilch in emme Drama zu verarweite. Un damit hat er jetzt begonne.
Wie er eigentlich auf die Idee komme is? Er selwer hat erzählt, daß schon sei Großmutter durch ihr temperamentvolle Schilderunge aus Frankfurts Vergangenheit sei Phantasie angeregt un er sich dadurch schon als Bub lebhaft für den Fettmilch-Aufstand interessiert hätt, doppelt, wie er in Goethes »Wahrheit un Dichtung« dessen Bemerkunge iwwer den Frankfurter Revolutionsheld gelese hat. Un wie er dann Gerhart Hauptmanns Florian Geyer kennegelernt hat, is sei Absicht, die Ereignisse in emme Bühnewerk zu ge-

stalte, zum Entschluß geworde. Die historische Grundlage fand er dann 1923 in dem Buch »Geschichte der Stadt Frankfurt am Main« von Friedrich Bothe. Den reichhaltige Stoff, besonners die Vorgeschicht des Aufstands in emme abendfüllende Stück unnerzubringe, war fast unmöglich, e Aufgab, an der schon elf Autorn vor ihm gescheitert sin. Trotzdem hat er sich in seim zweiundachtzigste Lebesjahr an die Bearweitung von dem dramatische Stoff gemacht. Ähnlich wie bei seim »Napoleon« is er jetzt oft in die Stadtbibliothek gange, um sich iwwer die damalige Zeit un alles, was mit dem Fettmilch zusammehing, zu oriendiern. Nodizze iwwer Nodizze lage dann auf seim Schreibdisch, un er wußt kaum, wie er den Riesestoff bearweide sollt. Es hat emm dann enn Heidespaß gemacht, wie er schließlich seine verheiratete Töchter un dene ihre Männer den erste Akt von seim Fettmilch vorlese konnt.
Die äldest Dochter Sanna hat nämlich im August 1922 den Oberregierungsrat bei der Reichsbahn Otto Drescher geheirat. Die beide hawwe sich zwar schon lang gekennt, awwer er hat immer gemeint, er kennt doch de alte Eltern ihr Dochter, die als einzige noch daheim gewohnt hat, net wegnemme. Als er awwer sah, wie rüstig der Jubilar alle Ehrunge zu seim achtzigste Geburtsdag iwwerstanne hat, is emm dann doch der Gedanke komme, daß se net noch wer weiß wieviel Jahrn warte kennte.
So is also des Brautpaar mit de »alte« Eltern, mit mir un meiner Dochter am 5. August von Pfungstadt aus in emme offene Pferdewage nach Eschollbrücken gefahrn, wo dem Otto sein Bruder, Richard Drescher, Pfarrer war. Nach der feierliche Trauung in der alte Dorfkirch fand des Mittagesse im Pfarrhaus statt, un des war, was mer zur Schand von alle Beteiligte sage muß, entschiede der Höhepunkt. Die Bauern hatte ihrn Pfarrer net im Stich gelasse un enn reichlich mit Lewensmittel versorgt. Un mir, die all so richtig ausgehungert warn, sin nur so iwwer des Esse hergesterzt un hawwe von dene handfeste Köstlichkeite, von dene merr jahrnlang nur geträumt hatte, in uns eneigestoppt, was nor ewens noch zu stoppe war. Bekomme is es uns alle sehr gut, un merr hawwe noch lang von dem herrliche Dag gezehrt.

Zu dem Schwichersohn mit dem »nahrhafte Bruder« is also der Dichter mit seim Fettmilchmanuskript hiegeschowe un hat uns all sein erste Akt vorgelese.
Den zweite Akt hat er in zwei verschiedene Fassunge geschriwwe. Die erst hat auf dem Forsthaus gespielt, wo damals der Hohe Rat alljährlich des Hirschesse abgehalte hat. Bereits morjends hawwe sich die Dirne aus dem Rosetal dort eigefunne un e sehr ausgelassene Stimmung verbreit. Um die Middagszeit, wenn sich die »edlen Frauen des Hohen Rates« nahten, sin se dann von emme Ratsdiener heimgepeitscht worde.
Der Dichter hat viel Spaß an dem lewendig un humorvoll gelungene, wenn auch e bissi frivole Akt gehabt. Dann awwer hat er Bedenke krieht, daß der Akt for Schüler, die sich doch auch des Stück vatterstädtische Geschichte aagucke sollte, vielleicht zu unmoralisch wär un hat enn ganz neu geschriwwe. Jetzt spielt der zweite Akt im Haus des Ratsherrn Weiß von Limburg, un es wird nur noch von dem früher übliche Verlauf des Festes erzählt. – Eigentlich schad!
Wo der Dichter jetzt gange un gestanne is, hat enn der Stoff beschäftigt. Is er mit seiner Frau dorch die Altstadt, hat er err jed Plätzi gezeigt, wo der Fettmilch geredd hat, un hat sich die einzelne Szene dazu ausgedacht. Daheim aakomme, hat er net sei Bett aufgesucht, sonnern sich, trotz der schlechte Ernährung damals, an sein Schreibdisch gesetzt un an seim Drama weitergearweit. Nadierlich war er dodunglicklich, wenn er dorch den stennige Gelegenheitskram aus seim Ideengang erausgerisse is warn. Abschlage konnt er niemand was, un so war's bald enn Verein, bald enn Gebortsdag, bald e Hochzeitsgedicht, wo er hat draa glauwe misse. Awwer trotzdem mag sei Menschefreundlichkeit vielleicht mit draa schuld gewese sei, daß es am 12. Januar 1924 auf eimal an seiner Dihr geschellt hat – er war grad damit beschäftigt, den zweite Akt von seim Fettmilch in die Maschin zu tippe – un emm zwei Herrn vom General-Anzeiger die freudig Nachricht gebracht hawwe, daß er nach Abstimmung der Berjer zum »populärste Mann« von Frankfurt gewählt worde wär.

Anfang 8 Uhr — **Donnerstag, 8. Juni 1922** — Ende nach 10 Uhr

Abonnement A.

Zur Feier des 80. Geburtstages (10. Juni) Adolf Stoltze's

Zum ersten Mal:

En Awend in Alt-Frankfort

I. Bunter Teil:

Wie e paar Frankforter Schauspielerinne un Schauspieler „ungeschminkt“ unner sich den 80. Gebortsdag Adolf Stoltzes feiern un endlich mal redde wie en der Schnawwel gewachse is. — Verfaßt un eischudiert von Arthur Mainzer.

Mitwirkende: **Kaethe Hartmann** vom Schauspielhaus a. G., Anny Hannewald, Josefa Schablitzki, Robert Grüning, Arthur Mainzer und Rolf Jahn vom Neuen Theater. **Größere Pause.** Hierauf:

II. Teil:

„Dodgeschosse“

Dramatische Humoreske in einem Aufzug von Adolf Stoltze. — Spielleitung: Robert Grüning. — Bühnenbild: Loe Dahl.

Personen:

Anton Löffler, Bleichgärtner	Arthur Mainzer	Fränzi Heister	Grete Klein
Kätchen, seine Frau	Anny Hannewald	Hanna Braun	Margit Schäfer
Resi, seine Stieftochter	Josefa Schablitzki	Bawett Schecker	Auguste Zenger
Dortchen Geyer	Elisabeth Neuwirth	Ludu Fillius	Peter Standhina

Ort der Handlung: Sachsenhausen. — **Kleinere Pause.** Hierauf:

Letzter Teil:

„Verspekuliert“

Lokalschwank in zwei Aufzügen von Adolf Stoltze. — Spielleitung: Robert Grüning Bühnenbilder: Loe Dahl.

Personen:

Balier Knoblauch, Rentier	Robert Grüning	Frau Schnatter, Osthöckerin	Anny Hannewald
Lenchen, seine Tochter	Josefa Schablitzki	Schorsch, ihr Sohn	Rolf Jahn

Ort der Handlung: Frankfurt a. M.

Des war nadierlich auch für sei Frau e groß Freud, un so hawwe sich die zwei am Awend gemietlich zusammegesetzt, gemeinsam e Fläschi Wei getrunke un zur Feier des Dags emal nix geschafft, sonnern Erinnerunge aufgefrischt un schon Plän für die im August bevorstehend diamanten Hochzeit geschmiedt.
Am annern Dag hat er sich hiegesetzt un in bester Stimmung dem General-Anzeiger die beifolgend Erklärung zu seiner Ernennung geschriwwe, die mer am nächste Dag in der Zeitung lese konnt:

Jetzt komm merr aaner in die Quer
Un sag, ich weer net polpuleer,
Dem will ich's odder stecke.
Betracht emal des Zeitungsblatt,
Des weitverbreitste unsrer Stadt,
Da las ich's selbst mit Schrecke.

Da steht gedruckt es schwarz uff weiß:
Der Populärste is e Greis,
E Mensch mit dausend Falte,
Den immer der Humor noch lockt
Un der noch an seim Schreibdisch hockt,
Als weer er net der Alte.

Nor ebbes bleibt e Frag for mich:
Wie komm zu so enn Titel ich?
Ich kann's waaß Gott net fasse.
Des kann doch aanzig nor allei
Mei Lieb for unser Frankfort sei,
Die mich noch nie verlasse.

Kaum, daß er den Ruhm verdauet gehabt hat, is der Vorsitzende von der Rudergesellschaft Germania bei emm erschiene un wollt e Festspiel zu ihrm Jubiläum, des im März im Palmegaarde gefeiert wern sollt, geschriwwe hawwe.

Widder e Ablenkung! Erst hat er awwer noch an seim Fettmilch gearweit un war glicklich, wie er seiner Familie den zweite Akt vorlese konnt.

Am 9. März fand dann mit seim Festspiel die Feier der »Germania« im Palmegarte statt, zu der die ganz Familie eigelade war.

Tags drauf hat sei gut Frau e Erkältung gekrieht, die sich zu erre schwere Bronchitis entwickelt hat. »Wenn sie die Kraft hat, den Schleim auszuhusten, dann hat sie's geschafft«, hat der Hausarzt gemeint. Awwer obwohl se mit ihre achtzig Jahr noch so rüstig war, daß se ihrn Haushalt führn konnt, hat sie die Kraft bei ihrm schwache Herz net mehr gehabt. Penicillin hat's damals ja noch net gewwe, un die Hustetroppe hawwe nix geholfe. Des Fiewer stieg immer höher, un in ihrer Phantasie war se stets noch mit ihrm Haushalt beschäftigt un hat immer widder gesagt: »Nemmt merr doch emal den schwere Teekessel ab.« Bis zuletzt hat se sich noch um ihr Liewe gesorgt. Am frühe Morgen des 15. März 1924 is se dann still eigeschlafe.

Unser armer Baba! Wie hat er jetzt gelitte. Er konnt's un konnt's net überwinde, daß emm sei treu Frau, sei Luwisi, mit der er doch im August die diamanten Hochzeit feiern wollt, for immer genomme worde is. Auch sei Kinner hawwe schwer unner dem Verlust gelitte, war se doch e selten gut Frau un Mutter, un ihr Enkel hawwe behaupt, auch die best Großmutter.

Mei Dochter hat e besonners herzlich Verhältnis zur Großmama gehabt un viele Nachmittage bei ihr verbracht.

»Ach, daß mein Moritz net mehr da is, mein liewer, guter Moritz«, hat se immer widder gejammert. Der Name Moritz kam daher, daß die beide zusamme oft »Max und Moritz« gespielt hawwe. Die Großmama war der Moritz un die Enkelin der Max. Noch mit fast achtzig Jahr hat der Moritz sich mit dem Max vom Sofa auf die Erd gleite lasse, un damit hawwe se gespielt, daß se die zwei böse Buwe wärn, die durch den Schornstein in den Bäckerlade gerutscht sin.

Wenn der Max in die Miquelstraß kam, hieß es vor alle Dinge: »Moritz, mir wolle enn Streich mache.« Un dem Moritz is auch immer was eigefalle, sei's, daß die zwei e bissi was genascht odder dem Großpapa was versteckelt odder emm gar enn Bettelbrief geschriwwe un persönlich abgewwe hawwe mit der Bemerkung, es deet jemand auf Antwort warte.

In der sogenannt Schrankstubb stand auch e Pupp aus Weidegeflecht, die zum Anprowiern von selbst geschneiderte Kleider gedient hat. Die hat der Moritz emal aagezoge: e Gesicht aus Lappe, enn Hut dief auf den Kopp gedrickt, e alt Blus, enn alte Rock un dadriwwer e Cape, un fertig war die Madamm. Die wurd ins Treppehaus vor die Vorplatzdihr gestellt un dann heftig geschellt. Jetzt galt's, dem Großpapa eizeredde, daß drauß e Dam wär, die enn unbedingt spreche wollt. Ob er's geglaubt hat odder ob er nur seim »Owwermäusi«, wie er sei Enkelin oft genannt hat, enn Spaß mache wollt, is nie rauskomme. Auf alle Fäll war der Juwel unbeschreiblich, wie der Großpapa an die Dihr is un der Reigelegte war. So war der Großmama nie e Arweit zu viel, wenn se eim von ihre Liewe e Freud mache konnt. Sie war wirklich die Seel vom ganze Haus – un des alles war nun vorbei.

Der Magistrat der Stadt Frankfurt hat dem Dichter e Ehrengrab auf dem »Neue Friedhof«, fast newer der Ruhestätt vom Adickes zur Verfügung gestellt. So is dann sei tapfer Frau am 20. März mit de Bibelworte: »Sei getreu bis in den Tod, so will ich dir die Krone des Lebens geben« vom Pfarrer Veit beerdigt worde.
Der arme Baba, der durch die Aufregung so mitgenomme war, daß mer des Schlimmste für enn befücht hat, mußt krank im Bett liege un war unglücklich, daß er se net auf ihrm letzte Gang begleite konnt. Awwer es war net möglich.
Wenn enn sei Dechter gebete hawwe, doch die Wohnung aufzugewwe un zu ihne zu ziehe, warn stets sei Worte:
»Wo mer die Mama enausgetrage hat, will auch ich enausgetrage wern.« – Net lang drauf hawwe merr in seiner Schreibtischschublad folgendes Gedicht gefunne:

Unvergeßlich

Vergilbt mit braunen Flecken
Find ich ein Stück Papier,
Zerknittert sind die Ecken,
Viel sagt es trotzdem mir.
Die es dereinst beschrieben
War teuer mir und wert,
Die durch ihr innig Lieben
Mein Erdensein verklärt.

Sie ruht in Gottes Frieden,
Ich stehe trauernd hier
Und schmück mit Fliederblüten
Den Grabeshügel ihr.
Da schwebt aus Himmelshöhen
Ein Trost mir in das Herz:
Es gibt ein Wiedersehen,
Drum lindre deinen Schmerz.

Auch sie wird sich erheben
In anderer Gestalt,

Wenn einst ein neues Leben
Still segnend sie umwallt.
Dann darfst du sie umfassen
In höchster Seligkeit,
Um nimmer die zu lassen,
Die einst sich dir geweiht.

Um sich etwas zu kräftige, hat er Erholung in Baden-Baden gesucht un auch gefunne, denn nach un nach hat er sich gefaßt un sich widder um sei gesammelte Werke gekümmert.
Sei Dochter Sanna hat immer gemeint, daß er net nahrhaft genug lewe deet, un hat drum die Kocherei für enn iwwernomme. Die Haushälterin, die enn jetzt betreut hat, mußt also jeden Tag von der Miquelstraß mit emme Korb in den Reuterweg zur Sanna laufe un von dort des Esse in mehrere kleine Dippcher abhole. Da er Alterszucker hatt un net viel Kohlehydrate esse sollt, hat s'emm immer e Riesestück Butter unner jed Esse gemischt. Heut wärn die Ärzt entsetzt bei so erre Behandlung, awwer ihm is es gut bekomme.
Sein Diabetes hat emm iwwerhaupt wenig zu schaffe gemacht, nur wenn er e Gripp odder e Bronchitis gehabt hat, sin die Zuckerwerte im Harn gleich auf siwwe Prozent in die Höh geklettert. Nadierlich war er dann von emme unheimliche Durst geplagt, dem er durch folgende Erfindung zu Leib gerückt is.
Wir mußte enn Kochdopp voll Wasser newer sei Bett stelle un enn Gummischlauch von 1 cm Durchmesser kaufe. Den hat er mit dem eine End in den Mund genomme un mit dem annern ins Wasser getaucht, dann konnt er, ohne dauern jemand belästige zu müsse, nach Herzenslust trinke. Ging's emm widder besser, dann war auch der Zucker fast weg.
1925 hat er mit dreiunachtzig Jahr mit seiner Dochter Sanna un seim Schwichersohn Otto e Reis nach Italien unnernomme. So is emm dann auch der Wunsch in Erfüllung gange, des »Land seiner Sehnsucht« aufsuche zu kenne. In seim Tagebuch hat er iwwer sei italienisch Reis folgendes bemerkt:

»Venedig überwältigend! Aufzug auf den Campanile. Aussicht auf das Adriatische Meer und die rückliegenden Alpenketten. Kann mir denken, daß Richard Wagner erhabene Musik schöpfen konnte. – Armer Schiller! Dies war dir alles versagt! Wieviel Herrliches hättest du noch schaffen können! – Stümper durften es genießen. Du bist mir seit heute noch lieber. Gott segne dich!«
Tief beeindruckt von so viel Schönem is er dann widder in sei Heim komme un hat sich dann nach längerer Pause neugestärkt seim Fettmilch zugewendt un dazu e Neuauflag von seim »Alt-Frankfurt« erausgebracht.

Um die Zeit hat auch allmählich des Radio sein Einzug in die Bürgerhäuser gehalte, un so hat auch der Dichter e klei Apparätche geschenkt kricht. Wenn's schöne Musik gab, hat er mit seine Kopfhörer ganz verklärt auf seim Sessel gesesse un nix anneres mehr gehört un gesehn. Mit seine Händ hat er taktiert, un aus seim Gesichtsausdruck konnt mer entnemme, was er grad empfunde hat. Mehr wie einmal hat er gesagt: »Ach hätt mich mein Vatter doch nur Musik studiern lasse, ich wär sicher enn bessere Musiker wie Dichter geworde.«
Enn ganz große Tag war für ihn, wie er emal persönlich im Frankfurter Sender erscheine konnt. Dadriwwer schrieb die Presse am 6. März 1926:
»Der Frankfurter Sender hatte am letzten Samstag einen großen Tag. Nicht nur weil Fritzi Massary ihm einen Besuch abstattete, sondern auch weil der Senior der Frankfurter Schriftsteller, Adolf Stoltze, zum erstenmal persönlich im Sender sprach. Der Rundfunk hatte der Muse Adolf Stoltzes zwei Stunden Zeit eingeräumt. Nachdem der greise Dichter persönlich an die Radiohörer einige Begrüßungsworte gesprochen hatte, traten seine Interpreten in Tätigkeit. Zunächst Konrad Hub, der erst einige kleine Versdichtungen und dann die unverwüstliche Humoreske ›Die silwern Hochzeit‹ vortrug. Dann folgte der bekannte Lokalschwank ›Durch den kaufmännischen Verein‹, der von den Damen Obermeyer, Meißner und den Herren Hans Nerking und Simon drastisch wiederge-

geben wurde. Den Schluß bildete die Aufführung der dramatischen Humoreske ›Dodgeschosse‹, in der Konrad Hub einen vortrefflichen Bleichgärtner Anton Löffler spielte und die Damen Obermeyer, Meißner, Glaser und Gärtner sowie Herr Simon ausgezeichnet sekundierten.
Ein Beweis der Beliebtheit unserer heimischen Mundart ist, daß der bekannte Lokalschwank ›Alt-Frankfurt‹, der in der Neujahrsnacht 1887, also vor 39 Jahren, im alten Schauspielhaus seine Uraufführung erlebte, zur Zeit im 20. Tausend im Buchhandel (Universitätsbuchhandel Blazek und Bergmann) erscheint. ›Sturt mich net so aa, es is e groß Verennerung mit merr vorgange‹, läßt Adolf Stoltze seinen ›Muffel‹ ausrufen. Der erste ›Muffel‹ war der unvergeßliche Georg Adam Strohecker. Die heutigen ›Muffel‹ stehen allerdings etwas verändert auf der Bühne, aber die Sprache, die sie führen, ist noch dieselbe. Sie klingt noch heute so im neuen Schauspielhaus wie im alten, längst abgerissenen, am ehemaligen Theaterplatz.«
Was der »Senior der Frankfurter Schriftsteller« – wie er in dem Zeitungsbericht genannt worde is – sich for Gedanke gemacht hat, wie er zum erste Mal in seim Lewe im Rundfunk gesproche hat, is in der »S R Zett« abgedruckt unner dem Titel

Der Sender

Was aam all dorch den Schädel blitzt,
Wann mer vor se emm Sender sitzt,
Des leßt sich net beschreiwe.
Mer redd un waaß gar net mit wem,
Kaans widderspricht, wie aagenehm,
Mer dut gut Freund so bleiwe.
Es fließe die Gedanke schnell
Aam fort uff erjend erre Well,
Die niemand noch dat gucke.
Un wann aam in die Kehl was kimmt,
Sofort des Dausende verstimmt;
Is des dann net mischucke?

Der Brickegickel. Zeichnung von H. von Ponickau (1926).

Im selwe Jahr, im August 1926, sollte der Neubau der alte Brick eigeweiht wern, un da hat sich auch Adolf Stoltze widder zu Wort gemeldt un hat e ganz Buch mit dem Titel »Brickegickel« verfaßt, worin er von der Grindung Frankforts aa alle wichtige Ereignisse, die sich in der Näh vom Main abgespielt hawwe, in Wort un Bild festgehalte hat. Des Buch hat so enn Beifall gefunne, daß schon in e paar Dag 20000 Exemplar davon verkauft sin worn un die Press driwwer geschriwwe hat:

»Kein Dreißigjähriger hätte das Buch launiger, witziger, anekdotischer und besser machen können wie unser Stoltze.« Ganz famos is awwer auch des Bild vom Brickegickel, des der bekannte Zeichner H. von Ponickau zu dem folgende Text geschaffe hat.

Ich sitz jetzt widder uff der Stang
Un guck vergniegt mich um,
Finfhunnert Jahr schon, des is lang,
Verehrtes Publikum.
Was haww ich da net all geseh,
Net alles da erfahrn;
Ich kann dem Drang net widdersteh,
Es dir zu offenbarn.

Ich habb aus Aastand, wie mer's nennt,
In dere lange Zeit
Mein Berzel niemals net gewendt
Nach der Passanteseit.
Verdrosse hat des zwar den Maa,
Zur Rach entflammt vielleicht,
Doch ob er groß war odder klaa,
Mich hat er nie erreicht.

Mei Lag war trotzdem kaa Plesier
Als Hahn hier uff der Heh,
Maahinkel gab's genug ja hier,
Doch kaans in meiner Neh.
E Junggesell hat Langeweil,
Un des hat mich verfihrt,
Daß ich getreulich, Zeil for Zeil,
Was ich geseh, nodiert.

Nachdem der Owerborjermaaster Landmann des Band iwwer die »Alte Brick« dorchschnitte hat, war der Stoltze bei de erste, die die Brick iwwerschreite dorfte. Es war emm doch die »Alt-Brick«, iwwer die er so oft zum Äppelwei nach Sachsehause gelaufe is, besonners ans Herz gewachse, zudem auch sei Sohn Fritz als Stadtverordneter un Ingenieur der Brickekommission aageheert hat. Nadierlich hat er sich dorch die stännige pressante Arweite zu viel zugemut un mußt drum erst emal in Bad Homburg Erholung suche. Nachdem er widder kräftig un voller Unternehmungsgeist

So geht aans oft eniwwer –

Un so kimmt es eriwwer, Zeichnungen von H. von Ponickau (1926).

war, hat er noch im selwe Jahr enn Theaterband erscheine lasse und zwischedorch immer widder an seim Fettmilch gearweit. Endlich war er damit fertig un hat enn 1927 mit der Widmung »Dem Andenken meiner lieben Frau Luise« drucke lasse un auf die vom Theater in Aussicht gestellte Aufführung gewart.
Die Vollendung von seim Drama »Vinzenz Fettmilch« war des scheenste Geschenk, was er sich selwer zu seim finfunachtzigste Gebortsdag mache konnt.
Am 10. Juni 1927 warn schon dags vorher die Frankforter auf de Bei, um ihrm Stoltze zu huldige, wie's ja in de Erinnerungsblätter vom Stoltzebund festgehalte worde is. Auch die Zeitung hat geschriwwe: »Morgen, am 10. Juni, feiert Adolf Stoltze seinen 85. Geburtstag. Richtiger: Seine Vaterstadt Frankfurt feiert ihn. Keiner lebt populärer und besonnter in der Liebe und Verehrung seiner Mitbürger wie Adolf Stoltze, und dieses Bewußtsein ist ein dauerndes Geburtstagsgeschenk, ein königliches Geschenk, wie es nur wenigen und Auserwählten zuteil wird.«
Eine besondere Ehrung für das Geburtstagskind fand auf dem Main statt, wie die Rhein-Mainische-Volkszeitung unter der Überschrift »Das Stoltze-Schiff« erzählt:

Hatte sich die Feier am Vormittag im Hause Stoltze abgespielt, brachte der Nachmittag eine reizend erdachte Feier auf dem Main, die sich bei herrlichstem Sommerwetter zu einer wirklichen Huldigung der Stadt gestaltete. Auf dem festlich geschmückten Dampfer »Ingeborg«, den Flettners Personen-Schiffahrts-Gesellschaft dem Geburtstagskinde zur Verfügung gestellt hatte, trafen sich geladene Gäste, um mit Adolf Stoltze eine Mainfahrt zu unternehmen, flußaufwärts nach Rumpenheim zu – und wo sich das Schiff zeigte, da winkte es aus allen Fenstern, von den Ufern, von den Booten und Schiffen; auf den bekränzten Brücken warteten die Menschen dichtgedrängt, und wie der Dampfer sie erreichte, überschütteten die Kinder das Verdeck mit Rosen. Das Rührende an diesen herzlichen Huldigungen war, daß sie nicht wie bei Fürstenbesuchen künstlich gestellt waren, sondern daß sie aus dem

Moenus und die Main-Nixen begrüßen das 85jährige Geburtstagskind auf dem festlich geschmückten Dampfer Ingeborg (1927).

Herzen kamen und so auch zu Herzen gingen. Es war ein kleinstädtisches, aber im guten Sinn demokratisches Fest.
Alt-Frankfurt fuhr in Personen mit: Aus Stoltzes Stück waren unter lautem Hallo die bekanntesten Figuren erschienen, von zwei Stadtsoldaten eskortiert, und als das Schiffchen schließlich wieder in Frankfurt war, da hielt der Maingott auf den Fluten, von seinen Nixen umgeben, und hatte mit dem Jubilar ein Hühnchen zu rupfen, weil der ihn im »Brickegickel« so mitgenommen hatte – aber er ließ sich in Hin- und Widerrede überzeugen, daß die Stadt nichts auf ihren greisen Mitbürger kommen lassen könne, und so stimmte alles fröhlich in das Hoch auf den Jubilar ein. Wieder standen jubelnde Menschen dichtgedrängt auf Brücken und Ufern, und die flaggenbunten Schiffe defilierten vor dem alten Herrn. Immer wieder grüßte er, sah mit seinen großen Augen still die

Menschen an, die ihn feierten, und war beglückt. Er hatte ein Recht darauf; sein Fest war ein Fest der Stadt, und es ist eine Freude, dabei gewesen zu sein.

Die Frankfurter Zeitung berichtet über die Huldigung im Schauspielhaus:

»Eine Festvorstellung im Schauspielhaus krönte die Geburtstagsfeierlichkeiten für Adolf Stoltze. Als der greise Dichter die Intendantenloge betrat, wo sein Platz mit einem Strauß roter und weißer Nelken geschmückt war, erhob sich das dichtbesetzte Haus von den Plätzen und empfing das Geburtstagskind mit Händeklatschen; auch dem Intendanten Emil Claar bereitete das Publikum eine Ovation. Da trat Richard Weichert vor den Vorhang und sprach einen von Claar verfaßten Vorspruch »Zum 10. Juni 1927«, humorvoll-wehmütiger Erinnerung nachgebend, der in ein Hoch auf Stoltze ausklang, das vom Hause begeistert aufgenommen wurde.

Und nun ging »Alt-Frankfurt« in Szene, jener Lokalschwank, den jeder Frankfurter immer wieder gern sieht und der auch diesmal seine zündende Wirkung nicht verfehlte. Namentlich das starke vierte Bild weckte schallende Heiterkeit. Die Darsteller nahmen sich des Stückes mit großer Hingabe an, allen voran Mathilde Einzig und Lene Obermeyer, Hans Nerking (der auch die Spielleitung hatte), Fritz Odemar (als ganz famoser Friseur) und August Heinemann; Arthur Simon und Hansi Meißner gaben das Liebespaar recht frisch, und alle übrigen Mitwirkenden waren eifrig bei der Sache. Nach dem vierten Bild hielt Nerking-Muffel eine warmherzige Ansprache an Stoltze, der auf der Bühne Platz genommen hatte, überreichte ihm einen riesigen Lorbeerkranz, brachte ein Hoch auf ihn aus, in das das ganze Haus fröhlich einstimmte, und verschaffte ihm das Vergnügen, von seinen »weiblichen Theaterkindern« der Reihe nach geküßt zu werden. Das Geburtstagskind, das übrigens erstaunlich frisch aussah, dankte für alle Huldigungen mit ein paar schlichten Worten, dann ging das Spiel weiter, dem der alte Herr mit unverminderter Aufmerksamkeit bis zum Schluß folgte.«

Tatsächlich hat er auch den anstrengende Tag großartig iwwerstanne un am Awend net die geringst Müdigkeit verspürt. Zudem muß mer ja noch bedenke, daß er in letzter Zeit ständig von Fotografe, Maler un Bildhauer in Aaspruch genomme worn is. Die berühmt Malerin Röderstein hat e prachtvoll Ölgemälde von emm gemalt. Auch die Maler Corregio un Galliner hawwen verewigt, un der Bildhauer Bäumler hat e Büste von emm aagefertigt. Zudem is er noch e paar Dag vorher vom Rundfunk in die Bleichstraß in den dritte Stock gedappt un hat aus seim »Brickegickel« un sonstige Erlebnisse in bester Laune vorgetrage. Sein nächster Vortrag sollte Theatererinnerunge sei.
Die zweit Hälft vom Jahr hat er dann mit emme Band »Neue Humoreske« un nadierlich auch widder mit so manche Gelegenheitsgedichte, die emm kein Pfennig eigetrage hawwe, zugebracht. Sein größter Wunsch für das kommende Jahr war die Aufführung von seim »Fettmilch«, un das hawwe merr ihm auch in der Neujahrsnacht, die merr wie immer bei ihm verbracht hawwe, von ganzem Herze gewünscht.
Schon jahrelang is der Silvesterabend nach emme ganz bestimmte Ritus abgelaufe: Wenn er mit erre Zeitung in sei Wohn-Schlafstubb kam, dann wußte merr schon, daß er se jetzt gleich auf sei Kanapee lege un dann draufsteige würd, um den an der Wand hängende Regulator aufzuziehe un nach seiner Dascheuhr genau ze stelle. Nach vollbrachtem Werk hob er den Zeigefinger un drohte der Uhr mit dem für Kinner immer widder verblüffende Satz: »Des sag ich derr, in dem Jahr wirst de net mehr aufgezoge.«
Ob's im Verlauf vom Abend Kardoffelsalat mit Werschtcher odder Kaffee un Kuche gab, des hat gewechselt. Unverrückbar fest stand awwer, daß »Kaufmännches« gespielt worde is. Davo ließ sich des greise Familieowerhaupt net abbringe. Gespielt werd mit zwei Kartespiele, un der wichtigste Mann is der mit der Kass. Der verkauft nämlich die Karte von dem eine Kartespiel an die Teilnehmer, des Stück für ein, zwei, drei, vier odder fünf Pfennig, je nach dem sein Unnernehmungsgeist. Von dem zweite Kartespiel wurde neun Karte verdeckt in die Mitt vom Disch gelegt, jeweils zwei ne-

Familie Stoltze beim 85. Geburtstag Adolf Stoltzes: Heinrich, Lydia, Fritz, Sanna und Adolf (v.l.n.r.).

werenanner, un die neunt owwe an die Spitz. Jetzt kam der spannende Augeblick, wo zuerst die zwei unnerste Karte aufgedeckt wurde. Wenn jemand die gleiche Kart gehabt hat, mußt er sich melde un bekam sein Einsatz zurück. Bei der zweite Reih bekam er das Doppelte, bei der dritte Reih des Dreifache un bei der vierte Reih des Vierfache. Jetzt kam der »aufregendste Moment«, wenn die neunt Kart aufgedeckt worde is. Wer die gehabt hat, bekam des neunfache von seim Einsatz widder: enn vorsichtige Spieler also neun Pfennig un enn verwegene Spieler, der fünf Pfennig pro Kart

bezahlt hat, fünfunverzig Pfennig. Des beste Geschäft hat awwer immer die Kass gemacht, weswege se der »Baba« mit Vorlieb selbst verwalt hat. Bei besonnerst guter Führung is se auch emal emm annere iwwerlasse worn.
Gege zwelf Uhr hat dann fast immer e groß Hektik eigesetzt, damit der Punsch, bestehend aus Tee, Wei, ausgepreßte Appelsine, Rum un Zucker rechtzeitig fertig geworde is. Meistens hat erst kurz vor Mitternacht jeder sei dampfend Getränk vor sich steh gehabt. Dann wurde die Fenster aufgemacht, damit merr hörn konnte, wann die Glocke des neue Jahr eigeläut hawwe. Sowie merr se hawwe läute hörn, sin merr aufgestanne, hawwe uns zugeprost, un jeder is dem annern um de Hals gefalle un hat emm von ganzem Herze des allerbeste gewünscht. Jetzt hat der Sturm auf des Eckfenster mit seim Tritt eigesetzt, um des Feuerwerk zu beowachte. Selwer hawwe merr nie welches gemacht, des wär e zu groß Verschwendung gewese. Nachdem nix mehr zu sehn war, is jeder auf sein Platz zurückgekehrt, hat sich iwwer sein restliche Punsch un enn Stutzwerk hergemacht, un dann sin die wichtige Ereignisse vom vergangene und die erhoffte fürs neue Jahr erörtert worde, awwer net auf Kommando, sonnern in der Regel durch e plötzlich Erinnerung von irgendeim, hervorgerufe. Nach der Feier is dann jeder zu Fuß heimmarschiert in dem Gefühl, doch widder mal enn schöne, harmonische Awend verlebt zu hawwe.
Ging's mit de Tage aufwärts, un der Dichter hat die Sonn an seim Fenster geseh, dann is er widder auf sein Tritt gezoge, hat sich mit Behage gewärmt, sein grüne Plastikschirm aufgesetzt, damit enn des Licht net so blendt, un widder sei Gedichte in die Maschin getippt.
»Jetzt muß ich vor alle Dinge mei sämtliche Bänd zusammestelle«, hat er gemeint, »damit ich dann in Ruh abschiewe kann. Ich will doch noch enn Band hochdeutsche Gedichte newer meine ›Gedichte im Volkston‹ erausbringe.«

Den Höhepunkt von seim dichterische Schaffe awwer bracht sein nächster Geburtstag, an dem sein »Vinzenz Fettmilch« am hiesige

Schauspielhaus aufgeführt worde is. Es war e Ereignis für Frankfurt, daß der sechunachtzigjährige Dichter der Premiere von seim Stück beiwohne konnt. Wie des Drama aufgenomme worde is, schreibt die »Frankfurter Zeitung« am 11. Juni 1928:

Ein dichtbesetztes Haus. Die führenden Männer der Stadt, Männer der Künste und Wissenschaften, Angehörige aus Altfrankfurter Familien. In der Intendantenloge sitzt der weißgelockte Adolf Stoltze.
Vinzenz Fettmilch, Drama in 7 Bildern, die jüngste Gabe des Dichters (nun folgt die Handlung). Stoltze hat nach gutem Dichterrecht gestaltet. Sein Fettmilch ist zur Idealfigur geworden, der für Einigkeit und Freiheit stirbt. Die Hörer gingen mit und trugen das Schauspiel zu stürmischem Erfolg. Sie taten es um so lieber, als ihnen die Schilderung des Bürgerzwistes in unserer guten alten Stadt sehr gelungen erschien und eine Menge feiner Züge und humoristischer Wendungen wieder zeigten, wie gut Adolf Stoltze die Frankfurter kennt und wie nah er dem Herzen des Volkes wohnt.
Die Frankfurter sind begeistert. Herr Spanier, der den Fettmilch darstellt, gibt ihm die Wucht, Überzeugung, Größe des Rebellen, Glauben an seine Idee. Unter den übrigen 40 Mitwirkenden sieht man ganz famose Typen. Das vollbesetzte Haus feierte den Verfasser der Neuheit mit besonderer Wärme und ruhte nicht, bis er auf der Bühne erschien. – ck.

Ähnlich äußerten sich die »Volksstimme«, die »Frankfurter Post«, der »General-Anzeiger«, die »Rhein-Mainische Volkszeitung«, die »Frankfurter Nachrichten« und die »Arbeiter-Zeitung«, die noch hinzufügt: »Es müßten sich recht viele Arbeiter das Schauspiel ansehen und daraus gewisse Lehren ziehen. Wie wäre es, Herr Intendant Weichert, mit Sondervorstellungen zu billigeren Preisen?« Obwohl sich alle Zeitunge, gleich welcher politischer Richtung, einig warn in ihrer Anerkennung, is des Stick trotz vierzehn ausverkaufte Häuser im Juli un Einahme von 17632.– Mark in der neue Spielzeit net mehr gewwe worn. Warum? Vielleicht hat irgend jemand die Tendenz von dem Stick net gebaßt. Die Theaterleitung, der vorher keinerlei Bedenke gekomme warn un die am 7. Oktober 1928 die Prowe für e Neueinstudierung beschlosse hat, is auf alle

Fäll net mehr drauf zurückgekomme. Für den Dichter war's enn schwerer Schlag, daß sei ganz Arweit, die er so lang mit sich erumgetrage, jetzt pletzlich in der Versenkung verschwunne is.

Schreiben bis zum letzten Tag

Erneut hat er sich jetzt um sei Verlagsgeschäfte gekümmert, denn Müßigsei hat er nie gekannt. Schon morjends um sechs Uhr hat er seiner Hausdam geschellt. Um dreiviertel siwwe hat er Kaffee getrunke un enn Blick in die Zeitung geworfe. Um acht Uhr hat er bereits auf seim Tritt gesesse un mit zwei Finger was in sei Maschin getippt. Jed Woch geht er einmal mit einer seiner Dechter aus. Gern sitzt er dann beim Jung auf der Zeil un verzehrt enn Kalbshaxe mit emme Glas Bier un landt dann meist noch in dem schöne Konzertcafé in »Groß-Frankfurt« am Eschenheimer Turm. Hier war der Empfang immer besonners herzlich. Sowie die Leut enn geseh hawwe, is e Geschubbs un e Gediwwer losgange, bis sich alle von ihre Plätz erhowe un emm begeistert zugerufe un geklatscht hawwe un die Kapell enn Tusch gespielt hat. Sehr gern is er auch in die Kaiserhofstraß zu der Mainzer Weinstube gange. Des Lokal hat der Familie Mohrhard gehört un is e Eldorado für Frankfurter Künstler gewese. Hier hawwe Schauspieler, Maler, Bildhauer, Literate, Musiker, Gelehrte un Dichter verkehrt, un es is meistens hoch hergange. Noch heut kann mer an de vorhandene Gästebücher seh, was für drollige Eifäll da in Wort un Bild zu Babier gebracht worde sin. Nadierlich hat auch der Stoltze e Gedichtche eneigeschriwwe:

Künstlerschaft un Rewesaft
Sin Geschwisterkinner;
Was e jedes von enn schafft,
Wer kimmt da dahinner?
Aans, des waaß mer sicher nor,
Wo die sin, bliht der Humor.

Adolf Stoltze an der Schreibmaschine, die er zum 70. Geburtstag bekam.

Is awends eins von seine Kinner odder Enkel bei emm, spielt er am liebste Sechsunsechzig mit enn. Im Winter sitzt er dann direkt newer seim heiße Ofe un gockselt alle Schlag mit seim Schürhake in seim Feuer erum un legt neue Briketts auf, denn es war emm immer kalt. Wenn sei Besucher gejammert hawwe: »Puh, was e Hitz, des is ja net zum Aushalte!« dann is er ärjerlich geworde un hat se aufgefordert: »Ei wenn's euch zu heiß is, dann setzt euch doch mit »dem Bloße« auf den Wasserstei!« Beim Kartespiele hat er immer enn große Ehrgeiz entwickelt, besonners da er nach acht gewonnene Spiele zwanzig Pfennig kassiern konnt. Um emm e Freud zu mache, hawwe merr ihm dann beim Ausdeile Asse zugeschustert. Wenn er gemerkt hat, daß da was bexiert wern sollt, war er der Meinung, daß merr ihn beduppe wollte un hat gerufe: »Halt emal ei, gemogelt werd hier net.« Wenn er wirklich emal am Verliern war, hat er wuchtig von unne an die Dischplatt gekloppt un dabei gerufe: »Fortuna, Lumpemensch!«, dann hat sich des Glück widder zu seine Gunste gewendt.
Iwwer alles hat er regelmäßig Tagebuch geführt, un wenn mer am 28. August 1929 nachschlägt, da findt mer die Bemerkung: »Lebte meine treue Luise noch, feierten wir heute unsere ›Eiserne Hochzeit‹. Leider mußte sie fünf Monate vor der ›Diamantenen‹ vom Leben scheiden.«
Im Jahr 1930 is sei Schwester Lyda, die er noch am Dag vorher im Krankehaus besucht hat, gestorwe. Die Nachricht, daß sei Lieblingsschwester jetzt net mehr sei sollt, hat enn dief erschüttert, un er hat unner Seufze gesagt: »Jetzt merk ich erst, wie lieb ich se gehabt hab.«
Zu seim folgende Geburtstag hat er den vierte Band von seine Humoreske erscheine lasse un dazu erklärt: »Wenn ich emal net mehr bin, will ich doch meine Frankfurter außer meine Theatersticker zum wenigste e Aazahl Humoreske un Gedichte hinnerlasse.« Wie da awwer enn Altfrankforter, der enn grad besucht hat, eigeworfe hat: »Schwätz doch so kaa Blech, du werst hunnert Jahr alt wie nix«, hat er emm erwiddert: »Des soll merr recht sei, da kann ich doch noch zum wenigste mei Frankforter Volksstick, des ›Gret-

che‹, in dem der Goethe die Hauptroll spiele soll, fertig bringe. E paar Dag speter hat er sich dann entschlosse, nachdem er dem Presber sei liewe Geburtstagswünsch un sei erneut Eiladung gelese hat, widder emal nach Berlin zu reise.
Diesmal is er awwer net allei, sonnern in Begleitung seiner Dochter Sanna gefahrn, un dort hawwe se gleichzeitig auch sei Enkelin Mädi un ihrn Mann besucht. Nadierlich is er auch oft mit seim Freund Presber un alle mögliche Theaterleut zusammekomme, wobei se alte Erinnerunge ausgetauscht un neue Plän geschmiedt hawwe. Damit awwer noch net genug, is er noch weiter nach Dresden un Leipzig gereist, um mit verschiedene Theateragente zu verhannele. Wie er dann widder daheim war, hat er sich erneut in sei geplant Volksstück vertieft, un so verging widder enn Winter mit allerhand Aaregunge un ständiger Arweit. Neue Idee hawwenn beschäftigt, so daß kein Mensch gedacht hat, daß er's mit emme Achtunachtzigjährige zu duh hätt.
Daß er in seim hohe Alter noch so rüstig war un sein Schwichersohn Theodor mit erst finfunsechzig Jahr zwei Dag nach emme Schlaganfall am 12. Mai 1931 sterwe mußt, hat enn dief erschüttert. Auch uns hat er jetzt tröste müsse, denn mir warn ganz verzweifelt iwwer den pletzliche Schicksalsschlag. Die Familie war grad im Umzug un hatt sich doch so gefreut, jetzt in erre kleine gemütliche Wohnung mit Heizung in Ginnheim zu wohne un e bequemer Lewe wie bisher zu hawwe. Awwer des Herz von emme Polarfahrer, der jahrelang die unglaublichste Strapaze im Eismeer un dann noch den ganze Weltkrieg mitgemacht hat, war halt verbraucht. Grad war er damit beschäftigt, sei finfunzwanzigjährig Polarfahrertätigkeit in dem Buch »Im Banne der Arktis« nidderzuschreiwe, wie der Tod seine Plän e End gemacht hat.
Drei Dag nach der Trauernachricht hat der Dichter gehört, daß zwei Urenkel von emm, e Zwillingspärche, Enkel von seim Sohn Fritz, des Licht der Welt erblickt hawwe. Ganz stolz hat er jetzt in sei Dagebuch geschriwwe: »Ich bin Pate von meim Urenkelchen Adolf Stoltze. So Gott will, lebt er in das nächste Jahrtausend hinein.«

Bald hat er sich widder an sein Schreibdisch gesetzt, um einigermaßen Ordnung in sei Dichterei zu bringe. Dabei hat's awwer dann e unliebsam Unnerbrechung for enn gewwe. Mir hawwe in unserer neue Wohnung in Ginnheim am 3. Juli 1931 e handschriftlich von ihm selwer geschriwwe Postkart kricht mit folgendem Wortlaut:

Liebe Lydia!
Ein Schlaganfall lähmte am 1. Juli meine linke Hand, so daß sie zu vielen Dingen unbrauchbar ist. Die Sache ist selbstverständlich völlig schmerzlos, gehört aber trotzdem nicht zu den schönen Erscheinungen. Humor verloren, alles verloren.
Herzliche Grüße
Papa Stoltze

Voller Aufregung sin merr nadierlich gleich zu emm gesterzt, sin awwer unnerwegs den Gedanke net los geworde, daß es doch eigentlich net so schlimm sei könnt, wenn mer noch so e tadellos geschriwwe Kart hinkreg.
Merr fandenn dann auch ganz mobil auf seim Tritt sitze. Wie merr awwer gesagt hawwe, daß er Gott sei Dank kein eigentliche Schlaganfall hätt, da hawwe merr schee in e Wespenest gestoche. »Was wißt dann ihr«, hat er gesagt. Daß er kein Schlaganfall hätt, ließ er absolut net auf sich sitze un hat uns immer widder vorgemacht, was er all net mehr mit seiner linke Hand mache kennt; so zum Beispiel, wenn die Handfläch flach auf dem Disch lag, die Finger nach hinne biege. »Des könne mir doch auch net«, hawwe mir gemeint, awwer es war nix zu mache, er ließ sich net iwwerzeuge. Des ging so lang, bis sich e Flieg auf seim Kopp niedergelasse hat. Da hat er energisch mit seiner »Schlaganfallhand« auf sein Kopp gebatscht un ausgerufe: »Verdammte Micke!«
Mir hawwe uns nur aageguckt, awwer net mehr den Schlaganfall bestritte, sonnern emm beim Abschied gute Besserung gewünscht. Unnerwegs hawwe merr uns den Kopp verbroche, wieso er nur auf die fix Idee komme is. Vielleicht war emm der Arm eigeschlafe, un er hat des Taubheitsgefühl for enn Schlaganfall gehalte, odder

merr sollte en Wink kriche, daß merr widder öfter komme sollte, was awwer im Augeblick net möglich war, weil merr noch dabei warn, unser neu Wohnung eizuräume. Mir sin nie dahinnerkomme. Auf alle Fäll hawwe merr auch nie mehr was von dem Schlaganfall gehört, sonnern er hat eifrig draa gesesse, sei in letzter Zeit geschriwwene Gedichtcher zu sordiern.

»Ich kann der Menschheit nach meim Dod doch net zumute, des alles zu lese«, hat er zu merr gesagt. »Du kannst merr awwer behilflich sei, mei sämtliche auf Frankfurt bezügliche Postkarte, die ich mit Vers verseh habb – darunner auch die Jahrhunnertpostkarte – zusammezestelle. Mer kann net wisse, ob se speter emal, falls Frankfort sich verennert hawwe sollt, Intresse hawwe.«

Nach de viele Erinnerunge im Goethe-Jahr 1932 is es jetzt auch im Haus Stoltze widder lebhaft geworde. Fotografe ginge ein un aus, der Bildhauer Gebhardt hat für den Bezirksverein Sachsehause e Büste angefertigt, un der Maler Runze hat enn für e Ölgemälde für die Stadt Frankfurt um Sitzunge gebete. Kurzum, alles hat Vorbereitungen für sein neunzigste Geburtstag getroffe. Un so war's endlich soweit, daß Frankfurt widder emal auf de Bei war, um »sein Dichter« zu ehrn un zu feiern, woriwwer sich die »Frankfurter Zeitung« in emm Artikel vom 10. Juni 1932 ihr Gedanke gemacht hat:

Heute, am 10. Juni, wird wieder einmal im Schauspielhaus das Alt-Frankfurter Lokalstück gegeben, das bereits vor einem Jahr die Aufführungszahl 200 überschritten hatte. Der Verfasser wird dieser Aufführung beiwohnen; es wäre höchst verwunderlich, wenn er das nicht täte – denn Adolf Stoltze, eben der Autor des Stückes Alt-Frankfurt, ist ja selber das lebendige Beweisstück für das Fortbestehen dieser unverwüstlichen Siedelung, die Name, Begriff, Art, Urwüchsigkeit, kurzgesagt, die Summe aller persönlichen und geistigen Eigenschaften der Menschen birgt, deren Wiege im Maintal gestanden hat. Frankfurt am Main – das is ein fest umzirkter Begriff im Gedankengut des Deutschen; er schließt älteste Geschichte und Neuzeit mit einer alles durchziehenden Kette von Vorstellungen und Gefühlen zusammen, er bindet die gegensätzlichen Erscheinungen Nord und Süd, er ist einer der deutlich spürbaren stärksten Pole deutschen Wesens, und hier an der Mainlinie treffen, spalten und vereinen sich wieder die verschiedenartigsten Eigenschaften und Eigenheiten des deutschen Volkstums. Vielleicht konnte nirgends besser als hier das Merksel des größten Denk-Dichters – auch er war ein hiesiger – geprägt werden:

Eigenheiten, die werden schon haften.
Kultiviere deine Eigenschaften!

An dem nun neunzigjährigen Zeugen des urtümlichen Frankfurter Wesens, an Adolf Stoltze, erweist sich die Sicherheit dieses Goethe-Wortes. Der junge Adolf hat schon am Vater Friedrich das Vorbild gehabt, und an manchen Eigenheiten, vor allem aber an der Pflege der erworbenen Eigenschaften, hat es keiner fehlen lassen. Es hieße tausendfach Bekanntes wiederholen, wollte man über Adolf Stoltze noch ein Wörtchen sagen. Wer den alten Herrn mit dem charakteristischen Kopf und dem schneeweißen Haar nicht kennt, beweist doch nur, daß er von außerhalb, also ›e Fremder‹ ist. So fremd aber wollen wir nicht tun. Zudem weiß man, daß Adolf Stoltze auch eine Merkwürdigkeit ist – nicht etwa wegen der lumpigen 90 Jahre – die tun ihm gar nichts – nein, weil er schon erwachsen und dennoch der »junge Stoltze« ist. Sein Vadder nämlich, das war der »alde Stoltze«. So kennt man, wenn es sich um die heimische Literatur handelt, die beiden mit Sicherheit auseinander. Immerhin, ein bißchen Patina hat auch unser junger Adolf Stoltze schon bekommen: die Edelfarbe des Alters, die am Ende von der steten Beschäftigung mit dem Stoffe Alt-Frankfurt herkommt. In Wort und Schrift hat er dieses sein Lieblingsthema behandelt, zuletzt noch im Stadtblatt vom 29. Oktober 1931, der Jubiläumsnummer zum 75. Geburtstag der Frankfurter Zeitung.
Der wackere Freiheitsmann, der er immer gewesen – auch hierin ein Pfleger erworbenen Erbgutes vom Vater her – hat da von seinen Jahren geschrieben, es sei ein »unverschämtes Alter«, mit dem ihn das Geschick begabt habe, mit neunzehn sei es schöner gewesen. Daran ist nicht zu zweifeln. Und doch wünschen wir alle, Adolf

FRANKFURTER SCHAUSPIELHAUS

FREITAG, DEN 10. JUNI 1932

ANFANG 19 UHR / ENDE NACH 22¾ UHR

Zu Adolf Stoltzes 90. Geburtstag

Festspiel

von Rudolf Presber / In Szene gesetzt von Mathilde Einzig

Personen:

Die hohe Frau . . . . Ellen Daub
Der junge Dichter . . . . Wilfried Seyferth

Hierauf:

ALT-FRANKFURT

Lokalschwank in sieben Bildern von Adolf Stoltze / In Szene gesetzt von Mathilde Einzig

Musikalische Leitung: Bruno Hartl

PERSONEN:

Hieronymus Muffel, Inhaber der Firma Muffel & Co.	Karl Luley
Euphrosine, seine Frau	Luise Glau
Heinrich, beider Sohn	Kurt Bittler
Frau Schnippel, Witwe, Teilh. der Firma Muffel & Co.	Thessa Klinkhammer
Agathe, ihre Tochter	Irmgard Segall
Theophil Haspel, Friseur	Franz Schneider
Peter Schnuckes, Lehrling bei Muffel & Co.	Wilfried Seyferth
Babette Strampel, Büglerin	Lene Obermeyer
Frau Funk, Gärtnerin	Mathilde Einzig
Lorchen, ihre Tochter	Kundry Siewert
Nikles Spengler	Arthur Simon
Gretchen Eiser	Paula Seeger
Bärwelche Dauth	Emmy Kast
Ein Schusterjunge	Franz Kitz
Frau Wuppdich	Paula Seeger
Ein Dienstmädchen	Lu Saiuberlich
Ein Knabe	Erich Quaiser
Ein Mädchen	Lilli Uhl
Eine Bauersfrau	Theodor Veith
Dappler	Kurt Boehme
Onkel Blotzer	Georg Kitz
Ein Bretzelverkäufer	Hermann Herbst
Ein Mädchen	Erika Quaiser
Fräulein Essig	Alice Kraft
Italienerin	Lenelotte Nerking
Ein bayerischer Unteroffizier	Heinrich Hennig
Ein Preußischer Unteroffizier	Mathieu Pfeil
Ein Hausierer	Hermann Herbst

Volk, Soldaten, Kinder

Ort der Handlung: In und um Frankfurt am Main. Zeit: 1862

1. Bild: Muffel & Co., 2. Bild: Franz Moor in der Klemme, 3. Bild: In Sachsenhausen, 4. Bild: Beim Aepfelwein, 5. Bild: Die unterbrochene Verlobung, 6. Bild: Wäldchestag, 7. Bild: Am Römerberg.

Inspizient: Karl Groth

Pause nach dem fünften Bild

Stoltze möge noch recht lange die Unverschämtheit besitzen und wie bisher rüstig weiter altern. Denn er ist heute zwar über die Schwelle des 91. Jahres getreten, aber für die Welt bleibt er dennoch der »junge« Stoltze. Möge er diese jugendliche Unverschämtheit noch viele Jahre zu unser aller Freude kultivieren!

Jetzt hätte mer nur noch zu berichte, daß am Vorawend widder enn große Fackelzug stattfand, diesmal von de Studente der Frankfurter Universität, un daß am nächste Dag schon in aller Früh die Stubb voll war von Blumme, Geschenke un Mensche: Schulkinner un Behörde, Vereine un Verbände un nadierlich auch die ganz Familie mit Kinner, Enkel un Urenkel. Owerberjermeister Dr. Landmann hat durch Stadtrat Michel des neu herausgegewene Goethebuch, enn Korb Hochheimer aus de Weinberje der Stadt Frankfurt un e finanzielle Ehrengawe iwwerreiche lasse, un vom Rundfunk is der Dr. Laven erschiene, um den Dichter für e Interview zu gewinne. Nach all dem Truwel am Dag hat der Jubilar auch noch am Awend die Aufführung von »Alt-Frankfurt« mit emme Festspiel von Rudolf Presber als Eileitung glänzend iwwerstanne, sich bewegt für die stürmische Ovatione beim Publikum bedankt un es zum Schluß aufgefordert, mit ihm das Deutschlandlied zu singe, was auch alle stehend getan hawwe.

Am nächste Dag hat der Jubilar die Aufgab gehabt, in seim Blummegarte noch Platz for die Lorbeerkränz zu schaffe, die emm im Theater mit Inschrifte auf rot un weiße Schleife iwwerreicht worde sin. Un wie er noch emal all die Beweise von Lieb un Verehrung betracht hat, is es emm ganz merkwerdig vorkomme, daß er wirklich schon neunzig Jahr alt sei soll, wo er doch alles so gut vertrage un emm alles so viel Freud gemacht hat. »Neunzig Jahr, des is doch e arg lang Zeit. Haww ich werklich schon so lang gelebt un so viel Freud un Leid mitgemacht un bin immer noch net bei meine Mitberjer vergesse!«
Un nachdem er sich e bissi Platz geschaffe hat, is er widder auf sein Tritt gestiche un hat sich auch in kleine Gedichtcher mit dem Neunzig-Jahr-Problem beschäftigt:

Ganz Frankfurt hat mir gratuliert,
Weil alt ich neunzig Jahr.
Hab ich mich denn so aufgeführt,
Daß so was nötig war?
Ich hab für Freiheit und für Recht
Gerungen früh und spät,
Und ging mir's oft verteufelt schlecht,
Doch Hilfe stets verschmäht.

Drum trage ich noch hoch mein Haupt
Und gehe ungebückt.

Karl Luley als Muffel bei der gestörten Verlobungsfeier in »Alt-Frankfurt« (1937).

Die Zeit hat vieles mir geraubt,
Was gern mich hätt beglückt.
Ich trotze heut noch aller Welt
Und schwinge mein Panier.
Denn bin ich auch kein großer Held,
Halt ich mich doch dafür.

Grad wie des Gedichtche, so is auch des folgende net frei von Selbstironie, un mer sieht enn direkt vor sich, wie er schmunzelnd mit seine zwei Zeigefinger in die Maschin getippt hat:

Richard Münch als Heinrich und Else Knott als Lorchen in »Alt-Frankfurt« (1937).

Mit neunzig Jahren noch zu dichten,
Wird wohl von niemandem begehrt,
Und jeder wird darauf verzichten,
Weil so ein Opus keinen Wert.
Das eben ist der Fluch der Alten,
Daß sie zu unserm Schreck und Graus
Nicht früher ihren Schnabel halten,
Bis ihnen geht der Atem aus.

So geht's auch mir, was kaum zu fassen,
Mein Pegasus bleibt nicht im Stall,
Ich muß ihm seine Freiheit lassen,
Er schaut sich um, allüberall.
Wozu hat er auch seine Augen,
Aus denen edles Feuer sprüht,
Wenn sie nicht mehr zum Sehen taugen,
Was um ihn keimt und um ihn blüht.

Un wie er sich in dem Jahr besonners intensiv mit seim Lewe beschäftigt hat, kam er auch auf die Idee, emal alle Theatersticke von sich zusammezustelle, die in Frankfurt aufgeführt worde sin. Sparsam, wie er nu emal war, hat er zu dem Zweck e winzig klei Zettelche benutzt un dadrauf mit ganz kleiner, kraxeliger Schrift vermerkt:

Aufführungen im *Opernhaus*

1 Zum Schützenfest
2 Grabbe 100 Tage Bearbeitung
3 Flick und Flock
4 Excelsior
5 Schönklärchen
6 König Löwe
7 Theatralischer Unsinn
8 Moderne Oper

Schauspielhaus

1 Eine gute Partie
2 Alt-Frankfurt
3 Neu-Frankfurt
4 Gemeinschaftl. Hochzeitsreise
5 Verspekuliert
6 Dodgeschosse
7 Meister Heister
8 Durch den kaufm. Verein
9 Große Zeit
10 Schuld der Schuldlosen
11 Fettmilch
12 Fatale Geschichten
13 Der Rentner
14 Vom gleichen Stamme (erg.v. Lydia Stoltze)

So hat er auch des Jahr 1932 gut erumgebracht un hat kein Augeblick müßig gesesse. Sei greßt Freud war sei Dichterei. Wenn er Ruh gehabt hat, war er in bester Stimmung un hat alles besunge, was emm in die Quer kam: Die Fassenacht, den Frihling, den Herbst, des Radio, sein Schreibdisch, sei Dintefaß, sei Schreibmaschin, sei Lamp, den Wei, des Bier, sei Esse, ja selbst die Zitrone hat er net vergesse. Hat mer'n gebitt, sich doch net gar so zu strapaziern un sich e bissi mehr Ruh zu gönne, hat er gemeint:

Ich bitte, gönnt mir meine Lieder,
Sie sind mein Reichtum und mein Glück;
Sie bringen mir das Höchste wieder,
Was mir entrissen das Geschick.
Begeistert lausch ich fernem Klingen,
Mir dünkt, es sei ein Engelchor,
Sein Ton trägt mich auf Adlerschwingen
Bis zu der Sternenwelt empor.

Wenn awends sei Hausdam, die Frau Liebegott (so hat se werklich geheiße), schon schlafe gange war, hat er sich's noch unner seiner

Dischlamp un mit emme Gläsche Wei gemütlich gemacht un hat noch so e bissi vor sich hin gedicht.

Wenn er gut aufgelegt war, hat er auch noch ganz nixnutzige Sache verfaßt un sich selwer diebisch driwwer gefreut!
So des Gedichtche:

Ich bin der Gottheit ewig gram.
Weil sie mir eine Rippe nahm,
Um mir ein Weib zu kneten.
Das ist für mich durchaus kein Glück,
Denn ein gesundes Rippenstück
Ist mir doch sehr von Nöten.

Jetzt intressiert mich jedes Weib,
Ich prüfe musternd ihren Leib
Und frag sie dann gelassen,
Ob sie vielleicht die Rippe wär,
Nach der ich suchte kreuz und quer
Und ob sie mir tät passen?

Wenn ich die rechte Rippe find
Und lachend mich mit ihr verbind,
Dann ist mein Los entschieden.
Dann fühl ich wieder mich als Mann,
Der noch ein Weib beglücken kann
Im ehelichen Frieden.

Ganz schnell is awwer auch manchmal widder der »jugendliche Iwwermut« der Resignation des Alterns gewiche:

Mit jeder Stunde werd ich älter,
Wertvoller, aber nicht wie Wein.
Ich fühl, ich werde immer kälter,
Selbst bei dem wärmsten Sonnenschein.

Abwechslung nur verschönt das Leben,
Doch sei der Mensch kein Nimmersatt,

Drum hat der liebe Gott gegeben
Ihm alles, was er nötig hat.

Das alles muß er treu verwalten,
Als wär' es ein geliehen Gut,
Er muß es fest in Händen halten,
Weil Gottes Segen darauf ruht.

Und den kann nie ein Mensch entbehren,
Er ist sein Trost, sein Heil und Glück,
Er wird sein ganzes Sein verklären
Bis zu dem letzten Augenblick.

Hawwe awwer die Osterglocke zu läute aagefange, hat er widder des Auferstehungsfest gepriese un is dann wohlgemut in die Bokkenheimer Landstraß 68 gewannert, wohin sei Dechter im Januar 1933 gezoge sin, um ja in der Näh vom »Baba« sei zu könne. Dort hat er sich am Eiersuche beteiligt un noch enn frohe Dag verlebt. Wie ich dann am Osterdienstag zu emm komme bin, hat er sich net ganz wohl gefihlt un iwwer Leibschmerze geklagt. Wie ich am Awend widderkam, hat er in Gedanke versunke auf seim Sofa gelege un gesagt: »Gut, daß de kommst, sei so lieb un schreib emal auf, was ich derr jetzt diktier:

Ich schau nach oben und nach unten
Und trotzdem wird es mir nicht klar,
Hab ich den rechten Weg gefunden,
Wie er mir vorgeschrieben war?

Nachdem er in dene paar Zeile sei Lewe kritisch an sich voriwwer hat ziehe lasse, is er dann wohl zu dem für alle Mensche gültige Ergebnis komme:

Höhres gibt es nicht auf Erden,
Als geliebt von vielen werden.
Daher ist es deine Pflicht,
Daß die Liebe niemals bricht.

»So«, hat er dann gesagt, »ich dank derr, jetzt geh nor ruhig heim.«

Un wie ich absolut bei emm bleiwe wollt, denn mir war so schwer ums Herz, hat er gesagt: »Du kannst doch ruhig geh, des is ja lächerlich, die Frau Liebegott is ja doch bei merr. Es fehlt merr auch gar nix. Ich bin nor e bissi abgespannt.«

Un wie ich dann auf sein Wille hie fortgange bin, hat er sich zum letztemal an sei Dischi am Ofe gesetzt un sei letzt Gedicht auf e Zettelche geschriwwe:

Abendglocken klingen
Weit über Berg und Tal.
Der Vöglein fröhlich Singen
Verstummt mit einem Mal.
Nun ist die Welt zufrieden,
Sie fürchtet nicht die Nacht,
Sie schläft in Gottes Frieden,
Bis ihr der Morgen lacht.

Schon fängt es an zu dunkeln,
Der Abend bricht herein,
Und einzle Sterne funkeln
Matt durch den Dämmerschein.
Drum legt die fleißgen Hände,
Ihr Mühen, es war groß,
Da nun der Tag zu Ende,
Zufrieden in den Schoß.

Ob er wohl geahnt hat, daß es sei letztes war?
Wie er dann, nach erre schlaflose Nacht, durch enn Darmkatarrh so geschwächt war, daß er des Bett net mehr verlasse konnt, hawwe merr schnell enn Dokter geholt, der auch gleich kam, awwer außer erre strenge Diät mit Hawwerschleim un altem Burgunder nix weiter verordnet hat.
Des jedoch wollt der Patient grad net, sonnern sein geliebte Kefir, un den dorfte merr'm ja net gewwe.
Noch lang hawwe merr uns e Gewisse draus gemacht, daß merr'm entgege der ärztliche Vorschrift net doch sein letzte Wunsch erfüllt

hawwe. Awwer wer konnt ahne, daß es der letzte war? Mir hatte doch bestimmt geglaubt, daß er widder gesund wern deet. So hat's uns auch ganz hoffnungsvoll gestimmt, wie er gege Middag e bissi eigedusselt is, un hawwe gedacht: »Jetzt kräftigt er sich widder.« Für alle Fäll hawwe merr awwer die Kinner benachrichtigt, die auch bald eigetroffe sin. Am Nachmittag is er noch emal aufgewacht un wollt, obwohl's noch hell war, sei Stubb beleuchte, indem er an einer iwwer seim Bett aagebrachte Schnur gezoge hat. »Licht! Licht!« warn sei letzte Worte.

E paar Stunne später is er dann für immer eigeschlafe, umringt von seine Kinner, die tief erschüttert bis zuletzt bei emm warn.

So hat am 19. April 1933, awends um neuneinhalb Uhr des arweitsreiche un sorgevolle, awwer auch von Erfolg gekrönte Lewe des so beliebte Frankforter Dichters e End gefunne. Die Beerdigung hat Kirchenrat Trommershausen am 24. April gehalte un seiner Predigt des Bibelwort: »Gott der Herr ist Sonne und Schild« zugrund gelegt, enn Spruch, der eigentlich des ganze Lewe des Dichters umschließt. Die Trauerhall war von Mensche iwwerfüllt, un die Feier hat durch Gesangsvorträg, Ansprache un Kranzniederlegunge vom Owerberjermeister, vom Theaterintendant, von zahlreiche Vorständ von Vereine un Verbände kei End genomme.

Der Weg zum Grab war von unendlich viele trauernde Berjer, von Vereine mit Fahne un Standarte dicht umsäumt, wie mer dann den Dichter in dem Ehrengrab der Stadt newer seiner geliebte Frau zur letzte Ruhe gebettet hat. Auf dem Grabstein kann mer noch heut die von ihm selbst verfaßte Inschrift lese:

Wir sind zusammen durchs Leben geschritten,
Wir haben zusammen gekämpft und gelitten,
Wir haben zu allen Stunden und Tagen
Gemeinsam Frohes und Trübes ertragen
Und wollen zusammen nach redlichem Tun
Gemeinsam in ewigem Frieden ruhn.

Zeittafel

1842 10. Juni Geburt Karl Adolph Stoltzes in Mainz am Rhein,
1843 21. August Tod der Mutter Maria Christina Retting. Erziehung des Kindes durch die Großmutter Anna Maria Stoltze, geb. Rottman, bei der er bis zu seiner Verheiratung wohnte.
1861 Erstes Festspiel »Germanias Trost« für die Frankfurter Turngemeinde.
1862 Öffentliche Vorlesung seines ersten Dramas »König Hiarne«.
1863 Öffentliche Vorlesung des zweiten Dramas »Ferdinand Schill«.
1864 28. August Trauung in der Katharinenkirche mit Luise Mannberger.
1864 Gründung des ersten Frankfurter Annoncenblattes.
1865 bis 1868 Journalistentätigkeit in Wien und München.
1868 24. Dezember Tod der Großmutter.
1871 Gründung der humoristisch satyrischen Zeitschrift »Die Schnaken«.
1871 Veröffentlichung des ersten Gedichtbands »Kraut und Rüben«.
1884 19. März verunglückte Premiere des Theaterstückes »Eine gute Partie« im Schauspielhaus Frankfurt.
1884 Einakter »Das Orakel des Telephon«, Aufführungen in Hamburg, Altona, Aachen und Zürich.
1885 Festspiel »Zum Schützenfest«.
1887 31. Dezember Premiere des ersten abendfüllenden Dialektstückes »Alt Frankfurt« im Schauspielhaus Frankfurt.
1888 Einzug in die Wohnung Staufenstraße 37. Seitdem Freundschaft mit Anton Roll und Adam Strohecker.
1888 Dezember, »Schönklärchen«, Weihnachtsmärchen im Opernhaus Frankfurt.
1889 14. April, Premiere von »Neu Frankfurt« im Schauspielhaus Frankfurt.
1889 28. August Silberne Hochzeit von Adolf und Luise Stoltze.
1890 Premiere des Einakters »Durch den Kaufmännischen Verein« zu dessen 50jährigem Bestehen.
1891 Fastnachtsschwank »Theatralischer Unsinn«.
1891 28. März Tod des Vaters Friedrich Stoltze.
1891 »Die gemeinschaftliche Hochzeitsreise«, Premiere im Schauspielhaus Frankfurt.
1891 Ballettdichtung »Excelsior« im Opernhaus Frankfurt.
1892 »Verspekuliert«, Premiere zum 60. Geburtstag A. Stoltzes.
1893 Erster Band der gesammelten Werke im Selbstverlag erschienen.
1893 Ballettdichtung »Flick und Flock« im Opernhaus Frankfurt.
1893 »Die gemeinschaftliche Hochzeitsreise«, Premiere im Carl-Theater in Wien.
1894 »Fatale Geschichten«, hochdeutscher Schwank.
1895 Anfang Juli Premiere des hochdeutschen Dramas »Vom gleichen Stamme« im Theater am Gärtnerplatz in München.

1895 2. September Premiere der Bearbeitung des Theaterstückes »Napoleon« von Grabbe im Opernhaus Frankfurt.
1896 26. Februar musikalischer Ulk unter dem Namen »Moderne Oper« für eine Wohltätigkeitsveranstaltung zur Aufbesserung der Pensionskasse der Frankfurter Künstler im Opernhaus.
1896 18. Juni Einzug in die Wohnung Miquelstraße 1, wo A. Stoltze bis zu seinem Tod wohnte.
1896 »Die Schuld der Schuldlosen«, Premiere im Volkstheater Frankfurt.
1898 Oktober, »Die Schuld der Schuldlosen«, Premiere im Luisen-Theater in Berlin.
1898 Weihnachtsmärchen »König Löwe« im Opernhaus Frankfurt.
1899 »Der Rentier«, Lebensbild in vier Aufzügen, Schauspielhaus Frankfurt.
1899 Beginn mit der Zusammenstellung von acht Bänden der gesammelten Werke.
1905 »Dodgeschosse«, Einakter in Frankfurter Mundart, Schauspielhaus Frankfurt.
1906 »Weltstadtbilder«, Schilderung eigener Erlebnisse in Berlin.
1908 Zur Einweihung des neuen Hauses des Kaufmännischen Vereins »Merkur sucht ein Logis«.
1909 bis 1925 Mitarbeiter an der Kleinen Presse, Stadtblatt der Frankfurter Zeitung.
1912 10. Juni, Frankfurt feiert den 70. Geburtstag A. Stoltzes.
1912 15. Juli Festspiel zum goldenen Schützenjubiläum in der Frankfurter Festhalle.
1914 1. August Beginn des ersten Weltkrieges.
1914 28. August, goldene Hochzeit von Adolf und Luise Stoltze.
1915 Aufführung des Einakters »Meister-Heister« in Groß Frankfurt.
1916 »Große Zeit«, Aufführung im Schauspielhaus Frankfurt.
1921 Gedichtband »Humor und Ernst«, Kriegserlebnisse in der Heimat.
1924 12. Januar Wahl zum populärsten Frankfurter.
1924 9. März Aufführung des Festspiels zur Jubiläumsfeier der Rudergesellschaft Germania im Palmengarten.
1924 15. März Tod der Ehefrau Luise.
1926 »Brieckegickel«, Buch zum Neubau der Alten Brücke.
1927 10. Juni Frankfurt feiert den 85. Geburtstag A. Stoltzes.
1928 Premiere des historischen Dramas »Vinzenz Fettmilch« im Schauspielhaus Frankfurt.
1932 Frankfurt feiert den 90. Geburtstag A. Stoltzes.
1933 19. April Tod Adolf Stoltzes.

Namensverzeichnis